─── 항일전사 ───
정율성 평전

음악이 나의 무기다

정율성 평전
음악이 나의 무기다

제1판 1쇄 발행 2006. 11. 24.
제1판 2쇄 발행 2017. 2. 24.

지은이   이 종 한
펴낸이   김 경 희
펴낸곳   (주)지식산업사
　　　　 본사 ● (10881) 경기도 파주시 광인사길 53(문발동)
　　　　　　 전화 (031) 955-4226~7 팩스 (031)955-4228
　　　　 서울사무소 ● (03044), 서울시 종로구 자하문로6길 18-7
　　　　　　 전화 (02)734-1978 팩스 (02)720-7900
　　　　 한글문패 지식산업사
　　　　 영문문패 www.jisik.co.kr
　　　　 전자우편 jsp@jisik.co.kr
　　　　 등록번호 1-363
　　　　 등록날짜 1969. 5. 8.

책값은 뒤표지에 있습니다

이 책을 읽고 저자에게 문의하고자 하는 이는
지식산업사 전자우편으로 연락 바랍니다.

●주요 자료 제공
－광주 정율성 국제음악제 조직위원회

== 항일전사 ==

정율성 평전

음악이 나의 무기다

이종한

지식산업사

머리말

중국현대음악의 대부라고 불리워지고 있는 정율성(鄭律成).

중국에서 손꼽히는 항일가요인 〈연안송〉과 〈팔로군 행진곡〉의 작곡자인 그는 조선인이다.

1939년 그가 연안에서 작곡한 〈팔로군 행진곡〉은 1949년 10월 중화인민공화국의 탄생 이후 〈중국인민해방군가〉로 인정되었다. 일제 치하인 1914년 전남 광주에서 태어난 그가 어떻게 중국의 국립묘지인 북경 팔보산 혁명열사릉에 묻힐 수 있었을까?

이 책은 바로 그 의문을 풀어가는 기록이다.

독립운동을 위해 1933년 중국으로 건너간 그는 의열단이 설립한 조선혁명군사정치간부학교에서 공부한 다음 항일운동에 뛰어든다. 이 무렵 음악을 배우던 소련인 크리노와 교수로부터 이탈리아 유학을 제의받을 만큼 음악에 뛰어난 재능을 보였으나 외국유학을 가지 않고, 대신 중일전쟁이 발발하자 본격적인 항일투쟁을 위해 중국공산당의 근거지 연안행을 택한다. 그것은 남경에서 만나 사귀었던 김산(님웨일즈가 쓴 《아리랑》의 주인공)과 매형인 박건웅과 김성숙의 영향 때문이었다.

1937년 연안에 도착한 후 노신예술학원을 졸업한 그는 본격적인 음악활동을 시작하는데, 이 시기에 〈연안송〉과 〈팔로군 행진곡〉등 불멸의 항일가요를 창작하여 모택동을 비롯한 중국공산당 지도부로부터 탁월한 신예 음악가라는 격찬을 받으면서 중국공산당에 입당한다.

하지만 정율성은 연안에서 또 다른 모순을 목격하기도 한다.

그가 존경하던 김산이 일제의 특무와 트로츠키파라는 누명을 쓰고 처형되었고 그 또한 정풍운동의 희생양이 될 뻔했다. 노신예술학원의 교수로 있던 그는 1942년에 모택동이 주도한 연안문예 강좌에 참석을 허락받은 유일한 조선인이기도 했다. 그것은 그만큼 연안에서 그의 음악적 위치가 탁월했다는 반증이다.

하지만 그는 자신이 조선인임을 결코 부정하지 않았다.

중국혁명에 참가하는 궁극적인 목표는 바로 조국의 해방에 있다는 사실을 잊지 않고 있던 그는 조선의용군의 일원으로 해방을 맞는다. 하지만 해방 후 고향인 남쪽을 택하지 않고 북쪽을 택하는데, 경력에 어울리지 않는 초라한 직책인 황해도 선전부장에 임명된 그는, 자신의 무기인 음악으로 새로운 사회건설에 참여한다. 이후 조선인민군협주단의 단장이 되어 〈조선인민군행진곡〉을 작곡, 그것은 북한 인민군의 공식 군가가 되었다.

하지만 이미 연안파라는 낙인이 찍힌 그는 한국전쟁의 소용돌이에서 평소 밀접한 관계이던 주은래의 호의로 가족과 함께 다시 중국으로 건너갔으나 중국생활도 생각처럼 만만치만은 않았다.

책상에 앉아 노래를 작곡하기보다는 대중들의 생생한 숨결이 살아있는 현장 속에서 나오는 음악을 좋아하고 또 만들고자 했던 이 시기에 중국 내 소수민족의 삶에 귀를 기울이고 그들의 정서를 노래로 표현한다.

하지만 반우파투쟁과 문화대혁명 등 중화인민공화국 설립 이후 벌어졌던 일련의 정치적인 광풍은 그를 서서히 갉아먹는데…. 그렇지만 그는 4인방의 협박에 끝내 굴복하지 않았다.

그가 평생 존경했던 주은래가 1976년 봄 사망하고 몇 달 뒤 모택동마저 그 뒤를 따르자 10여 년에 걸친 문화대혁명도 막을 내린다. 그는 다시 한번 연안시절 그들이 진정으로 꿈꾸었던 세상의 모습을 음악으로 그려내고자 하지만 마지막 불꽃을 태우지 못하고 그 해가 저물기 전인 10월, 이역땅 중국에서 숨을 거둔다.

조선인으로 태어났지만 무려 360여 곡이 넘는 많은 노래를 남기고 중국인으로 죽을 수밖에 없었던 정율성, 그가 세상을 떠난 지 삼십년이 지났지만 중국에서는 여전히 그의 노래가 불리워지고 있다.

그러나 정작 그의 조국, 대한민국에서는 그와 그의 노래는 아직 낯설기만 하다.

누구보다 조국을 사랑했기에 중국으로 건너갔던 그를 언제까지 이방인 다루듯이 할 것인가. 비록 늦었지만 이제라도 그를 조국의 품안에 껴안아야 한다.

2006년 10월
이종한

차 례

한 장의 사진으로 시작된 인연

中國의 "樂聖"

鄭律成은 韓國人

鄭律成씨

작곡軍歌 鄧小平이 채택

15살때 義烈團으로 南京서 抗日투쟁

서울올림픽에 朱心人·丁·松씨 초청

1942년 5월 中國연安에서 周恩來이 … 文化座談회에 참석한 鄭律成씨 와일표. 앞줄 가운데가 …동사람이며 朱德 … 한사람이다. 뒤 …위이 많아있다.

중국 북경의 노동자 체육관에서 제11회 아시안게임이 열리던 1990년 9월 22일.

그곳의 하늘은 좀 흐린 편이었지만 주최측이 애간장을 태우던 빗방울은 떨어지지 않았다. 중국 기상청은 그날, 북경 일대에 비가 내릴 가능성이 높다는 일기예보를 하고 있었다. 그러나 정작 비가 오지 않는 것은 그냥 운이 좋아서만은 아니었다. 개막식날 쏟아질 가능성이 높은 비를 피하고자 미리 북경 부근으로 이동해오는 비구름대에 인공강우실험까지 했다는 것은 극히 몇몇 사람만 알고 있던 사실이다.

그런데 그날 개막식 서곡으로 연주된 음악은 항일전쟁 당시 중국공산당의 주력부대였던 팔로군(八路軍)의 정신을 상징하는 〈중국인민해방군가〉였다. 30억 아시아인의 평화와 대화합을 위한 아시안게임 개막식에 '전쟁'이라는 단어를 떠올리게 하는 군가를 사용했다는 것은 전혀 뜻밖이었다.

아마 스포츠 대회 개막식 서곡으로 군가를 연주한 것은 그 유례가 거의 없을 것이다. 그러나 그것은 중국대륙 밖에서 보는 시작일 뿐, 노동자 체육관을 가득 메운 수만 명의 중국인들은 아무런 거부

감 없이 그 노래를 따라 부르고 있었다.

앞으로! 앞으로! 앞으로!
태양을 향한 우리의 대오
조국의 대지 위에 섰다!

두 발로 금방이라도 땅을 박차고 뛰어나갈 것만 같은 '앞으로! 앞으로! 앞으로!' 라는 힘찬 가사로 시작하는 〈중국인민해방군가〉의 원래 제목은 〈팔로군 행진곡〉이다. 항일전쟁시기 중국대륙에서도 오지인, 연안(延安)까지 몰렸던 중국공산당이 국공내전에서 승리하여 현재의 중국을 건설하는 데 팔로군은 큰 구실을 했다. 그래서 고난의 시기 엄청난 희생을 치르면서도 결코 적에게 무릎 꿇지 않았던 '연안정신'을 상징하는 〈팔로군 행진곡〉은 팔로군 병사들의 노래만이 아닌 중국인들이라면 대부분 좋아하는 애창곡 가운데 하나였다.

더욱 놀라운 사실은 이 노래의 작곡자가 중국인이 아니라는 점이다.

정율성(鄭律成).

아직 우리에게는 낯선 이름이지만 그는 분명 조선인이다.

항일전쟁이 치열하게 펼쳐지던 1939년에 만들어진 〈팔로군 행진곡〉의 인기가 어느 정도였는지 당시의 표현을 그대로 빌리면 이렇다.

팔로군 행진곡은 날개를 단 호랑이처럼 전선에서 후방으로, 해방구에서 국민당 통치구역을 포함한 중국 대륙 전체로 번져나갔다. 그리고 거기에서 멈추지 않고 화교를 통해서 해외의 중국인들에게도 보급되었고, 따라서 중국인들이 있는 곳이면 국내외 어디를 가리지 아니하고 항일정신을 불러일으키는 애창곡으로 널리 불리어졌다.

이처럼 팔로군 병사들뿐만 아니라 일반 중국인들 사이에도 인기가 있던 이 노래는 중화인민공화국이 수립된 이후 〈중국인민해방군가〉라는 새로운 이름을 갖게 된다. 팔로군의 뒤를 이은 '중국인민해방군'을 상징하는 노래로 다시 채택된 것이다.

그러나 북경 아시안 게임 당시 텔레비전을 통해 〈중국인민해방군가〉를 들었을 대부분의 한국인들은 그 노래의 작곡자가 한국인이라는 사실을 전혀 알지 못했다. 그것은 나라고 해서 예외가 아니었다. 아니 그 당시는 알아차리지 못하고 있었지만, 굳이 따지고 보면 나는 정율성과 두 번째 만나고 있는 셈이었다.

어느 날 내 손에 들어왔던 한 장의 신문, 그 속에는 시선을 잡아끄는 한 장의 사진이 있었다. 그것은 항일전쟁 시기 연안에서 개최되었던 〈연안문예강화〉가 끝난 후 참석자들이 모택동과 함께 찍은 기념사진이었다. 거기에 조선인으로는 유일하게 연안문예강화에 참석했다는 정율성이 나의 눈길을 끌었다.

중국에서는 '정뤼청'이라는 그들의 발음으로 불리고 있는 정율성. 그의 이름은 몰라도 그의 노래 한두 곡을 모르는 중국인은 별로 없다. 하지만 그가 태어난 이 땅에서는 아직도 그의 삶과 음악은 제대로 알려져 있지 않다. 불행하게도 거기에는 그럴 만한 이유가 있었다. 해방된 지 육십 년이 흘렀지만 대한민국 임시정부 계열이 아닌 중국공산당의 연안쪽에서 활동했던 그를 쉽게 받아들일 만큼 우리는 이념의 굴레로부터 자유롭지 못했다.

하지만 우리가 그의 음악을 터부시하는 사이 정율성은 음악 그 것만으로 중국에서 명성을 떨쳤다. 1949년 10월, 중화인민공화국의 수립과 함께 중국의 국가(國歌)로 채택된 〈의용군행진곡(義勇軍行進曲)〉을 작곡한 섭이(聶耳)와, 항일전쟁 시기 중국인들의 불 같은 의지를 표현한 〈황하대합창(黃河大合唱)〉을 작곡한 선성해(洗星海)와 더불어, 정율성은 현대중국을 대표하는 3대 작곡가이자 중국 혁명음악의 큰 별로 손꼽힌다.

정율성의 노래 가운데에는 중국인들에게 〈팔로군 행진곡〉처럼 인기를 누렸던 곡이 하나 더 있다. 한때 중국공산당의 심장부나 마찬가지였던 연안을 서정적으로 묘사하여 혁명과 항일의 의지에 불타는 중국의 청년들을 그곳으로 몰려들게 했던 〈연안송(延安頌)〉이다.

보탑산 봉우리에 노을 불타고
연하강 물결 위에 달빛 흐르네
봄바람 들판으로 솔솔 불어치고
산과 산 철벽을 이뤘네.
아, 연안! 장엄하고 웅위한 도시!
항전의 노래 곳곳에 울린다

△ 북경 항일전쟁기념관에 설치된 정율성의 팔로군 군가악보 동판. (ⓒ전남일보 제공)

이 노래는 입에서 입으로 전해져 중국 공산당의 통치구역이었던 해방구뿐만 아니라 국민당 관할지역까지 빠르게 퍼져갔다. 그것이 그렇게 삽시간에 드넓은 중국대륙으로 퍼져나갈 수 있었던 힘은 바로 〈연안송〉이 당시 중국인들의 심정을 그대로 담고 있었기 때문이었다.

정율성이 불과 스물네 살이던 1938년 봄에 작곡된 〈연안송〉. 놀라운 것은 정율성이 그때까지 제대로 된 음악교육을 받지 못했다는 점이다. 이 노래를 작곡할 무렵 정율성은 중국으로 건너온 지 5년 남짓이었고 또 연안으로 들어온 것은 겨우 6개월밖에 되지 않았다. 도대체 어떻게 이 짧은 시간에 그가 중국인들의 마음에 길이 남을 노래를 만들 수 있었을까?

그것은 비록 피와 나라는 다르지만 정율성이 당시 중국인들의 심정을 충분히 인식하고 있었기 때문에 가능했을 것이다. 그들이 겪고 있는 아픔은 바로 자신의 아픔이었다. 일제는 중국인들의 적이기에 앞서 정율성 자신의 고향과 조국을 짓밟은 원수였다. 스무 살 무렵 조국의 해방을 위해 고향을 떠나 중국으로 건너간 정율성. 그렇지만 그는 해방 이후에도 고향으로 되돌아오지 못하고 끝내 중국의 대지 위에다 뼈를 묻는다.

현재 북경 팔보산(八宝山) 혁명열사릉에 자리 잡은 정율성.

그의 무덤에 있는 비문은 이렇게 시작한다.

정율성 동지는 자기의 생명을 중국인민 혁명사업에 바친 혁명가이다. 인민은 영생불멸한다. 마찬가지로 그의 노래도 영생불멸할 것이다.

조선인으로 태어났지만 중국인으로 죽을 수밖에 없었던 정율성. 그는 갔지만 비문에 적혀있듯이, 그의 노래는 아직도 살아있다.

제1장 내 고향, 내 조국

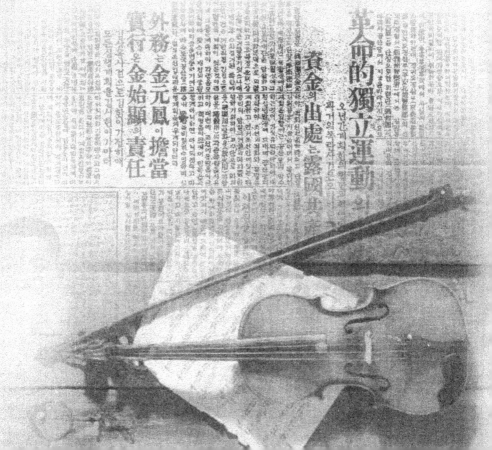

1. 출 항

출항을 알리는 뱃고동 소리가 거듭 울렸다.

여객선 헤이안 마루(平安丸)는 어느새 뭍을 뒤로 한 채 뱃머리를 서쪽 바다로 향하고 있었다. 환송 나온 사람들을 향해 갑판에서 연신 손을 흔들던 승객들도 목포항(木浦港)의 부두가 시야에서 멀어지자 하나둘씩 자리를 떠나 선실로 들어갔다. 5월이라고 하지만 아직 바닷바람은 쌀쌀하게 느껴졌다.

상해(上海)에서 출항하여 목포와 부산을 거친 다음 나가사키(長崎)를 경유하여 다시 상해로 돌아가는 헤이안 마루는 한 달에 한 번씩 일본 본토와 식민지 조선, 그리고 중국을 왕래하는 여객선이었다. 갑판에는 오랜만에 귀국하는 모양인지 들뜬 표정을 감추지 못한 일본인으로 짐작되는 일가족이 보이는가 하면, 불안한 표정으로 사방을 두리번거리는 초라한 옷차림의 사내들도 더러 눈에 띄었다. 물어보지 않아도 고향에서 먹고 살지 못해 일본으로 돈을 벌러 가는 조선 동포들임에 분명했다.

그들 옆에 만돌린이 든 가방을 아주 귀한 보물을 다루듯 가슴에

안은 채 멀어져가는 뭍을 심각한 얼굴로 뚫어지게 바라보고 있는
한 청년이 있었다.

그가 바로 정율성. 아니 이때까지도 그는 부모님이 지어주신 정
부은(鄭富恩)이라는 본명을 그대로 사용했다. 멀리 유달산(儒達
山)이 아직도 보였다. 그는 유달산을 눈에 넣어두기라도 하려는
듯 오랫동안 시선을 떼지 못했다. 이번에 가면 한동안 조국산천은
보지 못할 터였다.

조국을 되찾는 그날 자랑스럽게 이 땅으로 다시 돌아오리라.
그는 성경책을 쥐고 있는 손목에 자기도 모르게 힘이 들어감을 느
꼈다.

스무 살의 나이에 정율성이 상해행 헤이안 마루를 타고 목포를
떠난 것은 1933년 5월 8일. 그가 중국으로 들어가는 가장 큰 목적
은 조국을 되찾는 독립운동에 가담하기 위해서였다. 그리고 그 길
은 다행히 혼자가 아니었다. 조카이기는 하지만 동갑인 정국훈(鄭
國勳)도 동행하였다. 삼촌과 조카가 함께 조국을 되찾는 길에 목

▽ 1930년대 목포항, 가운데 유달산이 보인다.

숨을 걸고 동행한 것이다.

그리고 그때 그들은 몰랐겠지만, 그 배에는 같은 목적을 지닌 또 다른 두 명의 젊은이가 타고 있었다. 김승곤(金勝坤)과 김일곤(金逸坤), 그들은 사촌 사이였다. 또 헤이안 마루의 다음 기항지인 부산에서 김재호(金在浩)와 최명선(崔明善) 두 명이 더 타기로 되어 있었다.

두 사람씩 짝을 이루어 그 배에 오른 이들 여섯 명은 자기가 속하지 아니한 나머지 조원(組員)에 대해서는 전혀 모르는 상태였다. 일본 경찰에 체포되더라도 피해를 최소화하기 위한 조치였다. 또 승선 장소를 목포와 부산으로 나눌 만큼 치밀하게 계획된 이들의 중국행을 지휘한 사람은 정율성의 셋째형 정의은(鄭義恩)이었다.

정의은은 의열단(義烈團)이 남경(南京)에 설립한 조선혁명군사정치간부학교(朝鮮革命軍事政治幹部學校) 2기생을 모집하라는 임무를 띠고 국내에 침투했다. 그리고 일본 경찰의 감시를 피해 은밀하게 사람들을 접촉한 결과, 자신의 막내동생인 정율성을 포함한 여섯 명을 모집하는 데 성공했다. 기대보다 훨씬 좋은 성과였다.

언제 어디서 일본 고등계 형사들의 감시가 있을지 모르는 상황
이었으므로, 정의은은 육로로 광주에서 부산으로 가 그곳에서 마
지막으로 헤이안 마루에 오르기로 했다. 중국으로 떠날 여섯 명에
게는 미리 주의사항이 전달됐다. 혹시 배 안에서 서로 마주치더라
도 여기에도 일본 수상경찰의 감시망이 깔려 있으니 중국에 도착
할 때까지는 전혀 모르는 사이로 행동하라는 지시였다.

이때 함께 중국으로 건너갔던 사람들 가운데 한 사람인 김승곤
(조선의용대와 광복군으로 활동, 해방 후 귀국하여 광복회장을 역
임함)은 한국을 떠날 때의 정황에 대해서 이렇게 증언했다.

나는 사촌인 김일곤과 함께 고향 담양을 떠나 목포에서 헤이안 마루에
타려고 했습니다. 그런데 일본 수상경찰이 우리에게 도항증명서를 보여달
라고 합디다. 하지만 미처 그것을 준비하지 못한 우리는 중국으로 공부하
러 간다고 둘러댔습니다. 그리고 한 사람당 12원이라는 거액을 주고서 끊
은 배표를 보여주면서 배를 타게 해달라고 사정했습니다. 만약 그 배를 타
지 못하면 정의은과 연락도 끊어져 중국으로 못 가게 되는 큰일이 생기니
까요. 그러자 일본 수상경찰은 중국어를 할 수 있냐고 물어보더군요. 우리
가 모른다고 하자 중국어도 모르면서 무슨 공부를 하러 중국으로 가냐고
하면서, 중국까지 간다는 우리들이 별다른 짐도 없는 것을 보고 의심의 눈
길을 보내더군요. 사실 성경책을 지니고 있으면 검색을 수월하게 통과할
수 있다는 말을 미리 듣고 성경책 한 권씩은 들고 있었지만, 속 편하게 놀
러가는 것도 아니고 해서 특별하게 짐을 챙기지는 않았거든요. 우여곡절
끝에 배를 타긴 했지만 하여튼 배 타는 것부터 쉬운 일이 아니었습니다.

그 배가 부산에 닿자 미리 육로로 그곳에 와서 기다리고 있던 김재호와 최명선이 배에 올랐다. 부산에서 타는 승객들 가운데 정의은의 얼굴도 보였지만 서로 아는 체를 할 수가 없었다. 그저 멀찌감치 떨어져 힐끔힐끔 서로를 훔쳐볼 따름이었다.

일본 나가사키에 잠시 정박했던 헤이안 마루는 5월 13일 아침 무렵 상해 포동(浦東)항에 닻을 내린다. 잠에서 깨어나고 있던 거대한 중국대륙이 그들을 맞이하였다.

그들 앞에 무엇이 기다리고 있을지는 사실 아무도 몰랐다.

2. 정씨 일가, 그 산산이 흩어진 이름들

정율성은 1914년 음력 7월 7일, 전남 광주에서 정해업(鄭海業)의 막내아들로 태어났다. 이날은 바로 일년 가운데 단 한 번 견우와 직녀가 만난다는 칠월칠석날이다. 정율성의 호적부에 정식으로 기재된 이름은 정부은이지만, 어렸을 적 집에서는 구모(龜模)라고 부르기도 했다.

그가 태어날 무렵 그의 태를 묻은 한반도는 이미 일제의 말발굽 아래 들어간 지 4년이나 지나 암울할 따름이었다. 일신의 영달을 위해 친일의 대열에 앞장선 사람들도 있었지만, 민족 모두가 그런 것은 아니었다. 일본 제국주의를 도저히 용납할 수 없었던 사람들 가운데 일부는 한반도 안에서는 독립운동이 한계가 있음을 직시하고 해외로 활동무대를 옮겼다. 그 주된 대상지는 일제의 직접적인 탄압에서 벗어날 수 있는 만주와 중국 대륙이었다.

정율성의 집안 대대로 내려오는 이야기에 따르면, 율성의 아버지 정해업도 항일투쟁을 결심하고 상해로 갔지만, 사분오열되어 있던 임시정부 내부의 실상에 실망한 나머지 다시 고향 광주로 되돌아왔다고 한다. 하지만 확실한 기록이 있는 것은 아니다.

뒷날 자식들이 모두 앞서거니 뒷서거니 하면서 중국으로 건너가 독립운동에 가담한 것으로 보아, 정해업은 민족의식이 투철했던 사람임에 틀림없다. 그 부모에 그 자식이라고, 자식들에게는 무엇보다 부모가 가장 큰 스승이기 때문이다. 아마 부모가 반대했다면 한둘은 몰라도 자식들 모두가 독립운동에 가담하기는 쉬운 일이 아니었으리라.

그러나 장성한 자식들을 모두 독립운동 전선으로 내보낸 정해업에 관한 기록이 일제 치하와 해방 후 혼란, 그리고 분단 상황에서 제대로 남아 있을 리 만무하다. 다만 기독교 계열의 기관에서 그의 흔적 일부라도 찾을 수 있었던 것은 큰 다행이었다.

광주의 대표적인 기독교 교육기관인 수피아여중고의 《수피아 90년사》에는 정해업이 1910년대, 수피아여학교 교사를 했다는 기록이 나온다. 그런데 눈여겨볼 점은 정해업보다 앞선 수피아여학교의 초기 교사명단에는 그의 처남인 최흥종(崔興琮)의 이름도 들어 있다.

뒷날 인간으로서 가장 기본적인 다섯 가지 욕망을 버린다는 뜻에서 오방(五放)선생으로 불리던 그는 광주 최초의 세례교인이자 역시 광주 최초의 한국인 목사이기도 했다. 무엇보다 세상에서 버

림받은 한센병(나병)환자들을 돌보는 일에 누구보다 열심이었던 그는 단순히 교회 안에서만 하나님을 찾는 목사는 아니었다. 교회 일 못지않게 교회 밖의 세상사에도 적극 참여했다. 3·1운동에 참가했다가 옥고를 치른 것을 비롯해 조선노동공제회(朝鮮勞動共濟會), YMCA, 신간회 등 각종 사회단체의 광주지부 결성에 누구보다 앞장섰으며, 해방 직후에는 좌우익 인사들이 망라해 조직한 건국준비위원회(건준) 전라남도 초대 위원장에 추대되기도 했다. 하지만 그는 본격적으로 정치에 뛰어드는 대신 소외된 사람들을 돌보는 일에 일생을 바친다.

정해업의 가족 또한 어떤 형태로든 최흥종의 영향을 받았음이 틀림없다. 《수피아 90년사》에 나타난 짧은 기록으로 봐서 정해업이 무슨 과목을 담당했는지, 그리고 얼마 동안 재직했는지는 확인되지 않지만, 이 기록으로 그가 최흥종의 뒤를 따라 광주 지역에서는 비교적 일찍 기독교를 받아들였음을 알 수 있다. 그리고 그가 기독교와 관련되었다는 기록은 또 다른 곳에서도 찾아볼 수 있다.

《기독신보(基督申報)》 1925년 1월 7일자에는 광주 양림교회의 예배당 건축헌금과 관련된 기사가 실려 있다. 기사 끝부분에 나온 고액 헌금 기부자 명단에 정해업의 이름이 나온다. 이때 정해업은 20원의 성금을 기부한 것으로 나와 있다. 당시의 돈 가치가 어느 정도인지는 지금으로서 정확하게 알 수 없으나, 이때 양림교회의 예배당 건립성금으로 광주 지역 전체 신도들의 성금액이 2500원을 조금 넘었다는 기사의 내용으로 봐서 20원은 결코 적지 않은 액수라고 볼 수 있다. 따라서 이 무렵만 하더라도 비록 농사를 짓고 있었지만 정율성의 집안 사정은 그런대로 괜찮았던 것으로 짐작된다.

한편 정율성보다 스무 살이나 많은 맏형 정효룡(鄭孝龍)도 아버지와 큰외삼촌인 최흥종 목사의 영향을 받고 자란 것 같다. 광주 숭일중고등학교에서 발행한 《사진으로 보는 숭일, 구십년 약사》에는 주목할 만한 내용이 눈에 띈다.

숭일은 기독교 교육과 더불어 철저한 민족주의 정신을 불어넣어서 후일 이 지역 항일운동의 견인차 역할을 훌륭히 수행하였다. 이러한 움직임의 모체가 된 것 이 광주숭일학생 YMCA였다. 당시 숭일학교 고등부 학생들인 최영욱, 조정환, 최기현, 정효룡, 장맹섭 등의 주도로 이승만 박사가 광주를 다녀간 후인 1911년에 발족되었다.

이 명단 가운데 가장 처음에 나오는 최영욱(崔泳旭)은 최흥종 목사의 이복동생이자 정효룡의 작은 외삼촌이었다. 광주숭일학생 YMCA의 창설멤버로 나란히 등장하는 최영욱과 정효룡, 그들은 집안에서는 외삼촌과 조카(생질) 관계였지만, 밖에서는 뜻을 같이하는 선후배이자 동지였던 모양이었다.

그렇지만 미국 유학을 다녀와 광주에서 병원을 개업한 외삼촌 최영욱에 견주어 조카인 정효룡의 일제 치하 행적은 제대로 밝혀져 있지 않다. 다만 그들의 아들도 아닌 손자들의 증언을 종합해 보면 대충 다음과 같은 밑그림이 그려진다.

아버지와 외삼촌의 영향을 많이 받았던 정효룡은, 3·1운동 이후 결성된 조선노동공제회(1920년 경성에서 결성된 한국 최초의 전국 노동자 조직)에 가입하여 활동하다 체포된다. 그리고 감옥 생활을 마치고 출옥하자마자 중국 상해로 망명한다. 처자식과 함께 그곳에 머무르면서 독립운동을 하던 그는, 1927년 일경(日警)에 또 다시 체포되어 국내로 끌려와 투옥된다. 그는 형기를 마친 뒤 출옥하지만, 옥살이의 후유증을 끝내 이기지 못하고 정율성이 중국으로 떠난 1년 뒤인 1934년에 숨을 거두고 만다.

둘째형 정충룡(鄭忠龍) 또한 비슷한 과정을 밟는다. 그는 중국에서는 대부분의 조선인 혁명가들처럼 다른 이름을 사용했기에, 본명보다는 정인제(鄭仁濟)라는 이름으로 더 알려져 있다. 그는 3·1운동에 참가하였다가 일제의 체포령을 피해 중국으로 건너가 운남강무학교(雲南講武學校)를 졸업하고 국민혁명군 제24군 소속의 중좌로 북벌전쟁에 참가했다가, 1927년 뇌막염으로 사망한 것으로 알려져 있을 뿐 현재 그의 무덤이 어디에 있는지조차 모른다.

운남강무학교는 당시 중국 운남성(雲南省) 지역을 세력 기반으로 한 군벌이었던 당계요(唐繼堯)가 1907년 8월 설립한 군사학교였다. 이 학교의 졸업생들 상당수는 뒷날 신해혁명에 참여한다. 당계요는 한일 민족운동의 지도자였던 신규식(申圭植) 선생과 두터운 교분이 있었기에 당시 중국에서 활동하던 한인 독립운동가들 가운데 상당수가 운남강무학교에 입학할 수 있었다. 광복군의 대표적인 인물들 가운데 한 사람인 이범석(李範奭) 장군과 2만 5천리 대장정 때 중국 홍군(紅軍)의 퇴로를 엄호하다 전사한 조선인 혁명가 양림(楊林)도 이 학교 출신이었고, 뒷날 중국 팔로군의 총사령관이 되는 주덕(朱德)도 운남강무학교 출신이었다.

셋째형 정의은도 다른 형들과 마찬가지로 중국에서 독립운동을 하다가 당시 의열단이 중국 국민당의 도움으로 남경에 설립한 조선혁명군사정치간부학교의 학생을 모집하기 위해 국내로 잠입하는 등 항일독립운동에 투신한다. 이렇게 활동하다가 정의은은 이른바 '남경군관학교사건'으로 1934년 상해에서 일경에 체포되어 국내로 이송된다. 일제의 기록을 보면, 그는 이 무렵 '대성'(大星)이라는 가명을 사용한 것으로 되어 있다. 그러나 의열단원으로서의 신원에 대해서는 아직도 엇갈린 해석이 있다.

조선의용대를 거쳐 광복군으로 해방을 맞은 김승곤은 귀국한 다음에도 그를 바로 만나지 못하고 수십 년이 흐른 다음에야 그를 만날 수 있었다고 했다.

> 언젠가 저를 한번 찾아왔더군요. 국가보훈처에 독립유공자 신청을 했는데, 독립운동을 했다는 근거서류가 부족해서 계속 거부가 된다고 저한테 하소 연을 합디다. 아마 정식 의열단원이었다면 그런 문제는 발생하지 않았을 텐데……. 저로서도 안타까운 일이었지만 제가 개인적으로 어떻게 도와줄 수 없는 일이었습니다.

하지만 정의은의 독립유공자 신청이 거부된 이유는 독립운동의 증거 기록이 부족해서라기보다는 다른 데 있었던 것은 아닐까? 조선혁명군사정치학교 2기생을 모집하라는 임무를 부여받고 귀국한 그가 맡은 지역은 전라도 지방이었다. 그때 경상도 지방을 맡은 책임자는 뒷날 본명보다는 이육사(李陸史)라는 이름으로 더 많이 알

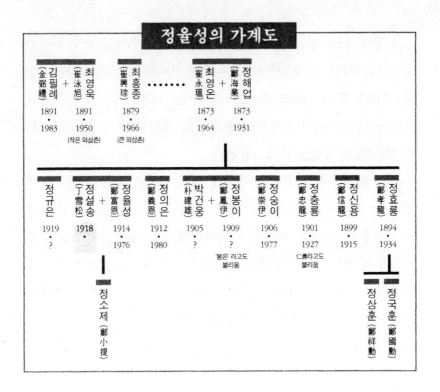

정율성의 가계도

김필례 (金弼禮)	최영욱 (崔泳旭)	최흥종 (崔興琮)	‥‥‥‥	최영온 (崔永瑥)	정해업 (鄭海業)
1891 • 1983	1891 • 1950 (작은 외삼촌)	1879 • 1966 (큰 외삼촌)		1873 • 1964	1873 • 1931

정규은	정설송 (丁雪松)	정율성 (鄭富恩)	정의은 (鄭義恩)	박건웅 (朴建雄)	정봉이 (鄭鳳伊)	정숭이 (鄭崇伊)	정충룡 (鄭忠龍)	정신룡 (鄭信龍)	정효룡 (鄭孝龍)
1919 • ?	**1918** •	1914 • 1976	1912 • 1980	1905 • ?	1909 • ? '봉은'라고도 불리움	1906 • 1977	1901 • 1927 仁濱라고도 불리움	1899 • 1915	1894 • 1934

정소제
(鄭小提)

정상훈
(鄭祥勳)   정국훈
(鄭國勳)

려진 조선혁명군사정치간부학교 1기생이었던 이활(李活)이었다.

  그들 두 사람의 공로를 단순 비교하는 것은 무리겠지만, 같은 사건으로 일경에 구속되었음에도 후세 사람들에게 널리 알려진 이육사와 달리 정의은은 독립유공자 신청이 받아들여지지 않고 계속 거부되었다는 것은 무엇을 의미할까? 아직 확실하게 밝혀진 것은 아니지만 여러 가지 정황으로 보아, 정의은이 사회주의 계열의 독립운동을 했기 때문이었으리라는 추측을 조심스럽게 해볼 수 있다.

  그러지 않고서는 그가 모집해간 청년들은 해방된 조국에서 독립유공자 혜택을 받는데 정작 자신은 그 혜택의 대상에서 제외되었다는 것이 쉽게 납득하기 어렵다.

율성의 누나 정봉은(鄭鳳恩)도, 비록 직접 독립운동에 뛰어든 것은 아니지만, 크게 보면 독립운동에 참여한 것이나 마찬가지였다. 오빠들의 뒤를 따라 중국으로 건너간 그녀는, 중국의 황포군관학교를 졸업하고 항일운동의 지도자로 활동하던 박건웅(朴建雄)과 결혼한 뒤 독립운동에 가담한다.

이처럼 정율성의 형제들 가운데 일찍 사망한 사람을 빼고는 한명도 빠짐없이 독립운동에 그들의 청춘과 목숨을 바쳤다고 해도지나친 말이 아니다. 하지만 아이러니하게도 아직 그들 가운데 임시정부의 혈통을 이어받았다고 자랑스럽게 말하는 대한민국 정부로부터 독립유공자 혜택을 받은 사람은 한 사람도 없다. 여기에 분단된 우리 현대사의 비극이 자리하고 있는 것이다.

3. 양림동 시절

정해업 일가의 호적부를 살펴보면, 다른 농사꾼들과 달리 자주광주와 능주 등지로 이사를 다닌 것으로 나타난다. 그 이유가 어디에 있는지는 확인되지 않는다. 숭일학교를 졸업한 것으로 알려진율성도 처음에는 숭일학교가 아닌 전남 화순 능주공립학교에 입학했다가 뒷날 숭일학교로 전학온 것으로 기록에 나타난다.

아마 그가 숭일학교를 다니던 이 무렵 정해업의 일가는 양림동에서 살았을 것이다. 율성이 어린시절을 보낸 양림동(楊林洞)은선교사들이 일찍이 정착하여 기독교를 전파한 곳이어서 광주에서도 서양문물이 일찍 뿌리를 내린 지역이었다. 숭일학교와 수피아 여학교도 바로 이 지역에서 처음 세워진 교육기관이다. 그래서 정율성도 가족과 지역적인 환경으로 말미암아 어렸을 적부터 자연스럽게 기독교를 접할 수 있었을 것이다.

정율성은 어렸을 적부터 시냇가에서 물고기 잡는 것을 좋아했고, 또 그 일에 남다른 재주가 있었다고 한다. 하지만 그것은 단순히 놀이만은 아니었다. 물고기는 육식 구경을 하기 힘든 가난한 사람들의 식구들에게는 살찌우는 좋은 반찬이자 중요한 단백질 공급원이었기 때문이었다. 물고기잡이는 정율성이 항일전쟁시기 연안에서도, 해방 뒤 북한을 거쳐 다시 돌아온 북경에서도 끝내 버리지 못했던 그의 취미 가운데 하나였다.

그 무렵 어린이에 지나지 않았던 율성에게, 조국과 민족이 겪고 있던 아픈 현실이 어른들이 생각하는 것처럼 아직은 뼈저리게 다가오지는 않았을 것이다. 하지만 이 무렵 그의 성격을 짐작하게 하는 일화 하나가 전해진다.

어느 날 그는 커다란 구렁이가 고목나무를 타고 올라가 까치집을 덮치려는 것을 보았다. 그는 막대기를 들고 나무를 타고 위로 올라갔다. 지나가던 마을 사람들이 몰려들어 위험하다고 나무 아래서 소리쳤지만 그는 내려오지 않았다. 예부터 구렁이를 신성한 동물로 여기는 마을 노인들은 구렁이를 죽이거나 다치게 하면 집안에 화를 당한다고 역정을 내었지만 그는 막무가내였다. 그는 나무 꼭대기까지 올라가 막대기로 쳐서 구렁이를 떨어뜨린 다음에야 내려왔다.

이러한 이야기는 성공한 인물들에게 항상 따라다니는, 조금은 윤색되고 과장된 듯한 것이기는 하지만 여기에서 짐작할 수 있는 것은, 그의 성격이 어렸을 적부터 불의를 그냥 지나치지 않고 강한 자보다는 약한 사람들 도우려는 의협심이 있었다는 점이다. 나중에 그 이야기를 전해들은 그의 아버지 정해업은, 오히려 마을 사람들과는 달리 용기 있는 아들의 행동을 격려하고 칭찬하였다고 한다.

중국에서 활동했던 조선의용군 출신 혁명가들의 삶을 기록한 《중국의 광활한 대지 위에서》에는 정해업이 어떤 사람인지 조금은 짐작하게 하는 부분이 실려 있다.

정율성은 둘째 형님이 남겨 놓은 유물인 만돌린을 제일 사랑하였다. 어떤 날은 온종일 만돌린을 켜면서 노래를 부르곤 하였다. 그럴 때면 아버지는 책망조로 "부은(정율성의 본명—필자 주)아, 음악도 쉬엄쉬엄 해야지. 나라를 빼앗긴 신세에 어찌 밤낮 노래만 부르겠느냐? 그래도 공부를 더 많이 해야지. 이렇게 세월만 보내면 장차 어찌하겠느냐?"라고 하시며 땅이 꺼지게 한숨을 내쉬었다.

그러면 정율성은 며칠 동안은 만돌린을 켜지 않고 노래도 부르지 않았다. 그 대신 책을 보거나 고기잡이를 하고 비둘기를 기르는 데 정신을 팔곤 했다. 마음씨 고운 아버지는 막내 아들의 흥취를 너무 꺾는 것만 같아 그를 불러놓고 말하였다.

"부은아, 너 만돌린을 어디다 두었느냐? 만돌린을 타지 말라는 말도 아니구, 노래도 부르지 말란 말이 아니다. 네가 너무 지나칠까봐 그러지. 외적과의 싸움에도 최후의 결전에는 북을 치고 나팔을 불며 승전고를 울

렸단다. 전쟁 마당에서 군대가 진군할 때 사기를 돋우는 데는 우렁찬 군 가가 있어야 하는데, 그런데 우리에겐 이런 군가가 없거든……."

위로 장성한 세 아들이 독립운동을 하기 위해 중국으로 떠난 뒤 생사도 모르는 판국에, 하나밖에 남지 않은 막내아들마저 공부보다 는 음악에 정신이 팔려 있다면 대부분의 아버지들은 어떻게 했을 까? 아마 평범한 사람이었다면 크게 화를 내거나 아니면 악기를 부 숴버렸을 지도 모른다. 물론 정해업도 아들이 음악에 몰두하는 것 을 경계하였지만, 이왕 음악을 해야 한다면 어떤 음악을 해야 하는 지 넌지시 알려줄 정도로 생각이 깨인 사람이었음을 엿볼 수 있다.

율성은 숭일학교에 다니던 때부터 이미 음악에 남다른 자질을 보였다. 당시 그의 집에는 이미 중국으로 떠난 둘째형이 사용하던 만돌린이 있었다. 만돌린 켜는 법을 누구한테 배웠는지 확실한 기 록은 없지만 어린 그가 혼자서 터득하지는 않았을 것이다.

당시 학교에서 만돌린 연주법을 가르쳐주지 않았다면 뒷날 그의 누나 정봉은이 한때 수피아여고 음악선생을 했다는 것으로 보아, 누나한테서 음악에 대한 기초를 배웠으리라는 추측이 가능하다.

하지만 누나라고 해도 다양하고 깊이 있는 음악 교육을 해줄 수 는 없었으리라. 다행스럽게도 그런 정율성이 풍부한 음악을 접할 수 있었던 곳이 한 군데 있었다. 바로 큰외삼촌 최흥종 목사댁이었 다. 남달리 음악을 좋아했던 큰외삼촌이 그 당시 광주에서는 희귀 한 축음기를 가지고 있었던 것이다.

한편 작은외삼촌 최영욱도 광주에서는 보기 드문 인텔리였다.

그는 미국에서 의학박사학위를 받고 돌아와 광주에서 '서석의원'을 운영했는데, 해방 후에는 초대 전남도지사가 된다. 그의 부인 곧 율성의 작은외숙모 김필례 역시 미국 유학생 출신으로 한국 YWCA의 발기인의 한 사람이었다. 최영욱 부부에게 미국 유학을 권유한 사람은 바로 최영욱이 다녔던 세브란스의학전문학교 1회 졸업생이자 김필례의 큰오빠였던 김필순이다.

세브란스병원에서 의사로 일하던 김필순은 '105인사건'의 검거를 피해 중국으로 망명했다. 여동생 내외가 결혼할 무렵 그는 치치하얼에서 조선인 이상촌을 꿈꾸며 병원을 꾸려가고 있었다. 그는 당시 광주의 병원에서 의사로 일하던 매제 최영욱을 자기 병원으로 불러들였다. 손이 부족했던 것이다. 그때 최영욱에게 훌륭한 의사가 되려면 의료기술이 뛰어난 미국으로 유학을 권했던 사람이 김필순이었고 뒷날 '중국의 영화황제'라고 불리는 김염(金焰)이 바로 그의 아들이다.

중국의 영화황제 김염과 중국 혁명음악의 대부인 정율성, 이 두 사람과 모두 인척관계로 연결되는 것이다. 최영욱은 해방 뒤 미군정에 의해 초대 전라남도 지사로 임명되기도 했지만, 정작 그 자신의 인생은 한국전쟁의 소용돌이에서 광주를 점령한 인민군에게 처형되는 것으로 끝난다.

이 무렵 율성의 맏형 정효룡과 둘째형 정인제는 이미 중국으로 망명해 있던 때라서 그는 형들의 직접적인 가르침을 받을 수는 없었다. 하지만 집안에서 쉬쉬 하고 직접 듣지는 못했어도 형들이 무엇 때문에 고향에서 같이 살지 못하고 낯선 땅 중국으로 건너갔는지는 짐작할 수 있었다.

하여튼 정율성은 틈이 날 때마다 큰외삼촌 댁에 들러서 축음기에서 흘러나온 음악을 들었다. 거기에서 그는 동서양의 명곡을 접했을 것인데, 이것이 뒷날 그의 소중한 음악적 자산이 되었다. 하지만 세상은 어린 그에게 속 편하게 음악에만 빠져 있게 해주지는 않았다. 일제의 간섭은 갈수록 심해졌고, 장성한 형들이 모두 독립운동을 하러 떠나버린 집안 사정 또한 날이 갈수록 나빠졌기 때문이다. 맏형은 상해에서 그 무렵 일경에게 체포된 뒤 국내로 이송되어 수감생활을 하고 있었다.

4. 신흥학교의 삼총사

정율성은 1929년 숭일학교를 졸업하지만 그해에 중학교로 진학하지 못한다. 바로 가정형편 때문이었다. 그 무렵 정율성의 집은 양림동에서 더 변두리인 효천면 월산리(月山里)로 옮겨간다. 율성은 그해 여름 내내 아버지를 도와 수박농사를 지었다. 그렇게 해서 그해 가을이 되어서야 중학교 입학금을 겨우 마련할 수 있었다.

그런데 정율성은 광주가 아닌 멀리 전주에 있는 미션스쿨인 신흥중학교에 1929년 입학한다. 그것도 조카(맏형 정효룡의 맏아들인) 정국훈과 함께였다. 항렬로는 삼촌과 조카였지만 정율성과 정국훈은 나이가 동갑이라 집을 벗어나기만 하면 둘도 없는 친구였다. 중국에서 살던 큰형의 가족들은 그가 일경에게 체포되어 국내

로 이송되자 모두 국내로 들어와 있었던 것이다. 정해업이 막내아
들과 큰손자를 일부러 멀리 전주에 있는 신흥중학교까지 보낸 데
는 그만한 이유가 있었다.

신흥중학교는 1919년 당시 전주의 3·1운동을 주도했던 학교였
고, 이후에도 일제의 신사참배를 거부하다 폐교될 만큼 민족 교육
을 요람으로 항일의 전통이 살아 있었다. 그 학교의 교가(校歌)는
만주에서 독립군들이 부르던 〈용진가〉를 가사만 바꾸어 사용할 정
도였다.

정율성이 신흥중학교에 입학하던 바로 1929년에 광주에서는 광
주학생독립운동이 일어나고, 그것은 마른 섶에 불이 붙듯 삽시간
에 전국으로 번져 나간다. 신흥중학교 학생들도 기다렸다는 듯이
참여했고, 거기에 투철한 항일 집안에서 자라난 정율성이 빠질 리
가 없었다.

그는 1963년, 《북경만보北京晚報》에 〈혁명을 노래하자〉라는 제
목의 글을 기고한 적이 있었는데, 이 글에서 우리는 그가 신흥중학
교에 다닐 무렵 항일운동 조직에서 활동했음을 짐작하게 하는 한
가닥 실마리를 찾을 수 있다.

나는 어려서 혁명 선배들로부터 〈인터내셔널가〉〈라 마르세이유〉
〈적기가〉 등을 남몰래 배웠다. 이런 노래를 부를 때면 내 눈앞에는 수많
은 노동대중들이 대오를 형성하여 진군하는 모습이 나타날 듯하여 나도
모르게 목청이 높아졌다. 그러면 노래를 부르던 동지들은 나에게 눈짓을
하며 "소리를 낮춰"라고 하였다. 그때 나는 어려서 왜 이처럼 좋은 노래

를 목청껏 부를 수 없는지 그 이유을 잘 몰랐다. 나중에 혁명에 참가하여 성악을 배우면서 나는 내 목소리로 사람들의 불만과 희망을 그려내리라 작심하였다.

〈인터내셔널가〉와 〈적기가〉를 언제 배웠는지 그 시기는 구체적으로 드러나지 않는다. 그러나 '어려서'라는 말과 공개적으로 부르지 못했다는 그의 회고에서 추정해보면, 신흥중학교에 재학할 무렵이 아닌가 여겨진다. 그렇지 않고서는 그가 선배들로부터 노래를 배울 만한 기회는 중국으로 건너가기 전까지는 없었기 때문이다. 그리고 중국에서는 주위 동료에게서 노래를 배우는 것이 아니라 이미 가르치는 수준에 있었기 때문에 중국에 오기 전에 배웠을 가능성이 높다.

그래서 기고문에 나오는 '혁명 선배들로부터 노래를 배울' 시기는 신흥중학교에 다닐 무렵이라고 해도 크게 무리가 없을 것이다. 이처럼 독립운동에 투신했던 형들의 영향과, 그가 다녔던 항일의 전통이 살아 있는 신흥중학교의 분위기는 그가 독립운동을 위해 중국으로 가게끔 한 큰 요인들 가운데 하나라고 할 수 있다.

그가 신흥중학교에 다닐 무렵, 그곳에서 역사와 지리 교사로 근무했던 김교문(金教文)은 당시 신흥중학교의 분위기에 대해서 《신흥90년사》에 이런 글을 남겼다.

학교 밖에서는 일제의 압박으로 학생들이 자유를 잃었으니 노예나 마찬가지였다. 언어도 일본어, 역사도 일본사, 행동과 유행도 일본식을 따라하는 분위기였다. 그러나 학교 안에서는 그래도 대한민족주의에 대한 지도와 자유 인격 교육에 대한 부단한 노력이 경주되고 있었다. 자유는 생명이며 양의양성(陽義養成)은 장래에 경이(驚異)한 문화와 발명의 원동력이 될 것으로 믿고, 이 정신과 자유를 양성하기 위하여 지리 시간에는 수업 전에 우선 세계의 대세로부터 시작하였고, 특히 역사 시간에는 대한국사를 십분 이상 얘기한 후에야 수업을 시작하였다.

정율성의 음악 소양도 신흥중학교에 배운 부분이 많았을 것이다. 미션스쿨인 그 중학교에는 당연히 채플 시간이 있었고, 여기에 성가음악이 빠질 수가 없었다. 정율성과 거의 같은 시기에 그 학교를 다녔던 박철규는《신흥90년사》에서 당시 신흥중학교의 음악활동에 대해 이렇게 말한다.

신흥중학교 기독청년회가 주관하여 서문 밖 교회에서 음악회를 열었는데, 이때 일본 여학교 음악선생이 바이올린 독주를 했고, 보통과에 근무하는 교사가 피아노 독주를, 우리 학생들은 합창을 하였다. 또 일반인 기독청년회가 주최하여 시내 극장에서 음악회를 개최하였을 때는 서울에서 일류 음악가들을 초청하여 공연하였는데, 이때 신흥중학교 합창단이 그 음악회에 출연하여 합창을 해준 일이 있다. 당시 신흥중학교에는 10명 정도로 구성된 밴드부가 있었는데, 그들은 학교행사뿐만 아니라 각교회의 행사에 참가하여 봉사하기도 하였다. 이러한 신흥중학교 학생들의 음악활동은 다른 학교에서는 찾아볼 수 없는 일이었으며, 이러한 활동들이 전주의 문화발전에 크게 기여하였다고 생각한다.

그가 재학할 무렵 그 학교 교과 과정에는 음악이 개설되지 않았다는 증거를 그의 학적부에서 찾을 수 있다. 하지만 기독교와 음악의 깊은 연관성 때문에 신흥중학교에서는 당시 다른 학교에서 엄두도 내지 못하는 음악활동을 할 수 있었다. 정율성이 입학하기 전인 1920년대에는 뒷날 유명한 작곡가로 되는 현제명이 교사로 근무하였다. 정율성은 비록 그로부터 직접 배울 기회는 없었지만, 이처럼 신흥중학교는 음악적인 분위기가 무르익은 학교였다.

밴드부를 비롯하여 활발하게 전개되었던 신흥중학교의 음악활동에 정율성이 참가했는지 여부는 확인되지 않는다. 하지만 어떤 형태로든 영향을 받았음이 틀림없다. 정율성은 합창단에 들어가 활동하면서 악보를 익히고 몇 가지 악기를 배우는 한편 방학 동안에는 농촌 계몽 활동에 참여한 것으로 보인다. 당시 미선계 스쿨이던 그 학교에서 정율성은 정식으로 세례를 받는다. 남아있는 3학년까지의 생활기록부에도 그가 세례를 받았음을 증명하는 〈수세〉라는 도장이 선명하게 찍혀있다.

신흥중학교와 정율성 집안의 인연은 그것으로 끝이 아니었다. 2년 뒤, 그러니까 정율성이 3학년으로 올라가던 해에 조카 정국훈의 동생인 정상훈(鄭祥勳)이 입학하여 한 집안에서 세 명이나 그 중학교에 다니게 되었다.

삼촌 정율성처럼 음악에 남다른 재능을 갖고 있던 정상훈은 뒷날 음악을 전공하는 것뿐만 아니라 해방 후 월북하여 북한을 거쳐 중국으로 망명하는 등 정율성의 말년까지 그 가까이에 있었다.

정율성·정국훈·정상훈 정씨 삼총사는 신흥중학교 기숙사에서 같이 생활한다. 정율성보다 1년 선배였던 박철규 역시 기숙사 생활을 했다고 한다. 당시 전라도 일대에서 모여든 신흥학교 학생들 상당수는 기숙사에서 생활하고 있었다. 그래서 어지간하면 이들 삼총사를 기억할 수도 있으련만, 너무 많은 세월이 흐른 탓인지 그는 정율성을 떠올리지 못했다. 기억을 여러 번 되새긴 끝에야 겨우 정율성에 대한 기억의 실마리 하나를 풀어냈다. 그가 풀어내는 정율성에 관한 기억 역시 노래였다.

그들이 삼촌 조카 관계였다는 것은 나로서는 처음 듣는 얘기고 사실 다른 사람은 잘 모르겠고, 그(정율성―필자 주)가 노래를 잘 불렀다는 기억만 어렴풋하게 떠오를 따름입니다.

이런 그의 증언에서 짐작할 수 있는 것은, 신흥중학교에 다닐 무렵의 정율성이 그렇게 사람들 앞에 적극 나서는 활동적인 성격은 아니었던 모양이다. 하지만 신흥중학교에 다닐 때만 하더라도 조용하던 그의 성격은 중국에 건너가 항일운동에 참가하면서 서서히 바뀌기 시작한다.

배움의 열기에 들떠 있던 정율성의 의지와는 상관없이 그의 집안과 세상에는 검은 먹구름이 몰려오고 있었다. 3학년이 되던 해인 1931년, 일제는 9·18 만주사변을 일으켰다. 그리고 그해 11월 초 정율성은 학교에서 청천벽력 같은 소식을 듣는다. 집안의 기둥이던 아버지가 쓰러졌다는 전보였다.

신흥중학교에 입학한 이후 그의 집은 고향마을인 양림동을 떠나 더 산골인 월산리로 옮겨가 있었다. 가난 때문이었다. 자식들을 다 떠나보내고 그곳에서 혼자 힘겹게 농사를 짓던 정해업은 병으로 쓰러진 뒤 다시는 일어나지 못했다. 연락을 받고 급하게 고향 광주로 돌아간 정율성은 막내아들이었지만 상주 노릇을 혼자서 하는 수밖에 없었다. 위로 형들이 셋이나 있었지만 맏형은 일경에게 체포된 뒤 한국으로 끌려와 감옥에 갇혀 있었고, 둘째형은 생사조차 불분명했으며, 게다가 중국으로 건너간 셋째형에게는 아버지의 부음조차 알려줄 수 없는 상황이었다.

일가친척의 도움으로 아버지의 장례식을 가까스로 치르기는 했지만, 다시 학교로 돌아갈 수는 없었다. 이유는 단 한 가지, 학비를 댈 수가 없었기 때문이었다. 그 당시 중학교는 5년제라, 2년만 더 버티면 졸업을 할 수 있었지만 그것조차 쉬운 일은 아니었다.

아버지의 장례를 치른 뒤 그는 어머니와 누나와 함께 아픈 기억이 배어 있는 월산리를 떠나 다시 양림동으로 돌아온다. 집안의 기둥인 아버지가 돌아가시고 다니던 학교마저 중퇴하고 양림동으로 돌아왔을 시기, 정율성은 아마 많은 좌절과 번민의 시간을 보냈을 것이다.

하지만 그 시절 정율성이 어떻게 보냈는지를 알아내기란 그리 만만한 일이 아니었다. 혹시라도 이 땅에 남아 있을지 모를 그의 흔적을 찾아 나선 지 꽤 많은 시일이 흘렀지만, 그의 모습을 기억하는 사람을 찾기란 쉽지 않았다. 정율성을 기억하는 몇 남지 않는 증언자들은 대부분 중국인이었고, 그들은 한국인의 시각보다는 중국인의 시각에서 그를 바라보려는 경향이 짙었다.

그러던 때에 정율성을 기억하는 한 사람을 찾아냈다. 그는 정율성과 같은 동네인 양림동에 살아서 어렸을 적의 정율성을 기억하고 있는 김칠례 할머니였다. 김칠례 할머니가 기억하는 시기는 정율성이 신흥중학교를 중퇴하고 중국으로 가기 전까지 양림동에 머물던 무렵으로 짐작된다.

> 그는 야윈 몸집에 나팔 하나는 기차게 잘 불렀던 기억이 나요. 그리고 어느 날 공부한다고 상해인가 어딘가로 간다는 얘기만 듣고 그 이후는 이날 이때까지 한 번도 보지는 못했어요. 그 뒤 그의 형 정의은이는 양림동에 얼굴을 내밀었는데 그때 아마 교회쪽 청년들 몇 명이 그를 따라 중국으로 갔던 것 같아요.

정의은의 행적에 대해서 그녀가 전해주는 사실은 전혀 뜻밖이었다. 지금까지 정의은이 중국으로 데리고 간 청년들 가운데 구체적인 이름이 거명된 것은 정율성을 비롯한 여섯 명이 전부였다. 하지만 정의은이 그 이후에도 다시 고향 광주 청년들을 포섭해서 중국으로 데리고 갔다면, 그것은 우리 독립운동사 차원에서 규명되어야 할 문제이기 때문이다.

5. 매기의 추억

양림동으로 되돌아온 뒤 중국으로 건너가지 전까지 1년 동안 정율성의 행적은 구체적으로 잡히지 않는다. 하지만 뒷날 음악 말고 사람들을 놀라게 한 그의 능력 가운데 하나가 바로 주사 놓는 법을 알고 있었다는 점이다. 나중에 다시 말하겠지만, 연안에서 그는 심한 이질에 걸려 생사를 넘나드는 어린 딸 소제(小提)에게 직접 주사를 놔 목숨을 살렸다. 목숨이 왔다갔다 할 만큼 위험한 상태에 놓인 갓난아기에게 아버지로서 주사를 놓는다는 것은 숙달된 경험이 없다면 그 때나 이 때나 그리 쉬운 일이 아니다.

그의 공식적인 이력에서 의술을 배울 수 있었던 시기는 딱 한 번 있었다. 바로 신흥중학교를 중퇴하고 중국으로 건너가기 전까지 1년가량 되는 그 기간이다. 아마 학교를 그만두어야 했을 무렵, 그는 자신의 앞날에 대해서 꽤나 고민했을 것이다. 등록금이 없어 학교를 그만둘 정도였으니까 경제적인 어려움은 말할 필요도 없었다. 그의 주변 사람들 가운데서 주사 놓는 법을 가르쳐 줄 정도의 의학지식을 가지고 있었던 사람은 광주에서 병원을 운영하던 작은 외삼촌이다.

물론 중국에서 그가 존경하며 따랐던 김산(金山)도 한때 의학공부를 했고, 연안에서 만나 알고 지내던 팔로군 의료고문 조지 하템(George Hatem), 경성의학전문학교 졸업생으로 당시 연안 화평의원에서 유일한 조선인 내과의사로 있던 방우룡(方禹龍)도 그 정도 의료기술은 가르쳐 줄 수는 있었을 것이다. 그런데 이들을 만났던 시기에는 정율성은 언제 써먹을지도 모르는 주사 놓는 법을 배울 만큼 한가하지 않았다. 따라서 여러 가지 여건을 고려해 볼 때 신흥중학교를 그만두고 중국으로 가기 전까지, 양림동에 머물던 무렵에 초보적인 의료기술을 배웠을 가능성이 가장 높은 것이다.

항일전 당시 국민당군에 포위되어 변변한 약조차 구할 수 없었던 연안에서, 사랑하는 딸이 사경을 헤매자 아비로서 정율성은 애간장을 태웠을 것이다. 정율성이 가진 가장 큰 재산인 바이올린을 팔아 그녀를 살렸다고 해서 바이올린을 뜻하는 소제(小提)라는 이름이 붙어버린 그녀를 만나기 위해 북경으로 찾아갔을 때, 그녀는 환갑이 넘은 나이라고는 믿을 수 없을 만큼 젊어 보였다. 모든 것이 부족했던 연안에서 생사를 넘나들던 그녀가, 그곳에서 살아나올 수 있었던 데는 아버지 정율성의 힘이 컸다. 피는 속이지 못하는지 그녀도 아버지의 뒤를 이어 음악가로서 인생을 살고 있었다.

정율성의 삶과 음악에 대해 알고 싶어서 찾아왔다고 하자, 그녀는 깊숙이 소중하게 보관하고 있던 카세트테이프를 하나 꺼냈다.

"이 테이프에는 아버지가 말년에 즐겨 부르던 노래가 들어 있습니다. 녹음실에서 정식으로 녹음한 것이 아니고 가정용 카세트로 녹음한 것이라 음질이 좀 떨어지긴 하지만…… 아버지를 알기 위해서는 먼저 그의 노래를 들어보는 것이 순서일 것 같아서……."

카세트의 버튼을 누르면서 그녀는 멋쩍게 웃었다. 혹시나 멀리서 온 손님에게 아버지를 자랑하는 것으로 비춰지지 않을까 염려하는 것 같았다. 그런데 카세트에서 흘러나온 노래는 예상과는 전혀 다른 노래였다. 국민당 지역이었던 남경에서 스스로 연안으로 찾아갈 만큼 의식이 투철했고, 또 중국과 북한 두 나라의 공식 군가를 창작한 작곡가답게 힘찬 곡조의 군가풍 노래가 나올 줄 알았다. 그런데 전혀 뜻밖에 중국어가 아닌 우리말로 된 귀에 익은 노래가 나왔다. 바로 미국 민요를 번안한 〈매기의 추억〉이었다.

옛날의 금잔디 동산에
매기 같이 앉아서 놀던 곳
물레방아 소리 들린다……

중국 현대음악의 큰 별이라는 수식어가 붙어 있는 그의 흔적을 찾아 나선 이후 처음으로 들어보는 그의 육성이었다. 수십 년 전에 숨진 그의 육성이 담긴 노래를 들어볼 수 있으리라고는 미처 상상조차 못했다. 아마 정소제가 먼저 들려주지 않았다면, 그의 목소리를 들어볼 기회는 영영 없었을 것이다. 그때까지 필자는 그의 문서 기록에만 중점을 두고 그의 모습을 그리려는 노력을 기울이던 참이었다.

언제 녹음을 한 것인지 정확한 시기는 알 수 없었지만, 짐작하건대 그의 노년에 녹음을 한 것이 분명했다. 그의 노랫소리는 음악에 전혀 문외한인 필자의 귀에도 어지간한 성악가는 따라오지 못할 수준에 있는 것처럼 들렸다. 나이 든 사람 목소리 같지 않게 고음 처리가 아주 자연스러웠다. 그런데 그의 노래 소리 속에 말로는 쉽게 표현할 수 없는 슬픔 같은 것이 묻어 있는 듯했다.

그래서 언제 녹음된 것이냐고 묻지 않고, 혹시 약주라도 한잔

한 뒤에 부른 노래냐고 물어보았다. 그녀는 아니라고 했다. 그런데 왜 필자의 귀에 들리는 그의 목소리에는 슬기운 같은 것이 진하게 느껴지는 것일까? 노래 속에서 그는 무엇인가를 애타게 그리워하고 있었고, 그의 노래마저 아파하고 있었다.

6. 가자, 중국으로

어린 시절의 기억이 묻어 있는 양림동. 하지만 몇 년 만에 다시 돌아온 양림동은 예전의 그 동네가 아니었다. 정확하게 말하자면 양림동이 바뀐 것이 아니라 자신이 바뀌어 있었던 것이다.

그는 이제 더 이상 철없는 소년이 아니었다. 어느새 청년이 된 그의 앞에 소리 소문 없이 바람처럼 나타난 사람이 있었다. 중국으로 건너간 뒤 연락이 끊겼던 셋째형 정의은이었다. 정의은은 그가 없던 사이에 일어난 집안의 이야기를 듣고 나서 자신을 중국으로 데리고 가겠다고 했다. 의은의 말에 어머니도 이의를 달지 않았다. 그것은 남편마저 없는 광주땅에서, 불령선인(不逞鮮人)의 가족으로 낙인찍혀 갈수록 탄압이 거세지는 일경의 시달림을 받아가면서 자식들을 키울 방법이 없었기 때문이다. 중국으로 건너간다고 해서 당장 무슨 뾰족한 수가 있을 턱이 없지만, 당시 다른 것을 고려할 만큼 여유로운 처지가 아니었다.

율성은 자신도 형을 따라가고 싶었지만, 그마저 떠나면 혼자 남을 어머니가 마음에 걸렸다. 든 자리는 몰라도 난 자리는 유독 훨씬 더 크게 보이는 것이 법이다. 그렇게 불현듯 나타난 형이 누나를 데리고 바람처럼 사라진 뒤 집안은 텅 빈 것처럼 느껴졌다.

언제 다시 돌아오겠다는 기약도 없이 떠난 형은 얼마 뒤 광주에 다시 나타났다. 이번에는 장사꾼 차림이었다. 형이 중국과 조선반도를 오가며 장사나 하면서 세월을 보낼 사람은 아니라는 것은 익히 알고 있었지만, 그렇다고 무슨 일을 하는지 꼬치꼬치 물어볼 수도 없었다. 아니 형의 성격으로 봐서 물어본다고 대답해줄 사람도 아니었지만, 자신이 알아서 괜히 문제가 생길 수도 있었다. 일본 경찰이 정율성의 집안을 드나드는 사람을 신경을 곤두세운 채 감시하고 있는 터였다. 그렇지 않아도 누나가 한동안 보이지 않자 궁금해 하는 동네 사람들에게는, 그저 다른 친척집에 가 있다고 얼버무릴 따름이었다. 그런 것을 잘 알고 있는 형이기에 집안에 드나들 때도 마치 도둑고양이처럼 남들의 시선을 피해 밤에만 나타났던 것이다.

사실 셋째형 정의은은 그 무렵 의열단쪽 일을 보고 있었다. 3·1 운동이 일어나던 해인 1919년 11월, 만주 길림성(吉林省)에서 김원봉이 조직한 의열단은, 국내외에서 일어난 테러를 주동하여 일제 경찰들이 두려워하던 독립운동단체였다. 의열단은 그 이후 중국 관내로 이동하여 일회적인 테러행위가 아닌 일제와의 새로운 전쟁을 준비하고 있었다. 그 새로운 전쟁에서 가장 중요한 것은 항일운동을 끌고 갈 핵심 무장세력이었다.

특히, 중국 상해에서 일어난 윤봉길 의사의 홍구공원 폭탄투척 사건 이후 중국의 장개석 정부는 한국인 독립운동단체들에 관심을

△ 1923년 4월 12일자 《동아일보》 호외에 실린 의열단사건 기사.
의열단장 김원봉의 20대 때 사진이 실려있다. ⓒ동아일보.

표시하기 시작했다. 장개석마저 윤봉길 의사의 폭탄투척 사건에
격찬을 아끼지 않았다.

우리 백만 대군이 하지 못한 일을 한국인 한 사람이 해냈으니 얼마나
장한 일인가. 우리는 그 용감한 정신을 배워야 하고, 한국의 자주독립 없
이는 중국의 독립도 없다는 점을 알아야 한다.

등걸(藤傑)은 황포군관학교 4기 동기생인 의열단의 김원봉에게
지원의사를 밝혔다. 그래서 의열단은 장개석 정부의 도움을 받아
독립운동의 골간이 될 인재양성에 주목하였다.

항일독립운동에 동원될 인재를 양성할 목적으로 설립된 조선혁
명군사정치간부학교는 흔히 의열단간부학교라는 이름으로 더 잘

알려져 있다. 하지만 대외적으로 사용하는 위장 명칭은 중국국민
정부 군사위원회 간부훈련반 제6대였다. 당시 중국 곳곳에 거미줄
처럼 정보망을 펼쳐놓고 있던 일제의 감시를 피하기 위해서였고,
설사 일제의 감시망에 걸리더라도 중국의 교육기관으로 위장하기
위한 고육지책이었다.

당시 장개석 국민당 정부의 한국인 독립운동가들에 대한 지원
은 크게 김구와 김원봉 양쪽으로 나누어서 제공되고 있었다. 김구
를 맡은 쪽은 진과부(陳果夫)와 진립부(陳立夫)의 중앙당 조직부
가 하는 CC단이었다. 반면 군사위원회 산하의 삼민주의역행사, 흔
히 푸른 셔츠단이라고 불리는 남의사(藍衣社)의 등걸과 간국훈(干
國勳)은 김원봉을 지원하고 있었다.

1932년 의열단은 국민당의 도움을 받아 남경(南京)에 조선혁명
군사정치간부학교를 설립하고 1기생을 수료시켰다. 하지만 애국
심이 투철하고 특히 의열단의 조건에 맞는 조선인 청년들을 중국
안에서 모집하는 것은 그리 쉬운 일이 아니었다. 만일 일경의 감시
를 피해 국내에서 조건에 맞는 청년들을 모집해올 수만 있다면 만
성적인 인력부족 문제는 해결될 수 있었다.

이런 이유로 말미암아 조선혁명군사정치간부학교 1기 졸업생
가운데 대적(對敵)업무에 투입된 대원들을 제외하고 상당수는 국
내로 침투하여 2기 입교생을 모집하는 임무로 돌려졌다. 조선혁명
군사정치학교 1기 졸업생 26명 가운데 눈에 띄는 인물은 민족시인
이육사와 훗날 태항산에서 전사한 석정 윤세주(尹世胄) 등이다.

본명이 이활(李活)인 1기생 이육사는 조선일보 기자로 활동하
다 입학한다. 그때 그는 처남인 안병철(安炳喆)과 함께 입교하여

처남 매부가 나란히 교육을 받았다. 의열단의 창단멤버 가운데 한 사람이면서도 단지 군사훈련 경험이 없다는 이유 하나만으로 스스로 1기생으로 훈련을 받았던 석정 윤세주는 2기생 교관으로도 활동했는데, 뒷날 태항산(太行山)에서 전사했다.

정의은은 조선혁명군사정치간부학교 졸업생은 아니었지만 2기 입교생을 모집하라는 임무를 부여받고 국내에 잠입했던 것으로 봐서, 의열단에서 활동했던 것 같다. 그 무렵 자신이 중국으로 데리고 건너간 여동생 정봉은과 결혼한 박건웅이 조선혁명군사정치학교 1기 교관으로 근무하고 있었다.

하지만 비밀연락의 임무란 언제라도 일경에 발각되거나 어떻게든 비밀이 누설될 수 있는 상황이었기 때문에, 정의은은 친동생인 정율성에게도 자세히 알려주지 않았다. 비밀이란 사실 자체를 모르고 있으면 아무리 고문을 받아도 자백할 수 없지만, 만일 알고 있다면 고문에 버티기가 어렵기에, 행동에 필요한 최소한의 정보만을 알려주는 것이 비밀활동의 철칙이었다. 그래서 입교생 모집도 아주 믿을 만한 집안의 청년들을 대상으로 하였다.

정율성은 몰랐지만 중국에서 인천을 거쳐 국내로 잠입한 정의은이 맡은 지역은 전라도였다. 그의 집안이 전라도 지역에 터를 잡고 있어서 상대적으로 활동이 유리했기 때문이다. 그것은 안동 출신인 이육사가 경상도 지역을 맡은 이유와 같다.

정의은은 집에 들르기 전에 이미 전라도 담양에 들렀다. 정의은이 들른 곳은 조선혁명군사정치간부학교의 전술학 교관이었던 김종(金鐘)의 친가였다.

본명이 김용재(金容宰)였던 김종은 3·1운동에 가담했다가 일경에 쫓겨 만주로 망명, 그곳에서 의열단에 가입하고 이후 의열단이 중국 관내로 활동 근거지를 옮기자, 황포군관학교에 입학했다가 졸업한 다음에는 의열단이 설립한 조선혁명군사정치간부학교의 전술학 교관으로 후진을 양성하고 있었던 것이다.

정의은이 받은 임무에는 바로 청년기에 접어든 김종의 조카들을 데리고 오라는 것도 포함되어 있었다. 정의은은 김종의 형을 만나 그의 메시지를 은밀하게 전했다. 그러자 김종의 형님은 두말 하지 않고 마치 기다리고나 있었다는 듯이 자신의 아들을 데리고 가라고 승낙했다. 그 당시의 상황에 대해서 김승곤은 이렇게 증언한다.

어느 날 아버님이 부르시더니 저 더러 중국으로 가라고 하시더군요. 중국에 가면 '학교'에 다닐 수도 있고. 하지만 눈치로 봐서 어떤 '학교'냐고 물어볼 분위기도 아니었고 또 물어보지도 않았습니다. 그때는 아직 열여덟 살밖에 되지 않았지만 '학교'라는 단어에 포함되어 있는 의미가 무엇인지 다 알고 있었기 때문이죠. 그것은 빼앗긴 나라를 되찾는 바로 독립운동을 해야 한다는 의미였지요. 요즘 사람들은 쉽게 이해하기가 힘들겠지만 저 자신 별다른 고민 없이 중국으로 떠날 수가 있었습니다. 지금에 와서 생각해 보면 그때는 친일파들이 판을 친 것처럼 보이지만 그래도 찾아보면 목숨을 걸고 독립운동을 하겠다는 사람들도 많았습니다.

그런데 김승곤만 중국으로 가겠다고 나선 것이 아니었다. 뒷날 문명철(文明哲)이라는 이름으로 중국 대륙에서 전사한 김승곤과

동갑인 사촌 김일곤까지 동참한 것이다. 그리고 정율성의 집에서
는 소식을 전해들은 조카 정국훈도 따라나섰다. 누가 말린다고 해
서 마음을 바꿔 먹을 리도 없었지만 만류하는 사람도 없었다.

이렇게 해서 정의은이 모집한 청년들은 동생인 정율성과 조카
인 정국훈, 그리고 담양의 김승곤·김일곤 사촌형제, 뒷날 해공 신
익회(申翼熙)의 사위가 되는 김재호와 최명선을 포함해 모두 여섯
명이었다.

출발일은 5월 8일로 정해졌다. 목포를 출발한 헤이안 마루가 부
산을 거쳐 일본 나가사키에 잠시 정박한 뒤 다시 서해를 가로질러
상해 푸동항에 닿았을 때는 목포를 떠난 지 5일이 지난 1933년 5월
13일 아침이었던 것이다.

당시 상해는 동양의 베니스라고 불릴 만큼 중요한 중국의 무역
항이었다. 거기다가 1842년 서구 열강에 의해 강제로 개항된 상해
에는 외국인 거류지구인 조계(租界)라는 치외법권 지역이 생겼다.
그곳에서는 서양문물이 바로 수입되어 일본인들마저도 당시 유행
하는 최신 댄스를 배우기 위해 상해로 몰려들 정도였다. 그러나 문
제는 그곳이 중국과 중국인들의 것이 아니라는 데 있었다.

이처럼 상해의 조계는 중국인들에게 치욕의 상징이었으나, 한
편으로는 혁명가나 반정부인사들에게는 은신처로 이용되는 곳이
기도 했다. 특히, 우리나라가 일본의 식민지로 전락한 이후는 우리
민족 항일단체의 활동근거지로 이용되기도 했다.

상해의 중심가 홍구(虹口)는 일본인 거주지역이었다. 일본인 거
주지역 안에 홍구공원이 자리잡고 있었다. 그런데, 홍구공원의 정

문에는 "개와 중국인의 출입을 금지한다"는 팻말이 붙어 있을 정도로 일본인들은 중국인들을 사람 대접하려고 하지 않았다.

　정율성을 비롯한 조선 청년들은 헤이안 마루에서 내리면서부터 미리 주의를 받은 대로 눈치껏 정의은을 뒤따라 움직였다. 1년 전에 이곳 홍구공원에서 윤봉길 의사의 폭탄투척 사건이 일어난 뒤, 일본 경찰의 감시가 어느 때보다 심했다. 푸동 항구에도 일제의 밀정들이 독립운동가들을 체포하기 위해 감시망을 쳐놓고 승객들을 감시하고 있을 것이 분명했다. 배에서 내린 일행은 조(組)로 나누어 각각 인력거를 잡아타고 독립운동가들에게 상대적으로 안전한 프랑스 조계지로 들어갔다.

　프랑스 조계지 한구석에 있는 허름한 2층 여관에 투숙한 그들은 처음으로 한자리에 모여 인사를 나누었다. 하지만 그 순간부터 본명은 사라졌다.

　당시 중국 대륙에서 항일운동하던 대부분의 독립운동가들은, 몇 개의 가명을 사용하는 것이 보통이었다. 그 이유는 첫째, 자신의 신분노출을 막고, 둘째, 본명이 밝혀짐으로 말미암아 고국에 있을 가족들에게 돌아갈 피해를 최소화하기 위해서였다. 그런 예로서 님 웨일즈가 쓴《아리랑(Song Of Ariran)》으로 유명해진 김산이 사용한 가명은 지금까지 밝혀진 것만 해도 거의 10개가 넘을 정도였다.

　정율성은 이때 처음으로 유대진(劉大振)이라는 가명을 사용한다. 김승곤은 황민(黃民)으로, 김일곤은 문명철로, 김재호는 호건(胡建)으로 이름을 바꾸었다. 그곳에서 이틀 동안 머무르면서도 정의은은 자신을 따라온 청년들에게 그들이 가야 할 최종 목적지를 밝히지 않았다. 김승곤은 그때의 분위기에 대해서 이렇게 증언한다.

알려주는 것 이외에는 묻지도 말고 쓸데없이 많은 것을 알 필요도 없다는 주 의사항이 이미 출발하기 전부터 내려져 있었습니다. 그래서 모든 것이 궁금했 지만 그때의 분위기로 봐서 시시콜콜 물어볼 상황이 아니었습니다. 어디로 가 서 무엇을 하는지는 모르겠지만, 그때 우리의 마음은 이미 중요한 비밀활동을 수행하는 지하공작원이 된 듯한 기분이었으니까요.

사실 당시 일제가 남긴 기록을 살펴보면, 일경은 조직 내부자의 진술 없이는 쉽게 짐작할 수 없는 독립운동단체의 깊숙한 상황까지 파악하고 있었다. 그래서 독립운동단체들에서는 조직 내부로 스파이가 침투하는 것을 가장 경계하였다. 그것은 의열단이 더 심했다. 모집책들이 국내로 침투하여 모집해온 믿을 만한 청년들이었지만, 혹시 그 속에 따라 들어왔을지 모를 스파이를 골라내기 위하여 엄격한 가입교(假入校) 기간을 거쳤다.

조선과는 비교할 수 없을 정도로 번화한 도시인 상해에 도착하기는 했지만, 그들에게 개인행동이나 외출은 전혀 허용되지 않았다. 잔뜩 긴장한 그들도 바깥 구경을 할 엄두도 내지 못했다. 좁은 방안에 틀어박혀 이틀 밤을 지낸 뒤 잠시 사라졌던 정의은이 돌아와 그들에게 다른 곳으로 이동한다고 말했다. 정의은도 어디로 이동하는지 가르쳐주지 않았지만, 일행 가운데 어느 누구도 어디로 가는지 묻는 사람은 없었다. 그저 시키는 대로 따를 뿐이었다.

정의은이 그들을 데리고 간 곳은 상해역이었다. 중국 사람들이 빽곡히 앉아 있는 3등칸 객차에 오르자 열차는 어디론가 출발했다. 중국에 도착한 지 얼마 되지 않아 방향감각도 없는 데다가, 중국어도 모르는 그들은 어디로 가는지 다른 사람에게 물어볼 수조차 없었다. 다만 상해를 떠나 다른 도시로 간다는 것만 짐작할 따름이었다. 그렇게 몇시간을 달렸을까, 멀리 거대한 성벽이 보이는 도시가 나타났다.

나중에야 알았지만 그곳은 당시 중국의 국민당 정부 수도였던 남경이었다. 그들이 훈련 받을 학교인 조선혁명군사정치간부학교 (이하 '의열단 간부학교'로 표기함)가 그곳에 있었다. 열차가 남경역에 도착하자 미리 연락을 받은 의열단 몇 명이 나와 기다리고 있었다. 그렇다고 해서 떠들썩한 환영식이 그곳에서 열렸던 것도 아니었다. 그저 말없이 눈인사를 할 따름이었다.

김승곤은 그곳에서 의열단 간부학교의 전술학 교관으로 있던 삼촌 김용제를 만났다. 자신이 서너 살 때 중국으로 망명한 삼촌과 거의 십 몇 년 만에 이뤄진 만남이었다. 그러나 제대로 인사를 나눌 겨를도 없이 그들은 미리 대기해 놓은 마차 두 대에 나누어 타고 어느 여관으로 이동했다. 여관에 이르자 그들은 숨을 돌릴 겨를도 없이 주의사항에 귀를 기울일 뿐이었다. 그것은 멀고 먼 길을 달려온 그들이 내심 기대했던 환영사는 결코 아니었다.

오면서 느꼈겠지만 이곳은 절대로 안전한 곳이 아니다. 어디서나 일제 밀정의 눈길이 우리 곁에 도사리고 있다고 생각하고 행동하라. 그리고 이곳 사람들에 게도 우리가 조선인이라는 사실이 밝혀져서는 안 되니까, 중국인들과 마주치 면 될 수 있는 대로 우리말을 사용하지 마라. 그리고 다들 잘 알고 있겠지만, 다시 한번 강조하자면, 너희들끼리도 서로의 본명과 고향에 대해서는 알 필요도 없고 또 알아서도 안 된다. 우리는 지금 서로 친교를 다지기 위해서 이 자 리에 모인 것이 아니니까 본명이나 고향 같은 것은 알 필요가 없고, 알고 나면 서로 거추장스럽기만할 따름이다. 또한 이곳 여관에서 조심해야 할 것을 한 가 지만 더 얘기하면, 이곳 중국 사람들은 세수를 할 때 우리와 다른 방식으로 한 다.

이름도 밝히지 않는 사내는 잠시 거기에서 말을 끊고 좌중을 돌아보고 씩 웃었다.

"우리 조선 사람들은 세수를 할 때 손을 움직여 하지만, 이곳 중국 사람들은 손 대신 얼굴을 움직여 세수를 한다. 따라서 내일 아침부터 세수를 할 때 이 점을 잊지 말도록."

거창하게 시작한 주의 사항 치고는 아주 사소한 것이었다. 하지만 세수하는 방법조차 다를 정도로 중국의 풍습은 조선의 풍습과 전혀 딴판이었다. 이제 중국에서 사람들의 주목을 받지 않고 살아가려면 그런 사소한 것부터 다시 배워야만 했다.

일행은 그곳에서 열흘가량 머무른다. 그동안 일행들에게는 특별한 생활 제약이 주어지지 않았다. 그저 일어나서 시간이 되면 밥 먹고 창 밖으로 보이는 낯선 건물을 지켜보는 것이 일과의 전부였다. 하지만 그들이 그렇게 더디게 흐르는 시간과 싸우고 있을 무렵에도, 의열단 상부에서는 조선과 중국 각지에서 모집해온 입교생을 대상으로 한 심사작업이 이루어지고 있었다. 의열단에서는 입교생 가운데 묻어 있을지도 모르는 일제의 첩자가 조직 내부와 향후 독립운동의 골간이 될 의열단 간부학교로 침투하는 것을 최대한 막으려는 목적에서, 그들을 그렇게 무관심(?)하게 내버려둔 채 멀리서 지켜보고 있었던 것이다.

한편 그들이 그곳 남경의 이름 모를 여관에 머무르는 동안 정의은은 소리 소문 없이 사라졌다. 정국훈도 정의은의 얼굴이 보이지 않을 즈음에 함께 사라졌다. 처음에는 곧 돌아오겠지 싶었으나 며칠이 지나도록 돌아오지 않았다. 짧은 인연이었지만 그래도 며칠 동안 몸을 부대끼고 같이 살았는데, 인사도 없이 사라진다는 것은 보통 때 같아서는 있을 수도 없는 일이었지만, 의열단 간부학교 입교명령이 떨어지기만을 기다리고 있는 그들에게는, 그런 사소한 일에 신경을 쓸 마음의 여유가 없었다. 그저 어느 날 보이지 않으면 명령을 받고 다른 곳으로 이동했겠거니 짐작할 따름이었다.

여관에서 열흘 가량 머무른 그들은 의열단에서 마련한 주택가의 단독주택으로 다시 자리를 옮긴다. 2층집이었는데, 나중에 알고 보니, 중국인들 사이에 사람이 죽어 나간 흉가라고 알려져 3년 넘게 비어 있던 곳으로, 의열단이 이를 인수하여 그들 단원의 아지트로 삼은 명양가(鳴羊街) 효자방(孝子房)이었다. 당시 그들은 몰랐지만, 그곳에 머무를 수 있다는 이야기는 의열단의 1차 심사를 일단 통과했다는 것이나 마찬가지였다.

정의은과 함께 사라진 정국훈을 뺀 나머지 일행 다섯 명은 이곳에서 의열단에서 주는 생활비로 자신들이 직접 밥을 해먹는 자취 생활에 들어간다. 의열단에서는 자신들이 조선인이라는 신분을 노출시키지 말라는 주의사항 밖에는 다른 통제는 없었다. 그곳에서 정율성과 함께 지낸 김승곤은 그곳 분위기와 그에 대해서 이렇게 기억하고 있었다.

이미 본명과 고향마저도 밝히지 말라는 주의를 단단히 들었으니까 특별히 할 이야기도 없었습니다. 이야기를 하다보면 자기도 모르게 이름이나 고향 따위를 짐작하게 하는 말을 내뱉을 가능성도 많잖아요. 그리고 그곳에 있던 다른 사람도 마찬가지였겠지만, 나만 하더라도 빨리 훈련받고나서 독립운동의 대열에 참가하고 싶은 생각에 하루하루가 갑갑할 뿐이었습니다. 분위기로 봐서 그가(정율성—필자 주) 우리를 데리고 온 연락원(정의은—필자 주)과 가까운 사이라는 사실을 알 수 있었지만 물어볼 필요성은 없었습니다. 본명도 몰랐지만 그(정율성—필자 주)는 말이 별로 없고 조용한 편으로 중국어 공부에 누구보다 열심이더군요.

그곳에서 기다리면서 그들은 처음으로 중국어를 익히기 시작한다. 밥을 먹고 나면 특별히 할 일도 없었거니와, 앞으로 중국 대륙에서 활동하려면 가장 필요한 것이 중국어였기 때문이었다.

2개월가량 그곳 효자방에서 지낸 일행에게 다시 이동명령이 떨어졌다. 이번에는 손문(孫文) 묘소 인근에 있는 절간이었다. 그곳은 원래 의열단의 대기소였다. 일행이 그곳으로 이동했을 때, 거기에는 의열단 간부학교를 졸업한 1기생 가운데 아직 공작임무를 부여

받지 못한 몇 명의 대원이 남아 있었다. 하지만 그들과의 직접 접촉은 허용되지 않았다. 그저 먼발치에서 그들을 지켜볼 따름이었다.

그곳에서 무더운 여름을 보내고 난 9월 초, 그들에게는 다시 이동명령이 떨어졌다. 중국에 가면 곧장 학교로 들어가 일본놈들을 때려 부술 군사훈련을 배울 것이라는 큰 기대를 가지고 그 곳으로 건너왔지만, 도착한 지 4개월이 지나도록 군사훈련은커녕 자신들이 일본놈을 때려 부술 군사훈련을 배울 학교의 위치가 어디에 있는지 정문 구경조차 못 해본 상태였다.

그저 배운 것은 어설픈 중국어 몇 마디와, 축낸 것은 밥뿐이라고 자탄하는 마음이 서서히 마음속에서 생겨날 무렵이었다. 이러다가 학교 구경은 영영 못 해보는 것은 아닌가 하는 불안한 마음이 서서히 싹틀 즈음에 또 다시 이동명령이 떨어졌다.

또 다른 곳으로 이동하나 하는 마음으로 나선 그들을 기다리고 있는 것은, 다른 때와 달리 차량이었다. 차를 타고 그들이 도착한 곳은 강녕진(江寧鎭) 절간이었다. 바로 그들 2기생이 훈련 받을 곳이었다.

7. 조선혁명군사정치간부학교

기록에 따르면 의열단 간부학교는 1932년 10월부터 1935년 9월까지 3년 동안 기수마다 6개월 교육과정으로 모두 3기를 배출한다. 하지만 훈련장소는 기수마다 달랐다. 그것은 일제의 눈치를 볼 수밖에 없는 장개석 정부가 그때그때 훈련장소를 바꾸라고 요구했기 때문이다.

졸업생들의 증언에 따라 조금씩 차이가 나기는 하지만, 종합해 보면, 1기생은 남경 교외 탕산(湯山) 선사묘(善祠廟)에서 훈련을 받은 것 같다. 그러나 2기생의 훈련장소는 남경 시내로부터 약 70리 정도 떨어진 강소성(江蘇省) 강녕진(江寧鎭)의 증조사(曾祖寺)라는 절이었다. 3기생의 훈련장소는 다시 바뀌어 상방진(上方鎭) 황룡산(黃龍山) 기슭에 있는 천녕사(天寧寺)에서 교육을 받았다.

의열단 간부학교 1기생과 달리 2기생에게는 입교 전에 의열단원으로 가입하는 것이 필수조건이었다. 따라서 정율성도 입교 전에 의열단원으로 가입한 것이 분명하다. 그러나 아쉽게도 그의 누나 정봉은과 결혼했다는 자형 박건웅을 학교에서 만나지는 못했다. 1기생의 정치담당 교관으로 근무했던 박건웅은 2기생의 교관으로는 참여하지 않았기 때문이었다. 1936년에 박건웅은 김성숙(金星淑), 김산 등과 함께 상해에서 조선민족해방동맹을 결성하는데, 1기생 훈련이 끝났을 무렵부터 독립운동의 방법을 두고 김원봉과 의견차이를 보이던 그는, 정율성을 비롯한 2기생들이 중국에 도착하기 전에 이미 의열단을 탈퇴하고 말았다.

의열단 간부학교 2기생 입학식은 1933년 9월 16일 강녕진 증조사에서 열렸다. 이날 입학식에는, 김원봉을 비롯한 의열단 간부들과 당시 북양대학 교수로 있던 김규식(金奎植)도 참석하였다. 미국과 소련 등 외국경험이 많았던 김규식은, 자신의 경험을 바탕으로 한 〈세계 정세와 민족 혁명의 앞날〉이라는 주제의 강연으로 독

△ 간부학교 훈련소였던 강녕진 사찰 옛모습. (ⓒ전남일보 제공)

립운동전선에 뛰어든 젊은이들을 격려하였다. 그 이외에도 국민
당 정부와의 연대를 상징하듯 간부학교의 고문이었던 강택(康澤)
도 자리를 함께 했다. 김원봉과 이들 내빈들은 한결같이 한국독립
의 중요성과 이를 위해서는 무엇보다 한중(韓中)연합이 필요함을
강조했다.

입학식이 끝남과 동시에 시작된 일과는 아침 5시 30분에 기상하
여 저녁 8시 30분 취침할 때까지 쉴 틈 없이 빡빡하게 짜여져 있었
다. 의열단 간부학교의 교육내용은 크게 정신교육과 정치교육 그
리고 군사교육으로 나누어졌다. 정신교육은 주로 단체생활의 수
칙과 혁명정신의 배양에 중점을 두었고, 정치교육은 한국의 역사
와 사상에 대해서 배웠다. 그리고 가장 중점적으로 실시된 것은 바

로 군사훈련이었다. 군사훈련은 군사지식에 관한 이론과 이를 직접 현장에서 하는 실습 교육으로 나누어졌다.

삼민주의(三民主義)에 대한 것을 제외하고는 모두 한국인 교관이 강의를 맡았는데, 교육내용은 중국중앙육군군관학교의 내용과 비슷하게 짜여 있었다. 그것은 김원봉과 교관들 대부분이 황포군관학교 출신이고, 의열단 간부학교가 국민당 정부 군사위원회의 지원을 받아서 설립된 것과 무관하지 않았을 것이다.

뒷날 공개된 기록을 보면, 이때 2기생으로 입교하여 훈련을 받은 대원은 모두 55명이었다. 하지만 그들은 모두 한날한시에 입교했다가 한꺼번에 졸업을 한 것은 아니었다. 9월에 시작한 수업이 일주일가량 진행되었을 무렵, 뒤늦게 이원대(李元大; 馬德山이라는 이름으로도 불림)와 우자강(于自强)이 입교하였다고 한다.

2기생으로 입교한 그들은 절에 남아 있는 건물을 우선 사용했지만, 부족한 시설은 임시로 지어서 사용했고, 훈련장으로 사용할 연병장은 스스로 닦아야만 했다. 그들이 연병장으로 사용하던 곳은 예전에 공동묘지였던 땅이었다. 연병장을 갈고 닦으면서 무수한 해골을 파낼 수밖에 없었던 2기생들은 담력훈련은 따로 할 필요가 없을 정도였다. 약 6개월 정도로 예정된 의열단 간부학교의 수업 가운데 주요 교과목은 군사학에 관련된 것이었다.

2기생의 교관들 가운데 눈에 띄는 사람은 석정 윤세주와 약산 김원봉이다. 의열단의 주요 멤버인 윤세주는 유물사관과 조선혁명사를 포함한 각국 혁명사를 담당했고, 의열단 단장인 김원봉도 직접 조선정세와 의열단의 임무에 관해서 학생들을 가르쳤다. 이 무

렵 김원봉은 독립운동에서 민족주
의적인 원칙을 지키고 있었으나 그
렇다고 해서 사회주의적인 내용을
부정하지는 않았다. 오히려 노동자
와 농민이 혁명을 열렬히 원하는 계
급이고, 따라서 조선의 혁명은 노동
자와 농민이 주축이 되는 프롤레타
리아 혁명이 되어야 한다고 부르짖

△ 의열단 단장이었던 김원봉.

고 있었다. 이 무렵 노동자와 농민에 대해서 김원봉이 어떤 생각을
갖고 있었는지 알 수 있는 글이 하나 남아 있다.

노동계급은 조선혁명에서 가장 전투적인 계급이고 제일선에 선 전위
대이다. 노동자는 집단생활을 하고 있기 때문에 조직화가 쉽고 전투적이
며 자본가의 가혹한 착취와 탄압 밑에서 무한한 고통을 받고 있는 계급
이기 때문에 다른 계급보다 더욱 혁명을 절실히 원하는 계급이다.

조선은 농민이 인구의 8할을 차지하고 있는데, 그 대부분은 빈농이
다. 농민계급은 노동계급과 달리 복잡하다. 조선의 농촌경제는 자본주의
적이지 않고 아직 봉건적 상태에 있다. 농업 프롤레타리아는 아직 미약
한 세력밖에 가지고 있지 않지만, 장래 노동계급의 동맹군으로서 계급혁
명에 동원될 가능성을 많이 가지고 있다.

이처럼 본격적인 사회자주의자로서의 노선을 걷지는 않았지만,
김원봉의 생각 곳곳에는 이미 노동계급에 대해 진보적인 사상을

받아들이고 있다는 사실을 알 수 있다. 한편 김원봉은 조선혁명 투쟁방법에 대해서는 이런 글을 남기고 있다.

> 우리들은 과거 좌익운동이 범하였던 모든 것을 철저히 청산하고, 국내에 강대한 중심조직을 결성하여 기술적 무장 준비공작을 하지 않으면 안 된다. 단지 이론만으로는 도저히 혁명을 성공할 수 없다. 이론 조직은 혁명운동에서 수단이고 직접 혁명을 전취하는 것은 오직 무장이다. 지금부터 우리들의 운동은 직접 공장 내로, 농촌으로 그리고 민중 속으로 잠입하여 노동자 농민이 되어 민중 속에서 강대한 조직과 투쟁을 전개하지 않으면 안 된다.

이처럼 약산(김원봉)은 사회주의 이론을 받아들이면서도 종래 의열단이 사용했던 일제에 대한 직접 투쟁방침을 포기하지 않았다.

한편 2기생들은 교관으로부터 강의를 듣는 것에 그치지 않고 자체 토론회를 열어 투쟁의식을 스스로 강화시켜 나갔다. 토론의 주제는 혁명가의 자격과 인생관, 그리고 혁명 방식을 비롯해 구체적으로 들어가면 운동자금의 조달방법과 공작수단을 어떻게 할 것인지에 대해서 연구하는 등 다양했다. 의열단에서는 말만 앞세우는 이론가가 아닌 혁명가로서 맡은 바 임무를 완수하기 위해 죽음을 두려워하지 않고 투쟁하는 항일전사를 양성하려 했던 것이다.

또한 억지로 하는 공부가 아닌 스스로 원해서 하는 공부였고, 졸업하면 바로 실전에서 써먹어야 하였기에 학습 성과는 높았다. 제대로 배우지 못하면 항일전선에서 성과를 올리기는커녕 일제의

먹이가 될 가능성이 높았기 때문이다.

2기생으로 의열단 간부학교를 다녔던 사람 가운데 유일한 생존자나 마찬가지인 김승곤은, 자신이 다녔던 이 학교의 학습 수준에 꽤 후한 점수를 주었다.

비록 6개월밖에 되지 않는 단기간이었지만 학습 수준은 매우 높았습니다. 그 이유는 첫 번째 하나라도 더 배워야 하겠다는 학생들의 의욕이 높았던 탓이고, 두 번째 교관들 또한 그 당시 어느 대학 교수 못지않는 지적 수준을 갖고 있었던 탓이죠. 한마디로 말하면 조선혁명군사정차간부학교는 항일전사를 양성하는 민족대학이나 마찬가지였습니다.

하지만 6개월로 예정된 교육훈련이 거의 끝나갈 무렵인 1934년 2월 초, 의열단 간부학교에 큰 변화가 생긴다. 2기생 가운데 15명가량의 대원이 의열단 간부학교를 퇴교하고 중국중앙육군군관학교의 낙양분교에 마련된 한인특별반으로 배속된 것이다. 이는 김구의 요청에 따른 것이었다. 사실 김구는 그 전에 의열단 간부학교를 방문하여, 훈련을 받고 있던 2기생 대원들이 모인 자리에서 조국광복을 되찾는 그날의 최후까지 투쟁하자는 취지로 대원들을 격려하는 연설을 했다. 그리고 태극기 문양이 들어 있는 만년필 하나씩 선물로 나눠주었다고 한다.

김구의 의열단 간부학교 방문에서 알 수 있듯이, 김구와 김원봉은 각기 다른 독립운동단체를 이끌면서도 사안에 따라서는 협력하였다. 조국독립을 위한 수단과 방법은 조금 달랐지만, 일제를 물리치고 해방을 우리 손으로 이룩하겠다는 목적은 좌우를 막론하고 똑같았던 것이다.

이른바 낙양군사학교라고 불리는 학교에 입학한 이들 의열단 간부학교 2기생들은, 이미 훈련을 받고 있던 다른 대원들과 함께 1 년가량의 군사훈련을 다시 받는다.

정율성은 이때 낙양군사학교로 가지 않고 그대로 의열단 간부 학교에 남는다. 그와 함께 훈련받은 2기생 가운데서는 뒷날 마덕 산이라는 이름으로 중국 대륙에 뼈를 묻은 이원대를 비롯해, 비행 사 자격을 가지고 있던 윤공흠(尹公欽) 등 항일운동사에 이름을 길이 남긴 사람이 수두룩하다. 이처럼 의열단 간부학교는 1932년 1기생 26명을 시작으로 2기생 55명, 마지막 기수인 3기생 44명까 지 합해도 모두 125명가량밖에 되지 않는 숫자지만, 그들은 조국 의 독립운동에 큰 기여를 했다.

무엇보다 이들은 1930년대 후반기 설립된 조선의용대(朝鮮義勇 隊)의 핵심세력으로 자리잡는다. 나중에 그들 가운데 몇몇은 김구와 김원봉의 협조체제 아래 설립된 광복군의 주요 세력이 되기도 하지 만, 몇몇은 화북으로 이동한 조선의용대를 따라 조선독립독맹(朝鮮 獨立同盟)과 조선의용군(朝鮮義勇軍)의 주요 세력이 되기도 한다.

원래 의열단 간부학교의 2기생들은 예정 교육기간은 6개월이었 지만 입학한 지 7개월이 지난 1934년 4월 20일에 졸업을 한다. 졸 업식에서 김원봉은 그들에게 그동안 교육받은 내용을 잘 살려 공 작지에서 맡은 바 임무를 훌륭하게 수행할 것을 당부했다. 그리고 일본과 소련 사이에 전쟁이 일어나면 만주와 조선에서 유격대를

△ 1938년 10월 10일 조선의용대 창설 기념사진. (ⓒ전남일보 제공)

조직하여 후방을 교란하라는 지시를 한다.

의열단 간부학교 2기 졸업생들의 행적은 개인마다 조금씩 다르다. 의열단의 핵심부에서는 2기생들의 훈련이 거의 끝나고 졸업을 앞둔 무렵에 개인별로 희망하는 공작임무와 그 방법에 대해서 서면으로 제출하라는 지시를 받은 적이 있었다. 특히, 1기생에 견주어서 2기생에게 부여된 임무가 다른 점은, 1기생은 의열단 지부의 결성과 기본조직 확충에 역점을 두었다면, 2기생들에게는 국내 특무공작의 주도와 다른 항일세력들과 통합활동이라는 임무가 주어졌다.

의열단은 2기생들에게 개인별로 제출한 공작계획서와 개별면담을 거쳐 구체적인 공작임무를 부여했다. 지도부의 방침대로 2기 졸업생들 대다수에게는 국내공작 임무가 주어졌다.

그런데 2기생이 졸업을 할 무렵에 강녕진의 의열단 간부학교가 일제의 첩보망에 노출되는 비상사태가 발생했다. 극도의 비밀을

유지하며 교육훈련을 하던 의열단 못지않게 일제의 첩보망 또한
재빠르게 움직이고 있었던 것이다. 조선의 청년들이 중국 정부의
지원을 받아 훈련하고 있다는 사실을 알아차린 일제는 국민당 정
부에 강력하게 항의했고, 국민당 정부는 어쩔 수 없이 의열단 간부
학교를 옮기도록 조치하였다.

의열단 간부학교 2기 졸업생들은 1934년 6월 말 무렵 다시 남경
부자묘(夫子廟) 적선사(積善寺)라는 절로 옮겨, 그곳에서 의열단
군관학교 남경분교 학원연구반이라는 이름으로 머무르면서 출동
명령을 기다린다. 공작임무를 받고 출동하는 대원들은 극비리에
움직였다.

하지만 정율성은 다른 대원들과는 달리, 어쩐 일인지 국내침투
임무가 부여되지 않고 현지에 남는다. 남경에 남은 정율성에게 부
여된 임무는 남경의 고루(鼓樓)전화국에 침투하여 상해와 남경을
오고가는 일본인들의 전화를 도청하여 정보를 입수하라는 것이었
다. 일본어에 능숙한 그의 장점을 고려한 배치였다.

당시 국민당 정부의 수도였던 남경에는 일본영사관이 있었다.
그래서 남경에는 중국과 일본, 그리고 한국 독립운동단체 첩보원
들 사이에 눈에 보이지 않는 첩보전이 활발하게 펼쳐지고 있었다.

그 무렵 국내에 침투했던 의열단 간부학교 1기생 가운데 일부가
일본경찰에 체포되어, 그동안 비밀에 싸여 있었던 그 간부학교의
실체가 밝혀진다. 일제의 수사기록을 그대로 인용하면, 이것이 이
른바 '남경군관학교사건'이다. 이 남경군관학교사건으로 말미암
아 국내에서는 대대적인 의열단원 검거 바람이 불어 닥친다. 1934

년 8월 15일자《동아일보》는 의열단원의 국내 침투와 검거에 대해
서 이렇게 보도하고 있다.

남경군관학교의 조선 사람 졸업생들 중 20여 명이 조선 안으로 들어
와 각지에 흩어져 반만 항일의 행동을 하고 있는 것이 전 달에 평북 경찰
부에 검거된 3명의 군관학교 졸업생으로 말미암아 드러나게 된 이래, 전
조선적으로 그들을 검거코자 맹렬한 활동을 계속하여 평북에 3명, 경기
에 2명, 경남에 3명, 경북에 1명 총계 9명을 검거하고 엄중한 취조를 진
행하는 가운데 있다 한다.

이 사건으로 남경의 일본영
사관에서는 신경을 곤두세웠으
며, 일본은 중국 국민당 정부에
대해 송호협정(松滬協定)을 내
세워 협박했다. 일본 정부에게
빌미를 제공하지 않으려던 국
민당 정부의 사정에 따라 의열
단 간부학교 3기생은 예정보다
훨씬 늦은 1935년 4월 무렵에야
개교할 수 있었다.

▽《동아일보》에 실린 남경군관학교사건 관련 기사.

平北, 京畿, 慶南北에서
軍官校生九名檢擧
反滿抗日의 某種工作?

學生募集하러 왓다하고 緘口不語

峻嚴한 取調를 進行中

卅萬圓戶主種

ⓒ동아일보

제2장 항일의 길

1. 이름마저 바꾸다

남경에서 일본인들의 정보를 수집하면서 항일전선의 대열에 본격적으로 나섰던 정율성에게는 하나의 기쁨이 있었다. 그것은 바로 상해에 머물던 소련 레닌그라드음악원 출신인 크리노와(Krenowa) 교수로부터 일주일에 한 번 성악의 개인지도를 받는 것이었다. 정율성을 크리노와 교수에게 소개한 사람은 바로 젊은 음악가 두시갑(杜矢甲)이었다. 크리노와 교수로부터 체계적으로 음악 공부를 할 수 있게 된 그는 '아름다운 선율로 인민의 목소리를 반영하겠다'는 각오를 다지기 위해 이름마저 '율성(律成)'으로 바꾼다.

지금까지 중국에서 사용했다고 알려진 그의 이름은 유대진과 정율성, 이 두 개가 전부이다. 하지만 부인이기 전에 혁명동지였던 정설송의 회고록에는, 앞에서 말한 이름뿐만 아니라 황청해(黃靑海)와 김중민(金中民)이라는 가명을 사용했다고 나와 있다. 하지만 중국대륙에서 그와 함께 활동했던 중국인 벗들이 남긴 회고록에는 이 이름들을 찾아볼 수 없다. 따라서 이 두 가명은 정율성이 중국인들과 혁명사업에 본격적으로 뛰어들기 전, 그러니까 의열단

△ 남경 · 상해에서 지낼 당시의 정율성(1933. 5 ~ 1937. 9).

원으로 남경에서 지하공작을 수행하던 무렵에 쓴 것이라고 봐야
한다. 그러나 정율성이 황청해와 김중민이라는 이름으로 어떤 임
무를 수행했는지에 대해서는 아직 밝혀지지 않고 있다.

한편 정율성이 크리노와 교수에게 재능을 인정받은 것은 성악
을 배운 지 얼마 되지 않았을 무렵이다. 정율성은 상해에서 열린
음악회에서 독창을 할 기회가 있었다. 그런데 정율성의 노래가 끝
나자 객석에서는 우레와 같은 박수가 터져 나왔다. 크리노와 교수
도 무대 뒤로 달려와 정율성을 껴안아 줄 정도로 기뻐했다.

"진짜 잘했네. 자네가 부른 노래는 어지간한 성악가도 쉽게 처
리할 수 없는 고음인데 그 어려운 곡을 그렇게 잘 소화해 내다니,
율성 자네는 정말 대단한 음악적 자질을 가지고 있어."

기대하지도 않았던 크리노와 교수의 칭찬에 그는 오히려 고개
를 들 수 없었다. 자신은 잘못을 지적받지 않으면 다행이라고 생각

하던 터였다.

"조금만 더 연습했더라면 선생님께서 지적하신 부분을 좀 더 부드럽게 처리할 수 있었을 텐데…… 부끄럽습니다."

"아니야. 지나친 겸손은 오히려 실례라구. 자신의 실력을 똑바로 아는 것, 예술가에게는 무엇보다 그것이 필요해. 그리고 청중들의 저 박수소리를 들어봐. 이번 음악회는 율성 자네의 독창으로 예상 밖의 성공을 거두었어. 자네는 정말 타고난 성악가야."

그로부터 얼마 뒤 정율성의 천재적인 음악성을 파악한 크리노와 교수는, 세계적으로 유명했던 이탈리아 출신의 테너 성악가 카루소(Enrico Caruso)를 예로 들면서 그에게 이탈리아 유학을 권유했다.

"어때 한 번 생각해 보았나. 만일 자네가 이탈리아로 유학을 가서 음악을 체계적으로 공부한다면 머지않아 자네는 동방의 카루소가 될 거야. 공부도 다 때가 있게 마련이지만 성악은 더해."

하지만 크리노와 교수의 계속되는 권유를 받고서도 정율성은 뭐라고 대답할 수 없었다. 자신도 성악 공부를 계속하고 싶었다. 그리고 성악에도 체계적인 훈련이 필요하다는 점을 누구보다도 잘 알고 있었다. 그래서 음악의 본고장이라는 이탈리아로 유학을 갈 수만 있다면, 어떤 고생이 따르더라도 그 길을 가고 싶었다. 그러나 정율성은 자신에게는 음악적으로 성공하는 것 못지않게 서둘러 해결해야 할 일이 있었다. 그것은 바로 조국의 독립이었다. 자신이 고향과 어머니의 품을 떠나 이역만리 중국으로 온 첫째 목적이 바로 거기에 있었기 때문이다.

정율성이 결정을 못하고 머뭇거리자 주저하는 이유를 알았다는 듯이 크리노와 교수는 힘주어 말했다. 사실 그즈음 정율성은 크리노와 교수에게 약속했던 교습비마저 제대로 내지 못하고 있었다. 그런 사정을 잘 아는 크리노와 교수는 그에게 교습비 대신 올 때마다 꽃 한 다발씩 피아노 위에 꽂아두라는 얘기도 했었다.

"유학 경비 때문이라면 너무 걱정 말게. 내가 이탈리아에 있는 친구에게 소개해 줄 수도 있고, 또 자네 정도의 실력이라면 분명 돈 없이도 공부할 방법이 있을 거야. 어쩌면 내가 자네 같은 학생을 가르쳤다는 것이 뒷날 오히려 영광이 될지도 모른다는 생각이 들어. 자네 같은 사람은 이곳 중국에서 음악공부를 하기는 너무 아깝단 말이야."

"선생님 말씀은 정말 고맙습니다. 선생님 심정이 어떤지 조금이나마 짐작할 수 있습니다. 하지만 저는 혼자가 아닙니다. 저에게는 음악도 중요합니다만 음악보다 더 중요한 것은 바로 내 나라 내 겨레입니다. 그들을 두고서 저 혼자 떠날 수는 없습니다. 나라 없는 민족이 갈 곳이 없듯이, 제 나라마저도 없는 음악가가 설 땅이 과연 어디에 있겠습니까?"

정율성은 유혹을 뿌리치기라도 하듯 어금니를 꽉 깨물었다. 자칫 잘못하면 음악을 한다는 핑계로 지금 이 순간도 일제의 탄압으로 고통받는 겨레로부터 도망칠지도 모르기 때문이었다.

"내 자네 마음도 충분히 짐작하네. 하지만 음악은 음악 그 자체로도 민족과 국경을 뛰어넘을 만큼 가치가 있는 거네. 그리고 사람은 다 자기가 갖고 태어난 임무가 있는 법이야. 내가 생각하기에는 지금 이 중국에는 총을 들고 적과 싸우는 전사도 필요하지만, 지친 그들을 격려할 노래도 필요하네. 지금 중국은 단 한 번의 전투를 하는 것이 아니라 긴 시간이 필요한 전쟁을 하고 있는 것이네. 내가 알기로 전쟁에는 전투만 있는 것은 아니네. 전투 못지않게 전투 뒤의 휴식도 소중하네. 제대로 휴식을 취한 전사가 더 용감하게 싸울 수 있는 법이야."

"사실은 선생님께서 지적하신 것처럼 저도 바로 그런 음악을 하고 싶습니다. 적에게 끝까지 굴하지 않고 최후의 승리를 거둘 때까지 싸울 수 있는 용기와 희망을 병사들의 가슴에 북돋아주는 그런 음악 말이죠."

정율성은 자신의 생각이 흔들리는 것을 두려워하기라도 하듯 힘주어 말했다. 하지만 크리노와 교수는 아쉬움을 감추지 못했다.

"하지만 정말 안타까워. 자네 같은 뛰어난 소질을 가진 사람이 훌륭한 음악가가 되기 위해 더 넓은 세상으로 나갈 수 없다는 점이 말이야."

크리노와 교수는 그 뒤에도 정율성에게 여러 번 이탈리아 유학을 권유했지만 정율성은 끝내 유학을 가지 않았다. 아마 그가 유학을 택하지 않은 이유는 여러 가지가 있었겠지만, 그 가운데는 경제적인 어려움도 한몫을 차지했을 것이다. 그는 당시 특별한 수입원이 없었다. 의열단에서 지급되는 얼마 되지 않는 활동비는 남경과 상해를 오고가는 기차비를 빼고 나면 점심을 사 먹기에도 빠듯했기 때문이다. 그렇다고 해서 자신보다 더 어려운 처지인 누나에게 손을 벌릴 수도 없었다. 오히려 자식들이 둘이나 있는 누나를 도와

줘야 할 처지였다.

　조선의용군 대원으로 태항산(太行山)에서 활동했던 김학철은
《누구와 함께 지난날의 꿈을 이야기하랴》에서 정율성에 대한 기록
을 남겼다.

　　정율성과 나는 1936년 남경 화로강에서 처음 서로 알게 되었다. 화로
　강은 당시 조선 망명자들의 '대본산'이었으므로 반일 애국지사들이 버글
　거리도록 많이 모였다. 그런데 내가 처음 본 정율성은 바이올린을 들고
　까불거리며 돌아다니는 풋내기로서, 특히, 깎지 않은 손톱에 때가 끼어
　있는 것이 인상적이었다.
　　…… 우리 행동대원들은 다 같이 권총과 폭탄으로 일본놈들을 습격하
　는 자기들의 행동만이 유일 정확하다고 확신하였고, 또 긍지감으로 가득
　차 있었으므로 정율성의 음악쯤은 웃음거리로밖에 여기지 않았다. 항일
　전쟁 초기 남경 화로강에 잠시 머무를 때 나는 정율성에게서 〈인터내셔널
　가〉와 〈라 마르세에즈〉(프랑스의 혁명가곡, 후에 프랑스의 국가로 제정
　됨)에 대한 설명을 듣기는 하였지만 ―한마디로 말하여 쇠귀에 경읽기―
　아무 작용도 하지 못하였다. 내 머릿속에는 워낙 총과 탄약이 가득 들어차
　있었던 까닭에 무슨 음악 따위는 도저히 들어박힐 여지가 없었던 것이다.

　화로강의 의열단 숙소는 임무를 맡아 떠나기 전에 잠시 머무는
임시 대기소였다. 그래서 임무를 맡으면 언제 다시 만나자는 약속
도 하지 못하고 미련 없이 그곳을 떠났다. 하지만 정율성과 김학철

의 인연은 그것으로 끝나지 않는다. 몇 년 뒤 두 사람은 앞서거니 뒤서거니 하면서 연안과 태항산으로 들어간다. 그곳에서 비록 어깨를 같이하고 투쟁하지는 못했지만 김학철은 정율성이 작곡한 노래를 들으면서 그도 항일전에 투신하고 있다는 사실을 확인한다. 그리고 두 사람은 해방 후에도 앞서거니 뒤서거니 하며 북한으로 들어간다. 6·25 전쟁의 소용돌이 속에 북한을 떠나 중국으로 건너오는 것도 약간의 시간 차이만 있을 뿐 두 사람은 비슷한 인생과정을 밟는다. 이처럼 정율성은 그의 후반부 인생을 같이하게 되는 많은 조선인 혁명가들을 화로강 의열단 숙소에서 처음 만났다.

한편 오빠 정의은을 따라 중국으로 건너온 누나 정봉은은 앞에서도 나왔지만, 박건웅(朴建雄)과 이미 결혼한 뒤였다. 박건웅은 1926년 황포군관학교를 졸업한 다음 해인 1927년 광주(廣州)봉기에 참가한다. 이 두 사람을 맺어준 것은 바로 김규식 박사였다. 김규식 박사의 부인 김순애(金順愛)의 여동생이 바로 정율성의 작은 외숙모였던 김필례이다. 이렇게 인척관계를 따지고 들어가면 뒷날 중국의 영화황제로 불리는 김염은 김순애의 조카가 되니, 앞에서도 나왔지만, 당시에는 서로 모르는 사이였지만 김염과 정율성 또한 인척관계가 된다.

정율성이 화로강에 머물던 당시 김염은 이미 상해 영화계에서 주목받는 영화배우로 자리잡고 있었던 데 견주어, 정율성은 그때까지 음악 분야에서 아무런 성과도 내지 못했기에 당연히 주목도 받지 못했다. 하지만 뒷날 두 사람은 각자 음악과 영화 분야에서 전 중국인이 우러러보는 자리에 오른 흔치 않은 조선인이 된다.

2. 조선민족해방동맹

한편 중일전쟁의 전운(戰雲)이 짙어질 무렵인 1936년, 김산(金山)과 김성숙(金星淑), 박건웅 등은 스스로 공산주의자라고 자처하면서도 계급혁명보다는 민족혁명을 앞세우는 민족적 공산주의자들의 단체인 '조선민족해방동맹'을 결성한다. 조선민족해방동맹의 초창기 멤버는 이들을 따르던 김재호와 신정완을 비롯해 약 20명가량이었다.

김성숙은 뒷날 조선민족해방동맹의 결성과 그 배경에 대해서 《혁명가들의 항일회상》에서 이렇게 말하고 있다. 비록 많은 세월이 흐른 뒤의 회고이기는 하지만, 조선민족해방동맹이 결성될 무렵 중국에서 활동하던 조선인들의 처지와 조선민족해방동맹의 성격을 알 수 있다는 점에서 이 증언은 중요하다.

조선민족해방동맹을 만들 때 이런 생각을 가졌어요. '우리 공산주의자들이 전부 중국공산당 당원이 되어 버렸다. 조선공산당이 중국공산당이 되었다. 이래서는 안 된다. 나 혼자만이라도 조선 혁명을 하도록 노력해 보자. 그런데 나 말고도 중국공산당에 들어가지 않은 채 조선의 공산운동이나 조선의 혁명에 몸바치려는 동지들이 있지 않느냐? 이들이 함께 일할 곳을 만들자. 이래서 조선민족해방동맹을 만들었지요. 이 이름 안에 공산주의라는 말을 넣지는 않았습니다. 나는 공산주의보다 조국의 해방이 더 중요하다고 보았기 때문입니다. 그러나 다른 사람들이 이 단체를 공산주의 단체로 본 것은 사실입니다. 임정(臨政)에서도 우리를 그렇게 인정했습니다.

스스로 공산주의자라고 자처하면서도 '계급'보다는 '민족'을 앞세운 공산주의자의 단체를 당시 중국에서 활동하던 독립운동가들은 어떻게 보았을까? 비록 시기는 좀 차이가 나기는 하지만, 임정 쪽에서 활동하던 정정화(鄭靖和)의 회고록인 《장강일기(長江日記)》에서 그것을 엿볼 수 있다.

> 김성숙, 박건웅, 김재호(金在浩) 신정완(申貞婉) 부부 등 겨우 10여 명으로 구성된 조선민족해방동맹은 중경에서 유일하게 공산주의를 표방하는 단체였다. 사실 대부분의 좌파 인사들은 이들을 오히려 기회주의자이며 분파분자라고 몰아세우기도 했다.

1936년 창립 당시 20여 명으로 출발한 조선민족해방동맹은 1941년에 10여 명으로 회원이 줄 만큼 독립운동단체 가운데서 큰 세력을 확보하지 못했다. 그것은 그들의 입지가 '좌우' 어디에 속하지 않았기 때문이다. 공공연하게 공산주의를 부르짖는 그들을 임정 쪽에서 받아줄 리도 없었지만, 계급보다는 민족을 우선시하는 그들을 공산주의 운동단체에서도 경계했던 것이다. 좌우 어디에도 속하지 않고 외롭게 투쟁하던 조선민족해방동맹은 1941년 12월 일제의 진주만 기습으로 태평양 전쟁이 발발하자, 일제와 싸워서 이기기 위해서는 우선 독립운동단체의 대동단결이 필요함을 인식하고 공개적으로 임정을 지지한다고 선언한다.

이러한 조선민족해방동맹의 노선변경은 해방 뒤 귀국한 박건웅이 좌우합작운동과 남북한 통일정부 수립운동에 참여하는 것으로 계속 이어지는 것으로 봐서, 조선민족해방동맹의 궁극적인 활동목적이 어디에 있었는지 알 수 있다. '민족적 공산주의'라는 겉으로 보기에는 전혀 조화되지 않을 것 같은 독특한 이념을 부르짖었던 그들의 성격은 김성숙의 다음 글에서도 나타난다.

> 그때 우리나라 사회주의자들과 공산주의자들은 민족주의라는 것을 무시하고 있었어요. 민족주의를 부르주아 이데올로기라고 단정하고 프롤레타리아 국제주의를 강조한 마르크시즘─레닌이즘을 그대로 받아들인 것이지요. 여기에 맞서 나와 내 동지들은 "민족문제가 더 크다. 민족이 독립된 뒤에야 공산주의고 사회주의고 무엇이든지 되지 민족의 독립이 없이 무엇이 되느냐'라고 역설했지요. 그리고 "우리가 독립하기 위해서는 전 민족이 단결해야 한다. 이것이 바로 민족주의다. 이 민족주의와 합작해서 자본주의와 싸워야 한다"고 주장했지요.

계급보다는 민족을 앞세웠던 조선민족해방동맹은 이념문제에 대해서는 원칙을 고집하기보다는 유연하게 대처했다. 실제로 그들은 설립 이후 좌우를 막론하고 조국해방을 위해서는 대동단결을 해야 한다고 선언하고 실제로 합작운동에 나서기도 했다. 조선민족해방동맹에서 활동했던 김산은 이 단체의 행동강령을 아래와 같이 소개했다고 《아리랑》에 나와 있다.

이 동맹의 강령은 항일투쟁의 기초 위에서 자유로운 공화국을 건설하여 조국혁명의 부르주아민주주의 단계를 달성한다고 하는 것이었다. 우리의 주안점은 일체의 일본 제국주의, 그리고 조선에서의 기득권 타도와 몰수, 민주주의적인 시민적 자유의 보장과 조선 민중에 대한 교육받을 권리와 보장, 생활조건의 개선과 가혹한 세금의 폐지, 공공사업과 독점기업의 국유화, 조선민족해방에 동정적인 모든 민족과 국가와의 우호였다.

모든 조선독립운동가들의 당면 과제인 조국 해방을 위해서는 우선 서둘러 합작을 해야 한다고 부르짖었지만, 안타깝게도 현실은 이들의 호소를 그대로 받아들여 주지 않았다. 일제라는 큰 적을 앞에 두고서도 좌우합작운동은 그들이 생각했던 것처럼 그렇게 쉽게 이루어지지 않았다. 이 무렵 중국에서 활동하던 조선인 혁명가들의 상황에 대해서 김산은《아리랑》에서 이렇게 말한다.

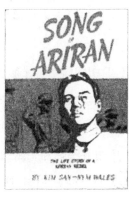

△《Song of Ariran》의 공동 저자인 님 웨일즈(1907~1997. 필명이며, 본명은 헬렌 포스터 스노우)

△ 1941년 미국에서 출간된《Song of Ariran》의 초판본 표지.
※ 자료 출처 : 아리랑연합회 제공

△《아리랑》(한국어 번역본)개정판 표지.

1927년 이후 중국에서 활동하고 있는 우리 조선인 사이에는 오직 중국공산당만이 있을 따름이었다. 조선공산주의자의 별개 조직은 하나도 없었다. 이제 우리들은 우리 당원들을 독자적인 조선인 조직으로 다시 묶어서 일체의 조선혁명가들—민족주의자, 무정부주의자, 그 밖의 사람들—을 그 주위에 모을 수 있도록 하고 민족전선을 준비하기로 의견을 모았다. 중국에 거주하고 있는 조선인으로서 연락이 닿을 수 있는 사람과는 모조리 상의를 하였다. 그들은 이구동성으로 이 정책에 찬성하였으며 참가하기로 약속했다. 그토록 오랜 세월을 중국의 혁명에 매몰되어 완전히 자기 자신을 잃어버렸다고 하여 항상 우리 공산주의자들을 비판해왔던 민족주의자들은 쌍수를 들고 환영했으며, 함께 일하기로 동의하였고, 그들의 당 안에서 우리가 한 부분을 차지할 수 있도록 해줄 것에 동의하였다.

정율성은 민족해방동맹의 트로이카 가운데 한 명이었던 자형 박건웅을 통해서 당시 중국 항일운동사에서 커다란 족적을 남긴 인물들과 인연을 맺게 된다. 아마 당시 그의 경력으로 봐서, 박건웅의 처남이라는 꼬리표가 없었다면, 쉽게 그들과의 인연을 맺을 수 없었을 것이다. 그런 점에서 그는 행운아였다.

그 가운데 한 명이 바로 김산이다. 이때 맺어진 정율성과 김산의 관계는 뒷날 연안 시절 정율성에게 먹구름을 가져다준다. 바로 강생(康生)에 의해 처형된 김산과 밀접한 관계였다는 사실 때문에 중국공산당의 의심을 받게 된 것이다.

조선민족해방동맹의 트로이카였던 김산과 김성숙, 박건웅은 이미 오래전부터 알고 지내던 사이였다. 그들은 김성숙이 광동성(廣東省, 광주) 중산대학(中山大學)에 다니던 시절, 1927년의 광주봉기에 함께 참가했던 혁명동지였던 것이다. 그러나 광주봉기는 3일 천하로 끝나고 말았고, 200여 명의 조선 혁명가들 가운데 희생자가 많이 나왔다. 김산은 《아리랑》에서 남창봉기와 광주봉기로 이어지면서 생긴 조선인 혁명가들의 희생에 대해서 이렇게 비통해 했다.

나는 다른 조선인 800명과 함께 광동으로 가서 중국혁명에 참가하였다. 그리하여 1925년부터 1927년 사이의 이 2년 동안에 조선혁명 지도부의 정수가 무참히 희생당하는 것을 목격했다. 광동코뮌 때만 해도 200명의 공산당 지도부가 참가했는데, 대다수가 죽었다. 나는 전멸할 운명에 놓인 중국 최초의 소비에트(해륙풍 소비에트)에서 다른 조선인 동지 15명과 함께 싸웠다. 그 중에 지금까지 살아남아서 그때의 이야기를 할 수 있는 사람은 겨우 두 명뿐이다.

김산을 뺀 나머지 한 사람은 누구일까? 안타깝게도 김산은 거기에 대해서 답을 남겨놓지 않았다. 자신이 구술하고 님 웨일즈가 정리한 그 기록이 책으로 발간되어 세상에 알려졌을 때, 일경에게 탄압받을 수 있기에 동지들을 위해서 《아리랑》에서는 구체적인 인명을 거의 밝히지 않는다. 아마 그 답을 찾는 일은 뒤에 남은 우리들의 몫이 아닐까?

《아리랑》에서 김산은 다시 이렇게 탄식한다.

"이제 만사가 끝나버렸다."

김산의 탄식이 아니더라도 남창봉기와 광주봉기로 이어지는 중국 혁명의 소용돌이 속에서 조선인 좌파 혁명가들은 쉽게 회복할수 없을 정도로 깊은 상처를 입는다. 중국공산당도 그 점을 알고 있었다. 그래서 1954년 중국 정부는 광주시에 광주기의열사묘지(廣州起義烈士墓地)를 조성할 때, 광주봉기에서 희생당한 조선인들의 넋을 기리기 위한 '중조인민혈의정(中朝人民血義亭)'이라는 기념각을 따로 건립했다. 이 기념각의 비문에는 이렇게 새겨져 있다.

광주봉기 때 희생된 조선 동지들은 영생불멸하리!
중·조 두 나라 인민의 전투적 친선은 영원히 빛나리라!

하지만 남창봉기와 광주봉기로 이어지는 그 격동의 시기에 중국혁명에 참가했던 조선인 혁명가들의 궁극적인 목적은 무엇이었을까? 그것은 분명 조선의 해방이었을 것이다. 김산은 바로 조선의 해방에 쓰여야 할 아까운 인재들이 중국 혁명의 소용돌이 속에서 희생된 것을 안타까워했던 것이다.

김산도 자신을 잘 따르는 정율성을 아꼈던 것 같다. 뒤에 자세히 나오지만, 사실 그 당시 김산은 심리적으로 아주 외로운 상태였다. 청춘을 바쳤던 당은 지옥에서 살아온 자신을 의심하고 있었고, 지옥 구경도 못해본 당 상층부의 책상물림들이 한술 더 떠 어떻게 지옥에서 살아올 수 있었는지 증명하라고 다그치고 있었다. 정말

미칠 노릇이었다. 전선을 돌파하기 위해 적을 향해 돌격하던 동지
들의 터진 머리에서 쏟아지는 피가 얼마나 붉은지, 그리고 진짜 피
비린내가 어떤 건지도 모르는 녀석들이 말이다. 하지만 한시도 당
을 의심해본 적이 없었다. 그것은 곧 자신의 존재 자체를 부인하는
것이나 마찬가지였기 때문이다.

　그러나 김산의 말을 빌리자면, 당의 두터운 껍질 속에 틀어박혀
있는 한줌도 되지 않는 벌레들이 당 조직 전체를 곪아터지게 하고
있는 것은 분명했고, 그 벌레들을 잡아죽일 수 있는 힘이 자신에게
없는 것이 안타까울 따름이었다. 하지만 그도 분개하던 그 벌레들
에게 죽임을 당하고 만다.

　한편 함께 훈련을 받은 의열단 간부학교 2기생들은 임무를 받고
전선으로 나가는데, 정율성 자신은 이것도 저것도 아닌 상태에 놓
여 있을 무렵 나청(羅靑)을 만난다. 그를 소개해준 사람은 바로 김
산이었다. 나청은 1930년 무렵, 북경에서 중국공산당 북경시위원
회 조직부장을 하던 김산을 처음 만났다. 이후 1935년 5월 무렵 김
산의 소개로 찾아온 정율성을 만나게 된 것이다.

　당시 나청도 출옥한 뒤라 활동을 잠시 쉬고 있는 상태였다. 처
지가 비슷한 김산과 나청은 한동안 자주 만났는데, 그 자리에는 정
율성도 있었다. 다들 조직으로부터 끈 떨어진 신세가 되어 동병상
련을 느끼고 있던 그들 세 사람은 우울한 마음을 달래기 위하여 남
경의 이곳저곳을 떠돈다.

　뒷날 나청은 김산, 정율성과 보낸 날들을 이렇게 회상한다.

1936년 6월 장명(김산의 가명)은 내가 살던 남경의 한 어민의 집에 와서 한달 정도 같이 지냈다. 현무호의 정자 사(榭 : 전망이 좋은 물가나 호수 위에 만들어진 전각) 하나하나, 계명사(鷄鳴寺), 명나라의 고궁 유적, 중산릉 그 어디에도 장명, 정율성과 나 세 사람의 긴 한숨소리와 비가가 담겨 있다.

열다섯 살의 나이에 일본 유학의 꿈을 접고 스스로 항일전선에 뛰어들었던 김산. 하지만 그로부터 10여 년이 조금 넘는 세월이 흐른 뒤 그는 문득문득 지친 기색을 보이고 있었다. 김산은 자신이 겪었던 광주봉기와 해륙풍에서 목격했던 죽음들을 정율성에게 들려준다.

그것은 율성이 어떤 책에서도 배우지 못한 경험이었다. 마치 강의를 하듯이 담담하게 들려주는 김산에게 정율성은 빠져들었다. 앞에서 말한 대로 당시 김산은 꽤 어려운 처지에 놓여 있었다. 어쨌든 김산 문제는 당중앙 차원에서 해결해야 할 문제였다. 김산도 그것을 잘 알고 있었다. 하지만 김산은 무슨 이유 때문인지는 잘 모르지만 연안행을 주저하고 있었다.

김산은 남경으로 온 지 두 달째 되던 무렵 드디어 연안행에 오른다. 당시 남경에는 양자강을 가로지르는 다리가 없어 기차를 타려면 포구역으로 가야만 했다. 김산이 남경을 떠날 때 마지막으로 배웅한 사람은 바로 정율성과 나청이다. 나청은 그때의 광경을 이렇게 그리고 있다.

1936년 8월 1일, 나는 그에게 옷을 사주고 포구역에서 기차를 타는 것
을 배웅했다. 출발할 때 나는 그에게 200원을 주고 여비로 쓰라고 했다.
나와 율성이 그가 포구역에서 출발하는 것을 배웅했다. 그러나 그것이
나와 그의 영원한 이별이 될 줄은 몰랐다.

김산이 연안으로 떠난 뒤 정율성은 화로강(花露岡) 인근에 머물
면서 음악공부에 몰두한다. 이 무렵 정율성의 누나 정봉은은 계속되
는 경제적인 어려움을 견디지 못하고 아이들을 데리고 조선으로 되
돌아간다. 하지만 박건웅은 중국에 남아 항일운동에 계속 투신한다.
　이 무렵 정율성은 중국인들에게 인기가 대단했던 영화황제 김
염을 알고 있었을 가능성이 높다. 정율성이 알고 지내던 시나리오
작가 톈한도 한때 김염과 같은 집에서 살 정도로 친한 사이였고 민
족운동의 지도자 김규식이 김염의 고모부였다. 또 김규식이 율성
의 누나 봉은과 매형이 결혼하게끔 연결해준 사람이고 더 나아가
정율성의 작은 외숙모 김필례가 김염의 고모였다는 사실을 감안하
면 정율성과 김염은 집안으로도 가까운 사이였다. 하지만 뒷날 음
악과 영화에서 각각 중국 최고의 자리에 올랐던 두 사람의 관계를
추론할 수 있는 기록은 어디에도 남아있지 않다.

3. 새로운 세계로 출발

정율성은 김산의 소개로 만난 나청을 통해서 중국 대륙 속으로

한걸음 더 내딛는다.

　김산과 마찬가지로 역시 조직으로부터 끈이 떨어진 나청은 남경 금릉성 인근의 현무호 근처에 은둔하고 있던 무렵, 남경에서 문화예술활동을 하는 청년학생들이 진보적인 문예단체를 조직하기 위해 회원을 찾는다는 《신화일보》 광고를 보고, 정율성에게 그 단체에서 함께 활동할 것을 제안한다. 정율성이 마다할 리가 없었다.

　나청이 고문으로 있는 '5월문예사'는 1936년 5월 1일 창립대회를 열었다. 당시 진보적인 인사들이 대거 참여한 이 단체에 정율성은 평회원이 아닌 이사 자격으로 참가하는데, 아마 거기에는 무엇보다 나청의 추천이 큰 힘이 되었을 것이다: 이날 창립대회에서 발기인인 주취도는 당시 중국의 사회상을 그린 한 편의 시를 발표한다.

　　5월의 석류화 곱기도 한데
　　중화의 벽혈(碧血) 더 더욱 아름답네
　　백성들의 원한은 누가 풀고, 나라의 수치는 누가 씻으랴
　　시대의 청년들이여 용감히 앞으로 돌진하세

　정율성은 음악으로 화답했다. 이 시에다 곡을 붙여 〈5월의 노래〉라는 이름으로 발표한다. 이 노래는 '5월문예사'를 상징하는 노래가 되지만, 아쉽게도 정율성이 최초로 작곡했을 것이 분명한 이 노래의 악보는 현재 전해지지 않는다.

　정율성은 이날 창립대회에서 신성해가 작곡하여 중국인들에게 선풍적인 인기를 누리고 있던 〈의용군행진곡〉을 불러, 창립대회의

분위기를 고양시키고 뜨거운 박수를 받는다. 그런데 그것이 끝이 아니었다. 이어서 정율성은 능숙하지 못한 중국어로 자신이 부를 노래에 대해서 설명한다.

"제가 이번에 부를 노래는 중국 가요가 아닌 조선의 노래 〈아리 랑〉입니다. 이 노래는 조선 사람들이 슬플 때나 기쁠 때나 즐겨 부르는 민족의 노래입니다."

아리랑 아리랑 아라리요
아리랑 고개를 넘어간다

뒷날 주취도는 그날 있었던 '5월문예사'의 창립대회에 대해서 이런 말을 남겼다.

나청이 청년학생들의 심리를 틀어잡는 연설을 하고, 정율성이 〈아리 랑〉이라 는 비장한 곡조의 조선노래를 부름으로써 그 자리에 모인 사람들 사이 에는 전투적인 친선이 맺어졌습니다.

그 무렵 정율성은 계명사 부근에 머물며 주변 청년들을 모아놓고 당시 유행하던 노래를 가르쳐주었다. 마땅한 놀이가 없던 사람들로서는 노래를 배우고 부르는 것이 큰 여가활동이었기 때문에, 정율성의 노래강습회에는 제법 많은 사람들이 모여들었다고 한다.

'5월문예사'는 창립 후 노래뿐만 아니라 진보적인 문학작품을

대본으로 만들어 연극 무대에 올리기도 했다. 뿐만 아니라 강연이
나 토론회 등을 통하여 중국인들의 의식을 개혁하는 데 모든 역량
을 집중했다. 그럴 때마다 정율성은 주요 연사로 나섰다. 일본의
침략을 받고 있는 중국인들에게 이미 뼈저린 식민지 체험을 한 조
선 출신 그는 인기 있는 연사였다. 나청은 이 시기에 적극적으로
중국 사회에 뛰어들던 정율성을 이렇게 평가했다.

　　당시 정율성은 웅변가였으며 열렬한 활동가였습니다. 특히, 그의 웅변
　　은 노래처럼 생생한 내용에 열렬한 감정을 담고 있었으며, 절도 있고 매
　　력적이었습니다. 그는 의식이 매우 높아 중국 청년들의 훌륭한 본보기이
　　며 믿을 수 있는 동지였습니다.

　　한편 나청은 그해 10월 상해에서 설립된 '전국항일구국연합회'
회의에 '5월문예사'를 대표하여 참석했다가 중국 국민당 경찰에
체포된다. 그러나 일제에 굴복하지 않으려는 중국인들의 저항은
끊이지 않고 계속 일어난다. 다음 달인 11월에는 '전국항일구국연
합회' 주최로 일본인 경영주들의 중국인 노동자에 대한 탄압에 항
의하는 집회가 열렸다. 그러나 장개석의 국민당 정부는 저임금과
중노동에 시달리다 못해 항의를 하는 공장 노동자들의 말을 들어
주기보다는 일본인 경영주들의 편을 들고, 이에 항의하는 〈전국항
일구국연합회〉 지도자 7명을 체포하여 구속해 버린다.
　　참으로 어처구니가 없는 일이었다. 중국 경찰이 중국인의 처지
보다는 일본 자본가들의 처지를 더 고려하는 상황에서 국민당 정

부가 중국인의 전폭적인 지지를 받기는 어려운 일이었다. 사실 그 당시 국민당 정부는 적극적인 항일에 나서기보다는 오히려 중국 홍군을 토벌하는 데 더 많은 힘을 쏟는 이른바 '안내양외(安內攘外)' 정책을 부르짖고 있었다.

당시 중국인들은 장개석의 국민당정부마저 관심을 가져주지 않는 중국인 노동자에게 뜨거운 애정을 보여준 이들을 '7군자(七君子)'라고 부르며 존경을 보냈다. 그로부터 한 달 뒤인 12월에 서안에서 아무도 예상하지 못했던 사건이 발생한다. 장학량이 '내전 중지와 항일'을 부르짖으며 장개석을 감금한 이른바 '서안사변'이었다. 장학량이 장개석의 석방조건으로 내건 8개항 속에는 이들 7군자를 비롯한 정치범의 석방도 포함되어 있을 만큼, 당시 7군자는 온 중국인의 지지를 받고 있었다. 국민당 정부는 7군자를 석방하라는 중국인들의 여론에 견디지 못하고 마침내 그들을 구속한 지 반 년 만에 풀어준다.

1937년 7월, 석방된 나청은 남경으로 돌아와 중앙호텔에 머무르고 있었다. 그 소식을 듣자 정율성은 만사를 제쳐두고 그를 찾아갔다. 두 사람은 눈물을 흘리며 부둥켜안았다.

마침 그 호텔에는 프랑스 파리에서 음악공부를 마치고 돌아온 〈구국군가〉의 작곡자 선성해가 머무르고 있었다. 선성해는 나청을 찾아와 자신이 창작한 〈구국군가〉를 들어보고 비평을 해달라고 했다. 그때 나청은 자신은 음악을 잘 모른다면서 정율성을 소개한다.

외국유학까지 갔다온 신성해에 견주어 정율성은 무명의 음악도에 지나지 않았다. 신성해는 정율성에게 자신을 따라 노래를 불러 보라고 한다. 전혀 연습도 없이 자신이 한 번 불러준 것을 정율성이 박자와 감정을 놓치지 않고 곡을 소화해내는 것을 보고 신성해는 감탄했다. 뒷날 중국 혁명음악의 대부라고 불리는 두 음악가의 만남은 그렇게 시작되었다.

그러나 드넓은 중국 대륙에는 사람들의 바람과는 달리 폭풍우가 몰려오고 있었다. 1937년 7월 7일, 일본 제국주의는 북경 근처의 흔히 '마르코폴로 다리'라고 불리는 노구교(蘆溝橋)에서 사건을 일으킨다. 그것이 중일전쟁의 도화선이었다. 한동안 잠잠하다 싶은 중국 대륙에 다시 전쟁의 광풍이 몰아치기 시작한 것이다.

그로부터 일주일 뒤인 7월 14일 장개석과 주은래는 강서성(江西省) 려산(盧山)에서 막후회담을 가진다. 일본이 공개적으로 전쟁을 일으킨 이상 장개석도 대내외적으로 항일을 선포할 수밖에 없었다. 하지만 중일전쟁의 초기, 전투의 주도권은 일본군이 장악했다. 전쟁 발발 21일 만에 북경이 점령당하고, 다음 달인 8월 13월에는 상해에도 전쟁의 불길이 번졌다. 일본군이 상해를 총공격한 것이다.

초기 전투는 일본군의 전력이 중국군보다 월등했기 때문에, 일본군의 주도 아래 전투가 벌어졌지만 상해에서는 달랐다. 상해 전투에 투입된 중국군은 전력이 크게 뒤졌음에도 결사적인 저항을 하여 일본군을 그곳에 두 달 가량 묶어두었다. 상해에서의 전투가 치열하던 9월, 드디어 장개석의 국민당정부는 중국공산당과 2차 국공합작을 공식 선포한다.

△ 김성숙 · 두군혜 부부(가운데)와 정율성의 자형 박건웅(오른쪽).

　이 무렵 정율성은 자형 박건웅을 통해 두군혜(杜君慧)를 알게
된다. 김성숙의 부인인 그녀는 작가이자 중국공산당 당원이었다.
그리고 당시는 '상해부녀구국회'의 지도자로 활동하고 있었다. 그
때 상해에서 그녀의 집에 머무르고 있던 정율성은 두군혜의 권유
를 받아들여 '대공전영희극독자회(大公電影戱劇讀者會)'에 가입
하여 제5대 회장이 된다. 정율성이 가입한 이 모임은 주로 시민들
에게 항일의식을 불러일으키는 공연을 하는 것과 더불어, 전선을
방문하여 부상병들을 위로하고 병사들의 항전의지를 고취시키며
봉사활동을 하는 애국단체였다.
　음악은 정율성에게 훌륭한 무기가 되었다. 정율성은 음악을 통
해서 항일의 길에 나서기 시작한 것이다. 이 무렵 발표한 그의 노
래는 〈유격전가〉, 〈전투적 여성의 노래〉 등이다. 이렇게 해서 정율

성은 서서히 조선인들 단체에만 머물지 않고 중국 사람들 속으로
발을 들여놓기 시작한다.

그는 당시 조선을 해방시키기 위해서는 우선 일제에 대항해서
싸우고 있는 마지막 보루인 중국 대륙을 지켜야 한다고 생각했던
것 같다. 조선의 해방과 중국이 항일전에서 승리하는 것은 따로 분
리된 것이 아니라 서로 떼려야 뗄 수 없는 밀접한 관계라는 점을
당시 중국 대륙에서 활동하던 조선인 혁명가들이라면 모두들 수긍
하는 바였다. 다만 조선인 혁명가들이나 단체마다 우선 순위가 조
금씩 다를 뿐이었다. 이 무렵 정율성을 가까이에서 지켜봤던 두군
혜는 뒷날 그를 이렇게 평가했다.

> 당시 정율성은 모든 일에 열정적이었으며, 특히 어려운 생활 속에서
> 도 성격이 밝고 활발했다. 그래서 사람들은 그를 싸오쩡[小鄭]이라는 애
> 칭으로 불렀다.

4. 연안행에 대한 엇갈린 해석

정율성은 본격적인 항일투쟁을 위해 중국공산당의 근거지였던
연안으로 가고 싶었다. 당시 연안에는 막 항일군정대학과 섬북공
학(陝北公學) 등이 설립되어 항일의지에 불타는 젊은 사람들을 끌
어 들이고 있었다. 이런 정율성의 뜻을 두군혜와 박건웅도 반대하
지 않았다.

하지만 연안으로 들어가는 길은 생각처럼 쉬운 일이 아니었다. 더군다나 그는 중국인도 아닌 조선인이 아닌가. 하지만 뜻이 있는 곳에 길이 있는 법. 정율성의 결심을 바꿀 수 없다는 것을 안 두군혜가 연안으로 들어가는 길을 주선해준다.

두군혜를 따라 남경으로 돌아온 지 며칠 되지 않은 1937년 9월 하순, 중국공산당 지하당원으로 활동하던 선협부(宣俠父)가 은밀히 정율성을 찾아왔다. 정율성은 그의 이름을 들어보기는 했지만 맞대면은 처음이었다.

"어떻게 저를?"

"두군혜 동지에게서 얘기를 들었습니다. 연안으로 가고 싶어하신다구요?"

"그런데 그걸 어떻게…."

정율성의 얼굴에는 자신도 모르는 사이에 긴장감이 감돌았다. 선협부가 눈치 챘는지 빙긋이 웃었다.

"그렇다고 너무 긴장할 필요는 없습니다. 우린 같은 편이니까요."

"아, 그렇습니까?"

정율성은 그제서야 한숨을 내쉬었다.

"그런데 저를 찾아온 목적이 있을 텐데…"

"지금 연안에 많은 애국 청년학생들이 몰려들고 있다는 것은 아시죠?"

"예, 들어서 알고 있습니다. 그런데… 그곳으로 사람들이 많이 몰려든다는 것은 그만큼 중국공산당이 중국인의 지지를 받고 있다는 점을 얘기하는 건데, 무슨 문제라도……."

"그 속에 국민당이나 일제가 보낸 특무가 들어 있다는 것이 문제죠. 이거 받으시죠."

그가 봉투 하나를 내밀었다.

"이 속에는 제가 서안 팔로군 판사처의 주임 임백거(林佰渠) 동지에게 보내는 소개장이 들어 있습니다. 그 곳에 도착해서 임동지에게 그것을 보여주면 알아서 조치를 취해줄 겁니다."

그제서야 정율성은 선협부가 자신을 은밀하게 찾아온 이유를 알았다. 연안으로 몰려드는 사람들 가운데 국민당이나 일본이 파견한 특무나 첩자가 들어 있지 않으리라는 보장이 없었다. 그런데 중국인도 아닌 조선인인 자신이 아무런 연계도 없이 연안으로 들어간다면 의심 받으리라는 것은 뻔했다. 자신은 오로지 연안으로 가야만 한다는 데 정신이 팔려 그 점까지는 미처 고려하지 못했던 것이다.

"이렇게 신경을 써주셔서… 너무 감사합니다."

"뭘요. 우리 중국인들도 쉽게 못하는 일을 조선인 동지가 결심했는데, 그 정도는 우리 당에서 당연히 해드려야죠. 하여튼 우리 당에서 동지에게 거는 기대가 크다는 것만 알아두십시오. 이곳 생활도 편안한 것은 아니지만 연안은…, 단단히 각오하셔야 할 겁니다."

선협부는 마지막 말에 힘을 주었다. 정율성도 알고 있었다. 연안에서 생활이 그리 녹록치 않다는 것을. 하지만 편안한 생활을 찾았다면 그 곳으로 갈 생각조차도 하지 않았을 것이다. 일본 제국주의를 쳐부술 수만 있다면 그 정도의 고통은 감수할 수 있다고 생각했다.

"걱정마십시오. 그런 것에 연연했다면 고향을 떠나 오지도 않았을 겁니다."

두 사람은 굳은 악수를 나누었다.

"다른 사람들 눈도 있으니까 나오진 마십시오."

선협부는 올 때처럼 그렇게 조용히 사라졌다.

연안이 힘들기는 하지만, 그래도 일제 감옥 생활의 후유증에 시달리는 김산 선생마저도 그곳으로 가지 않았던가. 정율성은 연안으로 떠나간 뒤 한 번도 연락이 없던 김산이 문득 떠올랐다. 혁명의 소용돌이 속에서 적에게 잡혀 변절하지 않고 출옥했는데도 오히려 그것이 빌미가 되어 당으로부터 신임을 받지 못하는 김산이 안타까웠다.

그럼 정율성을 찾아왔던 선협부라는 중국공산당 지하공작원은 어떤 인물이었을까? 종성(宗誠)이 중국의 행동주의 작가인 정령(丁玲)을 조명하는 책에서 그를 간략하게 소개하였다.

선협부라는 인물은 국민당 군관 자격으로 후평서점 설립에 직접적으로 관여한 사람이자 《북두(北斗)》 같은 좌익 간행물을 출판하는 후평서점의 진짜 주인이었다. 그는 일찍이 풍옥상(馮玉祥), 길홍창(吉鴻昌), 양관영(梁冠英) 휘하에서 일한 적이 있었으나 실은 중국 공산당원이었다

연안행이 결정되자 정율성은 마지막으로 두군혜의 집을 찾아갔다. 그동안 친동생처럼 자신을 돌봐준 그녀에게 오래도록 남을 마지막 선물을 주고 싶었던 것이다. 그러나 그에게는 작은 선물조차

살 만한 경제적인 여유가 없었다. 두군혜도 어떤 물질적인 선물을 바라지는 않을 것이었다. 그래서 정율성은 생각 끝에 그녀를 위한 음악을 들려주고 싶었다.

"제가 떠나기 전에 마지막으로 선생님을 위해 연주를 해드리고 싶어요."

두군혜는 오직 자신만을 위해 음악을 연주하겠다는 정율성의 제안에 처음에는 놀라는 눈치였다. 하지만 정율성의 마음을 헤아리고 기쁘게 받아들였다. 정율성은 가지고 간 바이올린으로 당시 유행하던 음악을 들려주었다.

"제가 선생님께 드릴 수 있는 선물이 이것밖에 없습니다."

"무슨 소리야, 싸오쩡. 내가 받았던 선물 가운데서 가장 기억에 남는 선물이 될 거야. 그리고 다음에 다시 만날 때는 네가 새로 만든 노래를 들어보고 싶어."

두군혜는 정율성의 손을 잡으며 훌륭한 음악가가 되라고 당부했다. 비록 길지 않은 시간을 같이 보냈지만 '5월문예사'의 동료들도 연안으로 떠나는 정율성에게 용기를 주었다. 그들은 언제 다시 만날지 모르는 그에게 아쉬운 마음을 담아 정성껏 마련한 선물들을 챙겨주었다.

정율성은 애지중지하던 바이올린과 세계명곡집을 들고 연안으로 떠났다. 이때만 하더라도 그는 악기와 음악책이 자신에게 그 어떤 총 못지않은 훌륭한 무기가 되리라고는 미처 생각하지 못했을 것이다.

하지만 정율성의 연안행에 대해서 지금과는 다른 의견을 내놓는 사람도 있다. 최용수 교수가 바로 그다. 최 교수는 당시 정율성의 활동경력이나 위치로 봐서, 쉽게 연안행을 허락받을 만한 인물이 아니었다고 지적한다. 그래서 연안으로 떠난 이후 끊어진 김산과의 연락의 줄을 복구하려는 조선민족해방동맹의 연락원 자격으로 정율성이 연안으로 가지 않았나 하는 추론을 조심스럽게 하고 있다. 하지만 안타깝게도 정율성이나 조선민족해방동맹의 핵심인물들조차 이 부분에 관해서는 어떤 회고도 남겨놓지 않았다. 분명한 것은 최 교수의 지적대로, 투쟁경력이 짧은 조선인으로서는 꽤 이른 시기에 연안으로 들어갔다는 점이다.

정율성은 연안으로 들어간 다음에도 한동안은 박건웅과 김성숙을 비롯한 조선민족해방동맹의 지도부와 어떤 형태로든 연락이 되었던 것 같다. 정율성이 연안으로 들어간 뒤 계림에서 발행된《조선의용대통신》을 보면, 관내 독립운동단체들의 대동단결을 호소하는 선언문의 서명자 명단에 정율성의 이름도 보인다. 당시《조선의용대통신》의 편집책임은 김성숙이 맡고 있었다.

중국 국가기관의 고급간부가 되기 위해서는 필수적으로 거쳐야 하는 중국공산당 중앙당학교의 교수로 재직하다 은퇴한 최용수(崔龍水) 교수를 찾아갔을 때, 그는 정율성이 연안에 도착한 초창기 시절에 관해 꽤 흥미 있는 이야기를 들려주었다. 그것은 지금까지 알고 있던 사실과는 좀 다른 내용이었다.

김성숙이 1938년 무렵 나청에게 보낸 편지 내용 가운데는 싸오쩡의 안부를 묻는 말이 나옵니다. 싸오쩡이란 대부분의 독립운동가들에 견주어 나이가 젊은 편인 정율성을 부르는 애칭이죠.

그래도 쉽게 믿지 못하는 나에게, 그가 어렵게 찾아낸 편지 복사본까지 보여주었다.

이게 바로 그 편지인데, 내용을 검토해본 결과, 연안으로 들어간 정율성이 한동안 조선민족해방동맹과 어떤 형태로든 연계를 맺고 있었을 것이라는 추론이 가능합니다. 다만 그 시기에 관해서는 좀더 깊은 연구가 필요해 아직 학계에 공개하지는 않고 있습니다. 이처럼 우리 독립운동사의 내밀한 부분은 아직도 많은 연구가 필요합니다.

나청은 중국인이었지만 일찍부터 조선인 민족운동가들과 깊은 교류를 하고 있었다. 나청은 박건웅과 친구 사이였고, 1936년 10월에는 상해에서 김성숙을 만나 교류한다. 그뿐만 아니라 나청은 김산과 정율성이 연안으로 들어가기 직전 아주 밀접하게 지내던 사이였다.

그가 남경을 떠난 지 두 달 뒤인 11월에 접어들면서 상해의 방어선이 무너지기 시작하자 국민당 정부는 중경으로 수도를 옮겼다. 그 뒤 상해를 점령한 일본군이 한때 중국의 수도였던 남경을 내버려둘 리 없었다. 하지만 국민당 정부로서도 그냥 내줄 수는 없었다. 치열한 전투 끝에 남경은 12월 일본군에게 점령된다. 그리고 세계전쟁사에서 유례가 없는 민간인 대학살이 일본군에 의해 그곳에서 벌어진다. 미처 피난을 가지 못한 수십만 명의 민간인이 일본군에게 무참하게 학살당한 것이다. 중국인에게 일본군에 대한 공포감을 심어주기 위해서였으나, 그것은 오히려 전 중국인에게 어차피 죽을 바에야 앉아서 죽기보다는 싸우다 죽는 쪽을 택하도록 자극한 행위가 되었다.

중일전쟁이 일어난 지 1년 만에 압도적인 전력을 앞세운 일본군은 그야말로 파죽지세로 중국 대륙을 휩쓸었다. 그러나 일본군이 점령했다고는 하지만 드넓은 중국 대륙에 견주면 그것은 점과 선에 불과했다. 점과 선을 뺀 그 밖의 지역은 항일군이 활동할 수 있는 거점을 마련해 주었다.

특히, 대장정 이후 연안에 혁명의 근거지를 마련한 중국공산당의 활동구역인 양자강 중하류 지역인 화북성의 공산당 해방구는 더 늘어가고 있었다.

섬서성·감숙성·영하성의 섬감녕 변구와 1938년 1월에는 산서성 찰합이 하북성을 묶는 진찰기 변구 정부가 수립되었다. 바야흐로 해방을 위한 근거지가 차근차근 마련되고 있었던 것이다.

일본군은 중일전쟁 초기에는 작전계획대로 착착 중국 대륙 깊숙이 전진하였다. 그러나 그것이 곧 헤어날 수 없는 수렁 속으로 빠져드는 길이라는 사실을 그때는 몰랐다. 아니 알았다고 해도 중국 대륙에 한번 발을 디딘 이상 그들은 이미 돌아설 수 없는 강을 건넌 것이었다. 그들은 속전속결의 빠른 승리를 장담했지만 그것은 잡을 수 없는 무지개였고 환상이었다. 겉으로는 승리에 취해 있었지만 이미 그들은 파국의 길을 걷고 있었다.

5. 영원한 청춘의 도시, 연안

1937년 10월 정율성은 꿈에도 그리던 연안에 도착했다. 연안은 사방이 산으로 둘러싸인 조그마한 분지다. 그 도심 가운데를 와이 (Y)자 모양의 연하강이 흐르고 있고, 그 주위로 계곡이 발달해 있다. 중국공산당이 이곳에 자리를 잡기 전까지만 하더라도 연안은 전체 인구라고 해봐야 몇 천 명밖에 되지 않는 소읍에 지나지 않았다. 그런데 1937년 중국공산당 중앙기관이 입성한 이후 연안은 중국공산당의 중심지가 되었으며, 인구가 갑자기 불어나기 시작했다.

산이 사방으로 가로막고 있는 분지여서, 가운데 들판에 자리한 연안은 면적이 그리 넓지 않아 대도시로 성장하기에는 지형적으로 아주 불리한 여건이었다. 그럼에도 중국공산당이 연안을 혁명의 근거지로 택한 데에는 그럴 만한 이유가 있었다.

연안의 외곽을 감싸고 있는 섬감녕(陝甘寧) 변구(邊區)는 서북 쪽으로는 중국공산당의 혈맹 소련과 연결될 수 있었던 반면에, 남쪽으로는 험준한 황토 고원이 길게 뻗어 있었다. 그리고 동쪽으로는 황하가 흐르고 있어, 국민당 군대나 일본군이 마음대로 진입할 수 없는 지리적인 이점을 지녔던 것이다. 적들에 견주어 열세한 화력을 지닌 중국공산당으로서는 공격보다는 방어에 유리한 지점을 선택할 수밖에 없었다.

당시 연안에 드나드는 사람들은 그 외곽에 설치된 초소에서 보초에게 통행증을 제시하여야만 했다. 당시 변구 밖으로부터 오는 사람들 가운데 변구 정부에서 발행한 통행증을 지니지 않는 사람

△ 연안 전경. 분지 안에 고성(古城)이 자리해 있고 멀리 보탑산과 보탑이 보인다.

은 일단 접대소로 보내졌다. 정율성도 예외는 아니었을 것이다.

접대소에 머물던 그는 연안에 도착한 다음 달인 11월 1일에, 섬북공학으로 보내진다. 섬북공학 입학자격은 18세에서 40세까지의 남녀로, 초기에는 3개월 과정으로 수업을 실시했다. 정율성이 도착했을 무렵 섬북공학은 중국 곳곳에서 연안으로 몰려온 청년들의 배움터였다.

사람 빼놓고는 모든 것이 부족한 게 연안의 실정인지라, 섬북공학도 번듯한 교실과 책상 따위는 없었다. 학생들은 대부분 맨땅에 주저앉은 채 가운데 서 있는 교수를 둘러싸고 강의를 들었다. 그렇지만 대부분의 교수들은 혁명투쟁 경력이 쟁쟁한 공산당 지도자들이었으며, 때로는 모택동과 주덕도 특별강사로 나설 정도였다.

그러기에 수업은 현실과 동떨어진 학문이 아닌 바로 당대 중국

△ 중국 각지에서 연안으로 들어가고 있는 젊은이들.

이 안고 있는 문제와 앞으로 나아갈 길에 대해서 토론을 하는 등, 중국혁명에 관한 내용이 대부분을 차지했다. 따라서 혁명에 투신하기 위하여 제 발로 먼 길을 걸어 연안까지 찾아온 학생들의 학습열의는 국민당 지구의 그 어떤 학교와도 견줄 수 없을 정도로 높았다.

섬북공학 제1기 7대에 들어간 정율성은 공부를 하면서 그의 특기이자 무기인 노래로 사람들의 주목을 받았다. 당시 연안은 혁명의 성지이자 노래의 도시였다. 그리고 중국 어느 도시보다 젊은이들이 많이 모인 도시였다. 중국 대륙 곳곳에서 몰려온 젊은이들은 항일의지를 불태우기 위해 저녁마다 집회를 열곤 했다. 집회에서 참가자들의 시선을 한곳에 모으는 데는 역시 노래가 최고였다. 하지만 당시에는 사람들을 한곳으로 모을 만한 노래가 없었다. 홍군

시기에 부르던 노래나 중국 전통 민요가 고작이었다.

1937년에 연안을 방문해 김산의 구술을 바탕으로 《아리랑》을 집필했던 님 웨일즈는 또 다른 저서 《나의 중국 시절(*My China Years*)》에서 당시 노래부르기에 열중하던 연안의 분위기에 대해서 이렇게 적고 있다.

> 홍군에서 새롭고 인기 있는 활동은 노래부르기였다. 모두가 기회만 있으면 목청껏 노래를 불러댔다. 홍군의 노래는 골짜기에 메아리치곤 했는데, 특히 저녁식사 전 황혼 무렵이면 절정에 이르렀다

연안에서 노래는 단순히 놀이만은 아니었다. 그들은 노래를 통해서 혁명에 대한 투쟁의식을 북돋웠는데, 노래는 군중을 하나로 모을 수 있는 소중한 도구였다. 그리고 노래는 문자해독률이 떨어지는 일반대중들에게 공산당의 혁명을 쉽게 선전할 수 있는 이점도 있었다.

정율성은 입학한 지 3개월가량 지난 1938년 1월 섬북공학 1기생으로 졸업한다. 그런데, 섬북공학은 그때만 하더라도 설립 초기라서 전체 학생이 부를 만한 교가가 없었다. 그 사실을 안고 정율성은 졸업을 앞두고 학교 측에다 선물을 하나 준비했다. 그것은 바로 비록 3개월이라는 짧은 시간이었지만 함께 공부하고, 또 어떤 고난이 닥칠지 모르는 전선으로 떠나는 동기생들에게 바치는 노래인 〈졸업동학가〉였다.

견결히 전선으로 가자 동지들이여
석별의 정에 사로잡히지 말자
모든 것은 항전을 위하여
모든 것은 민족의 해방을 위하여

전우들에게 바치는 이 노래의 가사는 민족과 조국의 해방을 위해서 전선으로 떠나는 학생들의 비장한 마음 자세를 잘 그려 놓았다. 언제부터인가 정율성은 음악으로 자신의 생각을 그려내고 있었다. 그의 음악은 이제 현실과 동떨어진 음악이 아니라, 대지에 튼튼히 뿌리를 내리고 비바람을 그대로 맞으면서 들판에서 자라는 들꽃처럼 강인한 생명력을 지니고 있었다.

6. 연안의 조선인들

정율성이 연안에 도착했을 무렵 그곳에 있는 조선인들은 몇 사람에 지나지 않았다. 그 가운데 한 사람이 바로 김산이었다. 어쩌면 당시 투쟁경력이 쟁쟁하던 조선인 공산주의자들도 연안으로 가지 않던 시절, 정율성이 연안행을 감행할 수 있었던 데는 김산이 그곳에 있다는 사실도 어느 정도 작용했을 것이다.

하지만 연안에 머물던 김산은 그의 본래의 목적인 당적을 회복하기는커녕 오히려 당으로부터 의심을 받고 있는 처지였다. 오도 가도 못 하는 상태에서 김산은 항일군정대학에 적을 둔 채, 학생들

에게 일본경제와 물리, 화학 등을 가르치며 답답한 세월을 보내고
있었다. 게다가 몸을 돌볼 겨를도 없이 항일투쟁에 온 힘을 쏟은
대가로 얻은 폐결핵이 서서히 자신의 몸을 갉아먹고 있다는 것을
알았지만, 그의 말대로 '날달걀 하나 제대로 구할 수 없는' 연안에
서 치료는 엄두도 낼 수 없었다.

김산은 알고 있었다. 궁지에 빠진 자신을 구해 주기는커녕 오히
려 더욱 궁지로 몰아넣었던 한위건(韓偉健)을 끝내 이 황량한 청량
산에 묻게 한 것도 폐결핵임을. 그리고 조선인인 그가 모든 열정을
중국혁명에 바치려 했으나 그런 그의 기력을 빼앗아간 더 근본적인
원인은 당의 불신에서 비롯되었음을. 부정하고 싶지만 자신도 한위
건이 걸어간 길을 뒤따라가고 있음을 문득문득 느끼고 있었다.

《아리랑》에서 김산이 자신을 중상모략했다고 말한 '한'이라는
인물, 즉 한위건은 그 책 속에서는 형편없는 인물로 그려지고 있
다. 하지만 한위건의 실제 모습은 그렇지 않았다. 그는 중국혁명에
참가한 조선인들 가운데서 김산과 견줄 만큼의 탁월한 인물로 평
가받고 있다.

함경남도 홍원 출신인 한위건은 경성의학전문학교에 재학 중이
던 1919년 3·1운동에 가담했다가 1924년 와세다대학을 졸업하고
조선으로 돌아온 뒤 《동아일보》 기자로 일하는 한편, 1926년에는
조선공산당에 가입하고 신간회 설립에도 힘을 보탠다. 하지만 조
선공산당에 대한 탄압이 거세지자 1928년 6월 중국 상해로 망명한
다. 이어 1933년 5월 북경에서 국민당 경찰에 체포된 뒤 남경으로
호송되어 수감생활을 하다가, 남경에 있는 항일운동단체의 도움으

로 7월 15일 보석으로 출옥한다.

그러나 그의 빠른 출옥은 오히려 화근이 되었다. 중국공산당에서는 예상보다 빠른 그의 출감을 의심하여 활동에 제약을 둔 것이다. 그것이 빌미가 되어 그는 당으로부터 의심을 받기 시작했고, 또 뒤에 좌경모험주의자였던 왕명(王明)의 노선을 반대하는 자신의 또 다른 이름을 딴 유명한 철부 노선을 내세웠다가 비판을 받는다. 하지만 뒷날 그의 철부 노선은 연안정풍운동이 진행되던 1941년, 중국공산당 중앙과 모택동으로부터 그의 활동명이었던 리철부(李鐵夫)를 따 북방의 '철부노선'이라는 이름으로 긍정적인 평가를 받는다.

그의 글은 의견서이지 반당노선이 아니며, 또한 의견서의 주장은 정확하다.

하지만 그때는 이미 한위건이 숨을 거두고 난 다음이었다. 리철부, 아니 한위건이 자신이 내세웠던 노선이 제대로 평가받는 것을 저 세상에서라도 보았다면 어떤 기분이었을까?

한위건의 마지막은 비참했다. 그는 중국공산당 전국대회 뒤 폐결핵으로 말미암은 합병증으로 몸이 쇠약할 대로 쇠약해진 상태에서 설상가상으로 장티푸스까지 걸린다. 치료는 받았지만 의약품도 제때 공급되지 않는 연안에서 변변한 약을 써보기란 불가능했다. 결국 그는 7월 10일, 그가 그토록 바라던 조국의 해방을 보지 못하

△ 김산(1905~1938).

△ 한위건(1896~1937).

고 숨을 거둔 뒤 고향땅이 아닌 이역 중국 대륙에 묻히고 만다.

그런데 의문스러운 것은, 왜 이런 탁월한 조선의 두 혁명가가 서로를 불신하게 되었을까 하는 점이다. 그것은 바로 극단으로 흐르던 중국공산당 일부 인사들이 자행한 근거 없는 의심과 불신 때문이었다.

정율성이 연안에 도착하기 전인 1937년 5월 어느 날, 김산과 한위건 두 사람은 연안에서 극적으로 만난다. 한위건이 폐결핵에다 장티푸스까지 겹쳐 사경을 헤매고 있다는 소식을 접한 김산이 병문안을 온 것이다. 두 사람은 서로를 부둥켜안고 뜨거운 눈물을 흘렸다. 그러나 그것이 마지막이었다.

한위건마저 먼저 저 세상으로 떠나 보낸 1937년 여름, 김산은 님 웨일즈를 만나 가슴에 품고 있던 자신의 억울한 심정을 털어놓는다. 그 당시 연안에서 님 웨일즈만큼 김산과 오랫동안 얘기를 나눈 사람은 없었다. 그것은 결국 님 웨일즈가 그 당시 김산이 처한 상황을 가장 잘 파악하고 있었다고 봐도 지나친 말이 아닐 것이다. 님 웨일즈의 또 다른 저서인 《나의 중국 시절》에는 당시 김산이 어떤 심정이었는지 알 수 있는 짧지만 아주 의미심장한 기록이 있다.

아그네스 스메들리(주덕의 전기인 《위대한 길》을 쓴 영국의 작가)와 오토 브라운(중국에 파견된 코민테른의 군사고문, 하지만 중국공산당은 대장정 도중에 개최한 준의회의(遵義會議)에서 그가 갖고 있던 군사고문의 지위를 취소시킨다), 그리고 김산을 제외하면 연안에 있던 모든 사람들은 행복해 보이기만 했다.

세 사람의 국적과 연안에서의 위치는 모두 달랐지만 그들에게는 공통점이 하나 있었다. 그들은 모두 연안의 주류사회에 편입되지 못하고 겉에서 맴도는 이방인 신세였다.

김산은 《아리랑》에서 연안에 머물던 또 한 사람의 조선인에 대해서 이렇게 설명하였다.

지금 연안에는 조선인이 단 두 사람뿐이다. 나하고 이(李)라는 젊은 학생. 이 친구는 장개석이 임동에서 체포되었을 당시 그 부대에 소속되어 있었는 데, 서안사변 이후 항일군정대학에서 공부를 하기 위해 연안으로 왔다.

'이'(李)라는 젊은 학생의 본명은 서휘다. 1936년 중국공산당에 가입했던 그는 장학량 부대의 장교로 근무하다가 서안사변을 맞는다. 따라서 서안사변을 현장에서 목격했던 유일한 조선인이기도 했다. 그러나 서안사변 이후 신변의 위협을 느끼고 1937년 1월 연안행을 택한다.

연안으로 들어가기 전 일단 팽덕회 부대에 인계된 그는 그곳에서 양상곤의 소개로 당시 그곳에 있던 무정을 만난다. 해방 뒤 김무정은 북한으로 들어가 조선노동당 중앙위원회 부의장 등 중요 직책을 거쳤으나, 1956년에 북한에서 벌어진 연안파 숙청을 피해 윤공흠·김강·이필규와 함께 중국으로 망명한다.

이회성과 미즈노 나오키가 공동으로 저술한 《아리랑 그 후》라는 책에는 서휘가 연안에서 만났던 몇 사람 안 되는 조선인들에 대해서 증언한 부분이 나온다.

나는 1937년 봄 연안에 도착해 홍군대학(항일군정대학의 전신) 2기생으로 배웠습니다. 무정은 제1기를 졸업한 뒤 다시 홍군 전선지휘부의 작전과장으로 돌아와 있었습니다. 나는 당시 홍군 총정치부의 주임이었던 양상곤(楊尙昆)의 소개로 운양진에서 무정과 만난 적이 있습니다.

장지락(김산의 본명)은 연안성 안에 있는 외사처의 초대소에서 일본에 관한 문제를 연구하고 있었습니다. 무엇인가 혁명에 관한 자료를 쓰고 있었습니다. 그에 관해서는 그 이전에도 이름을 들은 적이 있었습니다만, 직접 만난 것은 연안에서 처음이었습니다. 그 뒤 종종 만나게 되어 님 웨일즈도 같이 만나러 갔습니다. 그 뒤 당 대표대회가 개최되었을 때 리철부(한위건의 또 다른 이름)가 참가해 그는 참가하지 않았습니다.

△ 항일군정대학 개교 3주년 기념행사 때 모택동(왼쪽) 등의 모습(939. 6. 1).

　김산이 님 웨일즈를 만나러 갈 때 가끔 동행하기도 했던 서휘는
사실 박건웅과도 교류가 있었다. 서휘는 1933년에 남경으로 박건
웅을 찾아갔던 적이 있었다. 그러나 그때 정율성은 의열단의 간부
학교에 있었기 때문에 서휘와 교류할 기회는 갖지 못하다가 결국
연안에서 처음 만났다.

　두 사람은 비슷한 나이에다가 박건웅을 알고 있다는 점 때문에
곧 가까워질 수 있었다. 연안에서 조선말로 허심탄회한 얘기를 나
눌 수 있는 사람은 당시에는 김산·서휘·정율성 이렇게 몇 사람
밖에 없었다.

　당시 김산은 연안의 중심가인 봉황산 아래에 있던 항일군정대
학에서, 앞에서도 잠깐 말한 것처럼, 일본경제사와 화학, 물리를
가르치고 있었다. 그렇게 답답한 나날을 보내고 있던 어느 날, 김

산은 외사처로부터 님 웨일즈라는 미국인 여기자가 자신을 찾는다는 이야기를 듣고 그녀를 찾아간다. 그리고 그녀가 연안에 머무르는 몇 달 동안 그녀를 만나 조선과 조선인 혁명가들에 대해서 설명해준다.

정율성이 연안에 도착했을 무렵 님 웨일즈는 이미 그곳을 떠난 뒤였으므로, 정율성이 그녀를 직접 만날 기회는 없었다. 하지만 서휘를 통해서 두 사람이 만나 여러 날 대화를 주고받았다는 이야기를 전해 듣는다. 하지만 김산은 1941년 미국에서 출간된《아리랑》을 읽어볼 기회를 갖지는 못했다. 그가 그녀에게 긴 시간을 쏟아가며 조선의 혁명과 중국에서 희생된 조선인 혁명가들에 대해 토로한 그의 생생한 증언이 책으로 나올 때, 그는 이미 이 세상 사람이 아니었던 것이다.

정율성은 연안에서 김산을 다시 만났지만, 예전 남경에서처럼 편안한 마음으로 만날 수는 없었다. 김산이 연안에서 어떤 처지에 놓였는지 짐작하고 있었기 때문이다. 나름대로 조심하면서 김산을 몇 번 만날 수 있었지만, 그 몇 번의 만남이 뒷날 자신에게 엄청난 화근이 될 줄을 정율성은 그때 미처 몰랐다.

1938년 10월, 섬감녕(陝甘寧 : 당시 중국공산당의 통치구역이었던 섬서 · 감숙 · 영하 3성을 가리킨다) 변구 보안처에서는 두 번이나 일경에게 체포되었으면서도 풀려날 수 있었던 김산에 대해 심사를 하고 있었다. 특히, 김산이 일본의 스파이가 아닌가 하는 부분에 대한 집중적인 조사가 이루어졌다. 그러나 김산이 활동했던

북경에서 멀리 떨어진 연안에서 그에 대한 확증을 잡기란 어려운
일이었다. 특무(스파이)라는 확실한 증거를 발견하지 못했다면,
처분을 미루어야 하는 데도 강생(康生)은 일본간첩으로 처형한다
는 문서에 서명을 한다. 이 문서 한 장으로 김산은 태항산의 전선
으로 가다가 처형된 것으로 알려져 있다.

당시 혐의를 받고 있던 자에게 전선으로 가라는 말은 곧 죽음을
의미했다고 한다. 하지만 아직도 김산을 왜 그렇게 급하게 처형했
는지 구체적인 이유는 확인되지 않고 있다. 분명한 것은, 김산은
당시 연안에 불고 있던 좌경기회주의 노선의 희생물이었다는 점이
다. 님 웨일즈는 《아리랑》에서 김산에 대해 이렇게 평가하고 있다.

김산은 내가 만난 혁명가들에게서 좀처럼 볼 수 없었던 여러 가지 품
성을 지니고 있었다. 처음에는 이러한 특징들을 명확히 간파할 수가 없
었지만, 이윽고 이런 특징의 정체를 알아냈다. 그는 공포를 모르는 독립
심과 완전한 마음의 평정을 가지고 있었다. 그의 견해는 명확하였으며,
그것은 이론과 경험 양쪽에서 나온 것이었다. 그는 추종자가 아니라 지
도자로서 사물을 관찰하였다. 여기 있는 이 사람은 중국과 한국의 현대
사를 만들어낸 저 수많은 대비극의 타오르는 불덩이 속에서 단련되고 태
어난 사나이였다.

누군가 정율성에게, 김산이 상부로부터 전선으로 나가라는 명
령을 받고 짐을 꾸리고 있다고 전해주었다. 그 말을 듣는 순간 정
율성은 하던 일을 멈추고 급히 김산이 머물고 있는 언덕 위의 요동

(寮棟)으로 달려갔다. 김산은 짐
을 꾸리다 말고 허겁지겁 요동 안
으로 들어오는 정율성을 보고 빙
긋이 웃었다.

"그렇지 않아도 얼굴을 못 보
고 떠나는 것 같아 아쉬웠는데,
잘 왔네."

"무슨 일이죠? 왜 이렇게 갑자
기 떠나십니까?"

"잘 된 일이지 뭐야. 이렇게 연
안에서 밥이나 축내고 있으니 차
라리 전선에 가서 왜놈들이랑 싸
우는 것이 속이라도 편하지."

△ 김산(본명 장지락)이 처형되기 1년전 연안에서
마지막 모습.

"하지만 형님, 지금은 돌아가는 상황이 좋지 않습니다. 다시 한
번 상부에다 재심을 요청해 보시죠."

"괜찮아. 언제 우리 조선인들에게 상황이 좋았던 적이 있었던
가? 조선을 떠난 이후로 난 강철같이 살아온 사람이야. 죽음이 두
려웠다면 이 길에 뛰어들지도 않았을 것이고, 아마 왜놈 형사들의
고문에 주저앉았을지도 모르지. 그리고 일찍 죽을 운명이었다면
이미 광주봉기 때 죽었을 거야. 그때 얼마나 많은 조선의 혁명 골
간들이 쓰러져갔는데……."

"그렇지만 지금은……."

김산은 대꾸하지 않고 천천히 짐을 꾸렸다. 요동 밖에서 대기하

고 있다가 재촉하는 표정으로 자꾸만 안으로 고개를 들이밀고 있
는 호위 병사를 보더니 김산이 씩 웃었다.

"저 친구들도 다 당으로부터 받은 임무가 있을 텐데 너무 기다
리게 하는 것은 예의가 아니겠지. 짐이라고 해봐야 뭐 챙길 것도
없구만. 자 이제 갈 시간이 된 모양인데. 자네도 바쁠 텐데 여기서
헤어지지."

그러나 김산을 그렇게 혼자서 보낼 수 없었던 정율성은, 연안
밖 십리까지 그를 따라간다. 연안의 명물인 보탑산마저 보이지 않
는 언덕 위에 서자 김산은 발걸음을 멈추었다.

"이제 그만 돌아가게. 자네도 해야 할 일이 있잖아."

"형님."

김산은 뭐라고 말을 하려다가 곁에 서 있는 호위 병사를 보더니
입을 다물었다. 대신 특유의 웃음을 입가에 흘리며 손을 내밀었다.

"살아서… 우리 해방된 조국에서 꼭 다시 만나세."

정율성은 아무 말도 할 수 없었다. 다만 악수하는 손바닥에 힘
을 더 줄 따름이었다. 다른 손으로 그의 등을 몇 번 두드린 김산은
몸을 돌렸다. 정율성은 김산이 시야에서 사라질 때까지 그의 뒷모
습을 바라보았다. 평소에는 커 보였는데, 오늘따라 배낭을 메고 가
는 그의 뒷모습이 유독 작게 느껴지는 것은 무슨 까닭일까. 하지만
그는 당을 믿기로 했다.

그로부터 얼마 뒤 서휘가 전선에서 돌아왔다. 그는 정율성을 만
나서 이런 저런 얘기를 하던 끝에 지나가는 투로 김산에 대해서 물
었다.

"그런데 김산 형님이 보이지 않던데, 요동도 비어 있고 항대에
도 찾아가 봤지만 모른다고 하던데, 넌 혹시 알아?"

"뭐라고! 김산 형님이 전선에 가지 않았어?"

"전선이라니. 뜬금없이 그게 무슨 소리야?"

두 사람의 시선은 마주쳤다. 정율성은 그 때 긴 한숨을 내쉬었
다. 정말 당에서 생각하는 것처럼 김산은 의심받을 만한 행동을 한
것일까? 하지만 자신이 알고 있던 김산은 절대로 그런 사람이 아니
었다. 만일 그가 스파이였다면 연안이 자신의 무덤이 될 것임을 뻔
히 알기에 그곳을 택하지도 않았을 것이다.

김산이 연안에서 마지막으로 만났던 유일한 조선인 정율성. 김
산과 맺은 남다른 인연으로 본다면 정율성은 뒷날 한 번쯤 그에 대
해서 회고했을 법도 하지만, 어떤 기록이나 증언도 남기지 않았다.
이에 대해서는 정율성이 죽을 때까지 김산이 복권되지 않았음을
고려해 볼 때 충분히 이해가 간다.

어쨌거나 김산은 처형된 뒤에도 계속 공산당의 의심 대상이었
다. 그러다 그의 아들 고영광의 노력으로, 그가 죽은 지 50여 년이
다 될 무렵인 1983년에야 중국공산당 중앙조직부의 재심사에 따
라, 김산의 사형이 당시 특수한 상황에서 잘못 이루어진 일이고 따
라서 그에게 씌워진 죄명을 취소한다는 조취가 내려졌다. 그리고
김산이 그토록 원했던 당적 회복은 그가 죽은 지 반세기 만에 이루
어졌다.

그러나 그전까지 김산은 여전히 죄인이었다. 그래서 정율성은
아마 공산당에게 처형된 김산에 대해 아무런 언급도 하지 않음으

로써 또 다른 의심의 꼬투리를 남기지 않으려고 했던 것이 아닐까. 다만 그의 얘기를 들었던 서휘가 남겨놓은 회고에서 정율성이 김산이 떠난 뒤에도 위험을 무릅쓰고 여기저기 김산의 행적을 수소문했음을 알 수 있다.

내가 전선에서 돌아와 정율성에게 들은 바로는, 장지락(김산의 본명) 은 전선 에 가겠다고 자원해 당의 허가를 받아 왕이라는 자와 함께 전선 으로 갈 때, 정율성 등도 배웅했다지만, 당시 왕은 트로츠키 분자로 의심 받던 인물이었 습니다. 그 뒤 보안국 사람들이 말하기를, 전선에 간 것이 아니라 '천국으로 갔다'고 하더랍니다. 전선에 보내는 척하고 도중에 살 해한 것 같습니다.

이 증언에서 짐작해·볼 수 있는 것은, 정율성이 김산의 행방에 관해서 '나는 새도 떨어뜨린다'는 당시 보안국 요원들에게까지 물어보았다는 것을 알 수 있다.

열다섯 살의 어린 나이로 혁명에 뛰어들었던 김산. 그러나 그가 '일제 특무'와 '트로츠키파'라는 누명을 쓰고 처형되었을 때 그의 나이 겨우 서른세 살이었다. 너무나도 아까운 조선의 청년 하나가 헛되이 가버린 것이다.

김산은 누명을 쓰고 저 세상으로 갔지만, 살아 있는 사람들조차 그의 영혼으로부터 자유롭지 못했다. 정율성도 마찬가지였다. 정율성 또한 뒷날 김산과의 관계에 대해서 추궁받게 된다. 그때 정율성이 김산과의 관계에 대해 뭐라고 대답했는지는 공식 기록으로 확인할 수 없다. 하지만 특무의 혐의를 뒤집어쓰고 있었던 김산을 변호하지는 못했을 것이다. 오히려 어떻게든 김산과의 관계에 대해 부정했을 것이다. 만약 김산을 두둔하면 그 길의 끝이 어딘지 그 또한 모르지는 않았을 것이기 때문이다. 그때 정율성의 속마음은 어땠을까. 어쩌면 그것이 제 나라에서 혁명하지 못하고 남의 나라에서 혁명을 해야만 하는 조선인의 숙명이라는 것을 뼈저리게 느끼지 않았을까.

김산이 연안에서 만났던 또 한 사람, 바로 무정(武丁)이었다. 본명이 김병희라고 알려진 그는 2만 5천 리 대장정에 참가한 조선인 가운데서 유일하게 살아남았다. 원래 대장정 출발 전에 중국 홍군에는 약 10명가량의 조선인이 있었다. 그들 대부분은 대장정에 참가했다고 알려져 있는데, 홍군이 섬북에 도착할 때까지 살아남은 조선인은 무정과 양림 단 두 사람뿐이었다. 그러나 양림마저 1936년 2월, 황하 도강 작전에서 홍군의 철수를 엄호하다가 전사하고 만다.

무정은 중일전쟁 발발 뒤인 1937년 8월, 중국 홍군이 팔로군으로 개편되면서 팔로군 총사령부 작전과장 자리에 오른다. 중국혁명에 참가한 조선인으로는 파격적인 대우였다. 주덕과 팽덕회(彭德懷)의 신임을 받았던 무정은 뒤에 팔로군의 포병부대를 창설하고 포병단장으로도 활동한다.

하지만 무정이 팔로군 총사령부가 자리한 진동남에 머무르고 있었으므로, 정율성은 그를 직접 만날 수 없었다. 다만 김산과 무정을 직접 만나고 돌아온 서휘로부터 무정에 관한 전설적인 이야기를 들었을 뿐이다. 정율성이 무정을 직접 만난 것은 그로부터 한참 뒤였다.

무정은 북벌전쟁에 참가했다가 희생당한 정율성의 둘째형 정인제를 알고 있었으므로 그를 친동생처럼 아껴주었다. 그리고 정율성이 어려운 처지에 있을 때마다 중국공산당으로부터 인정받고 있던 그의 지위를 이용해서 도와주었다.

제3장 정율성의 삶과 음악

1. 〈연안송〉

1938년 초 섬북공학을 졸업한 정율성은 그해 3월 노신예술학원 (魯迅藝術學院)이 설립되자 음악학부에 들어가 본격적으로 음악 공부를 시작했다. 항일전에 필요한 선전요원을 양성하기 위해 설립된 노신예술학원은 개교 초기에는 희극과 문학 두 과가 있었으나 뒤에 음악과 미술 2개 과가 더 추가된다. 노신예술학원은 어느 정도 안정되면서 2년 과정으로 수학기간이 늘어났으나 정율성이 입학하던 초기에는 6개월 과정이었다.

당시 연안에는 한 달에도 수천 명씩 몰려오는 젊은이들을 교육할 학교가 필요했다. 혁명은 숫자가 많다고 해서 저절로 이루어지는 것은 아니었기 때문이다. 그 많은 사람들을 항일과 혁명에 필요한 인재로 키우려면, 그에 맞는 적절한 교육이 필요했다. 그래서 제일 먼저 세워진 것이 항일군정대학과 섬북공학이었고, 그 뒤를 이어 노신예술학원과 중국여자대학 들이 설립되었다. 그리하여 연안으로 들어오는 중국의 젊은이들은 일단 능력과 소질에 맞는 기관에서 교육을 받은 다음 현장으로 배치되는 것이었다.

△ 노신예술학원에서 강의하고 있는 모택동.

정율성과 비슷한 시기에 연안에 머물렀던 가람(柯藍)은 《연안 십년》에서 자신이 보고 느꼈던 당시 연안의 풍경을 이렇게 적어놓았다.

학교가 많다는 것은 청년이 많다는 것을 의미하지만, 청년은 어디서나 노래부르기를 좋아하기 때문에 그 무렵의 연안은 그야말로 노래의 도시라 해도 지나친 말이 아니었다. 노래는 아침부터 저녁까지 연안을 가로질러 흐르는 강 양 언덕에 울려 퍼지면서 우리 젊은이들의 마음을 하나로 묶어 복수의 불꽃을 불태우게 하는 촉진제였다. 매일 아침 햇살이 채 퍼지기도 전에 산 위에서 나팔수가 아침 식전 합창의 전주곡을 연주한다. 그러면 수천 명의 학생들이 거기에 맞추어 대합창이 벌어진다. 우리는 수업에 나갈 때도 언제나 노래를 불렀으며, 밤늦게 연안의 강을 건

△ 1938년 연안산성 위의 정율성(위).

너 학교로 돌아올 때도 노래를 불렀다. 노래는 우리의 생활 구석구석에
미치지 않는 곳이 없었다. 노래가 시작되면 피로도 곧 말끔히 가시는 것
이었다.

노신예술학원에서 공부하던 어느 날 저녁 때 수업을 끝낸 정율
성은 친구들과 함께 산비탈에 올라가 석양빛으로 물들기 시작하는
연안 시내를 내려다보고 있다.

타는 듯한 저녁노을이 연안의 명물인 보탑산을 물들이고 있었
고, 노을이 지자 동쪽 산마루 너머에서 둥근 달이 떠올랐다, 그리
고 어스름한 달빛을 받으며 산 아래 들판으로 항일군정대학 학생
들이 노래를 부르며 행진하는 모습이 눈에 들어왔다. 정율성은 혁
명에 대한 열기로 흥분 속에 벅차오르는 저 연안을 노래로 표현해

보고 싶다는 생각이 문득 들었다.

그래서 옆에 있던 동기생 문학학부의 막야(莫耶)에게 지금 자신들이 보고 있는 풍광을 배경으로 해서 혁명에 대한 열기로 터질 듯한 연안의 모습을 묘사하는 노랫말을 써달라고 부탁했다. 가슴 벅찬 홍분을 누를 수 없었던 것은 막야도 마찬가지인지 정율성의 부탁을 거절하지 않았다. 두 사람은 그날부터 자신들이 보고 느끼는 연안의 정신을 어떻게 그려낼지에 대해서 서로의 생각을 주고받으며 고심했다.

며칠 뒤 막야가 자신의 생각을 정리한 노랫말을 가지고 왔고, 정율성은 거기에다 곡을 붙이기 위해서 몇날 며칠을 고민했다. 그렇다고 학교 수업을 빼먹을 수는 없었기에, 정율성은 잠을 줄이는 수밖에 없었다. 이미 무엇을 어떻게 그려내야 할지 가슴에 담아둔 것이 있었기에 작곡하는 과정은 그리 어렵지 않았다.

그러고 얼마 뒤 연안의 중심지에 있는 중앙대례당에서 음악회가 열렸다. 젊은이들의 비율이 다른 도시에 견주어 많은 편이었지만, 문화적인 생활을 누릴 여건이 부족했던 그곳에서는 일과가 끝나는 저녁시간을 이용해 크고 작은 음악회가 자주 열리곤 했다. 특히, 그날의 음악회에는 모택동도 자리를 함께 했다. 정율성은 이날 상해에서 함께 음악공부를 한 여가수 당영매와 함께 자신이 지은 노래를 직접 부른다. 모든 것이 부족했던 연안에 피아노가 있을 리 없었다. 정율성은 자신이 만돌린으로 반주를 해가며 당영매와 함께 노래를 불렀다.

보탑산 봉우리에 노을 붉타 오르고
연하강 물결 위에 달빛 흐르네
봄바람 들판으로 솔솔 불어치고
산과 산 철벽을 이뤘네
아, 연안!
장엄하고 웅대한 도시!
항전의 노래 곳곳에 울린다.
아, 연안!
……

이처럼 〈연안송〉은 연안의 명물 보탑산에 걸린 노을을 노래하는 서정적인 노랫말로 시작된다. 이날 발표 때의 노래 제목은 〈연안의 노래〉였다. 하지만 〈연안의 노래〉가 흔히 항일과 혁명으로 상징되는 연안정신을 잘 표현한 노래라는 평가를 중국공산당 지도부가 내리면서 〈연안송〉으로 제목이 바뀐다.

〈연안송〉은 중국공산당 지도부뿐만 아니라 중국의 음악평론가들 사이에서도 항일과 혁명을 위해, 그리고 조국과 민족을 수호하기 위해 천리 만리 먼길을 걸어 연안에 모인 젊은이들의 혁명에 대한 열정과 적에 대한 증오를 잘 그려낸 작품으로 음악적으로도 높이 평가받았다.

뒷날 정율성은 자신이 〈연안송〉을 만든 동기에 대해 이렇게 얘기했다.

△〈연안송〉 악보(좌, 우).《정율성 가곡선》(전남대학교 출판부, 2004)에서 따옴.
　이〈연안송〉은 중국의 '아리랑'이라고까지 비유되고 있다.

누가 뭐라고 해도 당시 연안은 항일과 혁명의 성지였다. 하지만 아쉽게도 그런 연안을 수많은 중국인들에게 알리는 노래가 없었다. 그래서 나는 연안 과 연안정신을 중국인들에게 알리는 노래를 만들고 싶었다.

음악회에서 처음 발표된 〈연안송〉에 대한 관객들의 반응은 정율성이 놀랄 정도로 폭발적이었다. 미처 예상하지 못했던 호응에 그는 어찌할 바를 몰랐다. 그저 자신의 노래를 열심히 들어준 참석자들에게 감사할 따름이었다. 그런데, 그날 〈연안송〉에 보내준 이 같은 호응에 대해 그 자리에 참석했던 모택동을 비롯한 연안의 지도부는 예사로 넘겨버리지 않을 모양이었다.

정율성은 음악회가 끝난 그 다음날 노신예술학원의 비서장 위극다의 호출을 받는다. 비서장이 일개 학생을 자신의 사무실로 부르는 것은 좀체 없는 일이었다. 정율성은 무슨 일인가 싶어 급히 사무실로 찾아가니 위극다가 만면에 웃음을 띠고 그를 맞았다.

"어젯밤에 부른 자네의 노래는 정말 대단했어. 나 같은 늙은 사람도 젊은이처럼 흥분하게 만들더라니까. 그런 황홀한 느낌은 정말 오랜만이었네. 자네 같은 학생이 우리 노신예술학원에 있다는 것이 자랑스러울 정도야."

"아직은 모든 것이 부족한데 그렇게 말씀해 주시다니, 어떻게 해야 할 줄 모르겠습니다. 하여튼 감사합니다."

"자네에게 곧 좋은 일이 생길 것 같네. 조금 전에 당 중앙선전부에서 어제 음악회에서 발표한 자네의 악보를 가져갔네."

"왜 무엇 때문에… 중앙선전부에서 제 악보를… 혹시…."

정율성은 놀란 얼굴로 그를 바라보았다.

"그렇게 놀라지 말게. 나쁜 일은 절대로 아니야. 우리 이렇게 서서 얘기할 것이 아니라, 얘기가 좀 길어질 것 같으니까 앉아서 얘기하세."

위극다는 정율성에게 자리를 권했다.

"이건 나도 조금 전에 들은 얘긴데, 모택동 동지도 지도부들이 모인 회의에서 자네의 노래가 연안의 혁명정신을 잘 묘사했다고 격찬했다고 하네. 사실 당 중앙에서는 지금 연안과 우리 중국공산당의 연안정신을 어떻게 이 광활한 중국에 전파해야 할지에 대해서 고민하고 있었네. 그런데 자네의 노래가 당 지도부의 고민을 해결해 주었으니 당 중앙에서는 좋아할 수밖에. 중앙선전부에서는 아마 자네의 노래를 이 연안뿐만 아니라 전 중국으로 크게 보급시킬 모양이야."

위극다의 말대로 얼마 뒤 〈연안송〉은 악보로 인쇄되어 나왔다. 정율성은 난생 처음 찍혀 나온 자신의 악보를 보고 가슴이 벅찼다. 노신예술학원 음악학부에서 같이 공부하는 학생들은 물론, 교수들도 마치 자기 일처럼 기뻐해 주었다. 이후 정율성의 〈연안송〉은 사람들의 입에서 입으로 드넓은 중국 대륙 속으로 들불처럼 빠르게 번져나갔다.

그러던 어느 날 저녁 시간에, 모택동은 팔로군 359여단장인 왕진(王震)과 이런저런 얘기를 나누고 있었다. 항일전이 한창이던 그 시절만 하더라도, 모택동은 주위 사람들과 격의 없는 대화를 나누는 것을 즐겼다. 그처럼 격식을 차리지 않는 대화를 통해서 모택동은 동지들을 자기 사람으로 만드는 재주를 가지고 있었던 것이다.

그때 멀리서 학생들이 이동하면서 합창하는 〈연안송〉이 그들의 귀에까지 들려왔다. 당시 연안에서 폭발적인 인기를 누리던 〈연안송〉은 이미 학생들이 가장 애창하는 노래가 되어 있었다. 그들이 주고받는 화제도 자연스럽게 〈연안송〉으로 옮겨갔다. 낮이고 밤이고 젊은이들이 모이기만 하면 부르는 노래를 두 사람도 듣지 못했을 리가 없었다. 대화를 잠시 멈추고 그 노래에 귀를 기울이던 모택동이 한마디 했다.

"지금 학생들이 부르며 가는 저 노래 어떻게 생각합니까?"

"노래 제목이 〈연안송〉이라고 하던데, 요즘 젊은이들 사이에 가장 인기 있는 노래랍니다. 저 노래를 듣고 있노라면, 뭐라고 할까요, 가슴이 복받치는 느낌을 받습니다. 그래서 노래가 혁명사업을 완수하는 데 또 하나의 무기라고 말하는 모양입니다."

그 자리가 편안하게 이야기를 주고받는 자리였으므로 왕진은 〈연안송〉에 대한 자신의 생각과 느낌을 솔직하게 드러냈다.

"저 〈연안송〉을 만든 작곡가가 아직 노신예술학원에 다니고 있는 학생이라고 하는데, 음악적으로 대단히 뛰어난 자질을 갖고 있다는 생각이 드는군요. 우리도 하루빨리 그런 능력 있는 사람이 제 기량을 발휘할 수 있도록 조치를 취해 주어야 하는데……."

모택동이 지나가는 말처럼 덧붙였다.

"혹시 왕진 동지는 그를 만나본 적이 있습니까?"

"직접 만나보지는 못했지만 노래가 워낙 유명해서 이름만은 들어서 알고 있습니다."

"그가 조선인인 모양이던데, 왕진 동지가 그를 한번 찾아서 연안에 있는 조선인들을 만나게 해주는 것이 어떻겠습니까? 그리고 격려도 해주고요. 제 생각에는 그 젊은 친구가 만든 노래는 우리가 추진하고 있는 혁명사업에서 몇 개 부대 이상의 몫을 하고 있다는 생각이 듭니다. 지금 우리에게는 총을 들고 싸우는 병사들도 필요하지만, 불굴의 용기로 혁명사업에 뛰어들 수 있는 용기를 북돋아 주는 노래를 만들 사람도 필요하지요."

"알겠습니다. 제가 조치를 하겠습니다. 마침 이번에 모스크바 유학을 마치고 돌아온 젊은 청년들 가운데 조선인들도 몇 명 포함되어 있으니까, 그들을 만나게 해주는 것이 서로에게 도움이 될 것 같습니다."

며칠 뒤 정율성은 왕진의 주선으로 팔로군 총사령관이었던 주덕을 만났다. 주덕은 그의 둘째형 정인제가 운남강무당학교 출신이라는 것을 알고 반가워했다. 그날 정율성은 주덕으로부터 총 한 자루를 선물 받았는데, 미처 예상하지 못한 뜻밖의 선물에 기쁨을 감추지 못했다. 실제로 주덕이 선물로 준 총은 그 이후 그에게 여러모로 요긴하게 쓰인다.

그로부터 얼마 뒤 정율성은 359여단에 소속되어 있던 조선인들을 만나게 된다.

그들 가운데는 얼마 전 모스크바 동방노동자대학을 졸업하고 연안으로 들어왔던 주덕해도 있었다. 그때 처음으로 주덕해를 만나 사귄 정율성은, 중화인민공화국 설립 이후 주덕해가 초대 연변 조선족자치주의 주장이 될 때까지 평생에 걸쳐 허물없는 사이로

△ 연변조선족자치구성립 경축대회에서 연설하는
주덕해(1911~1972).

△ 조선의용군 최후의 분대장 김학철(1916~2001).
본명은 홍성걸.

지낸다. 본명이 오기섭인 주덕해는 원래 동북에서 활동하였는데,
1936년 6월 공산당의 지시로 블라디보스토크를 거쳐 모스크바로
들어간다. 그리고 1937년 1월, 모스크바 동방노동자대학 조선반에
서 1년 6개월 동안의 교육을 받은 다음 중국으로 돌아왔다.

1938년 9월, 연안에 도착한 주덕해를 비롯한 몇 명의 조선청년
들은, 원래 활동지역인 동북지방으로 진출하여 활동하는 데 필요
한 지식을 습득하기 위하여 연안에 있던 항일군정대학 간부훈련대
동북간부훈련반에 입소한다. 그러나 졸업을 앞둔 그해 겨울, 동북
의 정세가 급격하게 바뀌어 그곳으로 진출하려던 계획이 취소되자
연안 각 예하부대와 기관에 배치되었다. 이덕산은 모택동의 경호
부서인 중앙직속 경호단에 배치되었고, 주덕해는 359여단 718단
특무련의 지도원으로 활동하고 있었다.

정율성은 서너 살밖에 나이 차이가 나지 않는 이들 두 사람과는
쉽게 친해졌다. 거기에는 '항일'과 '혁명'이라는 같은 생각을 가지

고 있는 것뿐만 아니라 같은 피가 흐르고 있는 조선인이라는 사실
이 크게 좌우했을 것이다. 이처럼 기대하지도 않았던 조선인들과의
만남은 정율성으로 하여금 중국혁명이 아닌 조선의 해방에 기여하
는 조선인들의 조직을 꾸리는 데 적극 참여하게 하는 계기가 된다.

한편 연안의 젊은이들 사이에 크게 유행하던 〈연안송〉은 연안
에서만 맴돌지 않고 드넓은 중국 대륙으로 퍼져, 시간이 지남에 따
라 〈연안송〉은 항일투쟁을 부르짖는 온 중국인들이 즐겨 부르던
애창곡이 되었고, 특히 항일전쟁에 온 힘을 다하지 않던 국민당 정
부에 싫증을 느낀 젊은이들의 발걸음을 연안으로 돌리게 하는 데
도 큰 기여를 했다. 젊은이들이 연안으로 들어오면서 부르던 노래
가 바로 〈연안송〉이었다.

뒷날 수많은 중국의 젊은이들처럼 〈연안송〉을 부르며 연안으로
들어가 노신예술학원에 교수로 재직 중이던 〈연안송〉 작곡자 정율
성을 학생의 처지에서 바라보았던 맹우(孟于). 현재 북경에서 살
고 있는 그녀는 찾아간 나에게 자신이 처음 〈연안송〉을 들었을 그
때의 사회적 분위기에 대해서 아래와 같은 얘기를 들려주었다.

나는 1938년 고향인 청도에서 맨 처음 〈연안송〉을 들었습니다. 그때
난 열일곱 살의 여고생이였죠. 당시 나는 친구들과 독서클럽을 만들어
활동하고 있었는데, 어느 날 우리를 지도하던 젊은 선생님이 〈연안송〉을
몰래 가르쳐주었습니다. 사실 그때 제가 살던 국민당 통치구역에서는
〈연안송〉은 이미 금지곡이었습니다. 그 노래를 부르다가 국민당 경찰들
에게 붙잡혀갔는데, 그래서 할 수 없이 우리는 경찰들의 눈을 피해서 몰

래 숨어서 작은 목소리로 노래를 불렀죠. 하지만 〈연안송〉을 부르다보면 저도 모르게 가슴이 뛰고 흥분되는 것을 느꼈습니다. 그때는 아직 어려서 돌아가는 정황을 정확하게 몰랐지만, 〈연안송〉을 통해 우리 중국에도 연안이라는 곳이 있고 항일과 혁명을 하려면 연안에 가야 한다고 결심했습니다.

그녀가 노래 한 곡 때문에 말 못할 고난과 시련이 기다리고 있는 연안행을 선택하지는 않았을 것이다. 그렇지만 〈연안송〉은 그녀가 부모님과 집을 떠나 혁명의 길로 나아가는 데 영향을 준 것은 틀림없었다.

어쩌면 그것이 바로 정율성이 추구하고자 했던 노래의 힘이었고, 음악의 궁극적인 목표였을 것이다. 그렇기 때문에 항일가요가 갖고 있는 무시 못 할 힘을 알고 있던 당시 연안의 최고지도자 모택동마저, 이름 없는 한 조선인 청년에게 분에 넘친 관심과 애정을 표시한 것은 아니었을까?

항일전쟁 당시에 팔로군 병사들 사이에 전설처럼 내려오는 이야기가 하나 있다. 팔로군 병사들이라고 해서 감정과 피눈물도 없는 무쇠덩어리는 아니었다. 그들도 보고 싶은 가족이 있었을 테고, 또 견디기 어려운 배고픔과 죽음에 대한 공포도 안고 있었을 것이다. 어느 날 계속되는 전투에 지쳐 있던 한 어린 병사가 야간에 보초를 서다가 부모와 고향 생각을 이기지 못하고 부대를 벗어났다. 그러나 그 병사는 얼마 가지 못하고 부대로 복귀했다. 그 어린 병사의 마음을 바꾸게 한 것은 바로 〈연안송〉이었다고 한다. 그는 부대를 벗어나 달리다가 멀리서 전우들이 부르는 〈연안송〉을 듣는 순간 탈영하는 자신의 생각이 잘못이라는 것을 느꼈다는 것이다.

쉽게 믿어지지 않는 전설 같은 이야기이기는 하지만, 그것이 바로 〈연안송〉이 가지고 있는 마력이었다. 수천수만 리 떨어진 중국의 젊은이들을 연안으로 모여들게 하고, 탈영하던 병사의 마음마저 바꾸게 할 정도의 힘을 지니고 있었던 〈연안송〉은, 정율성이라는 한 조선 청년의 이름을 당시 연안에 있던 중국공산당 지도부에게 심어주는 계기가 된 것이다. 그리고 정율성이 본격적인 음악 인생을 걷게 하는 전환점이 된다.

노신예술학원에서 만난 뒤로 친하게 지냈던 구유가 정율성에 대해서 한 지적은, 그의 발자취를 밟아가는 나의 여행이 길어짐에 따라 느꼈던 갈증을 조금은 해결해 주는 한 잔의 냉수였다. 음악을 대하는 정율성의 자세를 알 수 있다는 점에서 한 번 새겨볼 만하다.

그는 조선인으로, 중국어의 액센트와 어조를 잘 처리하지 못하였다. 예를 들어 〈맹공격하자〉에 곡을 붙여 부르는 것을 들을 때면 마치 다른 말로 들렸다. 그러나 동지들이 옆에서 지적을 해주면 이내 고쳤다. 그는 음악에서 매우 민감하고 특징적인 어조를 잘 장악하여 자기의 언어로 만들었다. 〈연수요〉가 바로 훌륭한 예의 하나다. 이 노래는 청신하고도 짙은 섬북 민요의 풍격을 가지고 있으면서도 유창하고 서정적인 자기의 독특한 풍격을 지니고 있다.

뒷날 문화혁명 때 정율성에게 뒤집어씌운 특무혐의를 벗게 해
주는 데 큰 몫을 했던 이서(李序)는 항일전쟁시기 만주에 살고 있
었다. 그는 〈연안송〉을 일본인들이 출판한 유행가 악보집에서 처
음 보았다고 한다. 이처럼 중국과 싸우던 일본인들마저 자신들이
출판한 중국 유행가 악보집에 그것을 실을 만큼 〈연안송〉은 큰 인
기를 누리고 있었다. 그리고 〈연안송〉은 중국 대륙뿐만 아니라 화
교를 통해 중국인들이 모여 사는 곳이라면 동남아시아와 미국까지
퍼져 나갔다. 당시 중국인들이 모금운동을 할 때 주로 불렀던 노래
가운데는 〈연안송〉이 빠지지 않았다.

정율성은 1938년 8월 15일 노신예술학원을 졸업한다. 이미 재
학 중에 발표한 〈연안송〉으로 음악에 대한 재능을 인정받은 그는,
졸업과 동시에 항일군정대학(抗日軍政大學)에 배치되어 음악을
본격적으로 가르치기 시작한다. 스물네 살이라는 젊은 나이에다
음악을 배우는 학생에서 하루아침에 그것을 학생들에게 가르치는
선생이 된 것은 연안이라는 특수한 상황을 고려하더라도 파격적인
대우였다. 당시 항일군정대학의 학생들은 대부분 그와 비슷한 나
이거나 아니면 몇 살이나 더 많았다.

정율성은 자신에게 쏟아지는 관심이 은근히 짐이 되기는 했지
만 좋은 음악으로 보답하고자 했다. 음악으로 혁명사업에 복무하
고자 했던 것이다. 비록 자신은 경험과 투쟁경력은 짧지만, 그래도
음악에서만은 누구에게도 뒤지고 싶지 않았다. 그러나 중국에서
나서 자란 중국의 음악가들에 견주어서 자신은 부족한 것이 너무

나 많았다.

아직 중국인들의 정서와 감정을 중국인들과 똑같이 느낄 수 있다고 할 만한 단계는 아니었다. 그것을 극복할 수 있는 방법은 단한 가지였다. 남들보다 더 많은 사람들을 만나 그들이 살아가는 모습을 보고 느끼는 것이었다. 아니 보고 느끼는 수준이 아닌 대중속으로, 투쟁의 현장 속으로 들어가 자신이 직접 대중이 되고 전사가 되는 수밖에 다른 방법이 없었다.

항일군정대학에 배치 받은 정율성은 그때까지 그 대학 자체의 합창단이 없다는 사실을 알고, 지원자 가운데서 성악에 소질 있는 학생들을 뽑아 합창단을 조직하여 틈나는 대로 연습을 한다. 얼마 뒤 연안에서 음악회가 있을 때마다 항일군정대학 합창단을 지휘하는 정율성의 모습을 발견하는 것은 그리 어려운 일이 아니었다. 그는 항일군정대학에서 학생들에게 음악을 가르치는 한편으로 작곡에 몰두하여, 가극 〈삼림에서〉를 비롯하여 러시아의 10월혁명을 기념하는 〈10월 혁명 행진곡〉과 〈항전돌격가〉 들을 작곡한다.

섬북공학을 졸업하면서 〈졸업동학가〉를 작곡한 것을 시작으로 1938년 한 해 동안 정율성이 작곡한 작품은 지금까지 확인된 것만 하더라도 17편이나 된다. 한 달에 한 편 이상, 그야말로 봇물 터지듯이 노래를 발표한 것이다. 그러나 더 중요한 것은 연안에 도착한 지 얼마 되지 않는 처지에다 낮에는 섬북공학에서의 학습과 항일 군정대학의 음악지도를 병행해야만 하는 열악한 상황에서, 일과가 끝난 저녁과 밤을 이용해 노래를 작곡했다는 점이다. 더군다나 작곡에 없어서는 안 될 피아노조차 사용하지 못하는 상태에서 작곡을 할 수밖에 없었던 것이다. 그가 작곡할 때 반주로 이용한 악기는 연안에 들어올 때 자신이 가지고 온 바이올린뿐이었다. 그렇다고 이렇게 다작한 노래들은 음악적으로도 결코 수준 이하의 작품이 아니었다. 〈연안송〉이 바로 그것을 증명해준다.

정율성은 〈연안송〉뿐만 아니라 서정적인 노래라고 평가받는 〈연수요(延水謠)〉를 그해가 저물기 전에 발표한다. 〈연수요〉 또한 연안송 못지않게 사람들의 호평을 받는 정율성의 초기 작품 가운데 하나이다.

정율성이 연안에 도착하자마자 쏟아낸 항일가요 가운데는 〈연안송〉과 〈연수요〉 등 당대 중국 사람들의 극찬을 받았던 작품이 들어 있다. 따라서 그가 연안에 도착하기 전에 이미 음악, 특히 작곡에 상당한 실력을 갖추고 있었다고 봐도 무방할 것이다. 어쩌면 정율성 자신도 미처 발견하지 못한 뛰어난 음악적인 재능에 혁명과 청춘의 도시 연안이 불씨를 제공해준 것은 아닐까?

연안이라는 혁명의 도시를 만남으로 해서 자신의 몸속에서 꿈틀거리던 탁월한 음악적인 역량을 발휘할 수 있었던 정율성에게, 그러나 그것은 아직은 시작에 불과했다.

항일군정대학에서 음악을 가르치고 있을 무렵, 연안에 조선인의 모습이 한둘씩 나타나기 시작했다. 가장 먼저 나타난 사람들은 조선의용대에서 활동하던 최창익과 그를 따르던 청년들이었다. 그들은 모두 항일군정대학에 입학해 교육을 받았다. 아직은 극소수였지만 이후 조선 청년들의 숫자가 조금씩 늘어나기 시작하여, 많을 때는 서른 명가량 되던 때도 있었다. 하지만 그들은 교육을

마치는 것과 동시에 전방으로 이동해 갔으므로 연안에 체류하는
조선인들의 숫자는 둘쭉날쭉이었다.

항일군정대학에 배치를 받은 지 6개월쯤 지났을 때, 정율성은
열정을 쏟아 조직해 놓은 항일군정대학 합창단을 더 이상 지휘하
지 못하는 안타까운 상황과 마주친다. 연안에 있던 항일군정대학
이 당의 방침에 따라 전방으로 옮겨가게 된 것이다. 정율성은 자신
도 당연히 이동하는 항일군정대학을 따라갈 줄 알았지만, 이상하
게도 그에게는 이동명령이 떨어지지 않았다.

2. 천생연분

정율성이 평생의 반려자 '딩쉐쏭' 곧 정설송(丁雪松)을 만난 것
도 바로 연안에서였다. 정설송은 뒷날 그를 처음 만나던 당시의 상
황에 대해서 자신의 회고록인 《중국 최초의 여자대사, 정설송》에
서 이렇게 그리고 있다.

> 1938년 봄, 어느 날 저녁 나는 항일군정대학 여학생대 본부의 몇몇 동
> 료들과 함께 연안 북문 밖으로 산책을 나갔다가 그와 마주쳤다. 그는 몸
> 이 약간 수척하지만 허리가 곧고 얼굴에는 영준하면서도 강인한 성격이
> 드러났다. 그는 누런 군복외투를 입고 있었는데, 그가 조선에서 온 청년
> 혁명가 정율성이라는 것은 나중에야 알았다.

△ 정율성이 연안에서 항일군정대학 여학생대의 합창을 지휘하고 있는 모습(1938).

그러나 그것은 그저 스쳐 지나가는 만남일 따름이었다. 그것이 인연이 된 두 사람의 만남이 사랑으로 이어지고 결혼까지 이르는 데에는 많은 시간과 고통이 따랐다.

오로지 혁명 하나만을 위해서 모든 것을 희생해야 하는 연안 시절에 사랑타령을 할 만큼의 여유는 둘 다 가지고 있지 않았다. 그래서 그들도 처음에는 이성에 대한 호기심보다는 동지로서 만남을 유지했을 것이다.

그들이 좀더 자주 만나게 된 것은 정율성이 항일군정대학 음악지도원으로 배치를 받으면서부터였다. 정설송은 그때 항일군정대학 여학생대 대장이었으므로 공식적인 회의석상에서 만날 기회가 많았다. 그리고 정율성은 항일군정대학의 각 부대를 돌아다니며 음악지도를 해야 했으므로, 여학생대에 들를 때마다 여학생대 대장이었던 정설송을 우선 만나야만 했다.

정설송은 열정 하나로 음악에 몰두해 있던 정율성을 이렇게 그리고 있다.

나는 여학생대 대장을 맡으면서부터 활기에 넘치는 그의 모습을 자주 볼 수 있었다. 음악회가 있으면, 그는 입으로는 하모니카를 불고 손으로는 만돌린을 켰으며, 발로는 타악기를 두드리면서 연주를 했다. 어떤 때는 직접 목청껏 노래를 부르기도 했는데, 서정적이고도 우렁찬 그의 독특한 테너는 사람들을 감동시킬 만큼의 매력을 지니고 있었다. 그리고 보고회가 있을 때면 그는 늘 무대 앞에 나가 수백 명에서 천여 명에 이르는 전사들을 지휘하여 노래를 부르기도 하였다.

정율성과 정설송, 이 두 사람이 서로 호감을 가지고 만남을 유지하던 시기는 그가 이미 연안의 신예 음악가로 주목받고 있을 무렵이었다. 정설송도 그런 정율성과 만나는 것을 꺼릴 필요는 없었다. 당시 연안은 혁명도시의 특성상 처녀들이 총각들에 견주어 절대 부족했다. 정확한 통계는 아니지만 당시 남자와 여자의 인구 비례가 14 대 1 가량으로 엄청난 불균형을 이루고 있을 정도였다.

그때 정율성은 스물다섯 살이었다. 따라서 여자에 대한 관심을 가질 충분한 나이였다. 그래서 정설송과 만남이 계속될수록 그녀에 대한 감정이 동지에서 이성으로 바뀌고 있다는 점을 느꼈던 것 같다. 하지만 성격상 당돌하게 정설송에게 사랑한다고 표시하지는 못했어도, 그녀에게 자꾸만 쏠리는 자신의 애틋한 감정만은 어쩔 수가 없었을 것이다.

정율성은 들꽃을 꺾어서 정설송이 머물던 요동에 몰래 갖다 놓기도 하면서 그녀에 대한 자신의 관심을 표시했다. 그렇지만 그녀는 모르는 듯 아무런 변화도 보이지 않았다. 그래서 그는 자신을 알릴 수 있는 적극적인 방법을 쓰기로 했다.

그 무렵 항일군정대학을 졸업한 정설송은 중국여자대학 고급반에서 공부를 하고 있었다. 그녀는 그가 자기에게 구애를 한 방법에 대해 회고록에서 이렇게 말하고 있다.

언제부터인가 내 방에 조금씩 이상한 일이 생겨나기 시작했습니다. 어느 날은 어지럽게 널려 있던 내 방이 깨끗하게 정리정돈이 되어 있는가 하면, 어떤 날은 들꽃이 한 다발 놓여 있기도 했습니다. 그러던 어느 날, 하루는 밖에 나갔다가 요동에 들어와 보니 뜻밖에도 나의 책상 위에 소설책《안나 까레니나》와《동백꽃 처녀》가 놓여 있었습니다. 그리고 그 밑에 그가 쓴 편지가 놓여 있었습니다.

정율성은 편지를 보내고 얼마 뒤 정설송을 찾아간다. 그리고 가슴에 품고 있던 자신의 심정을 솔직하게 고백한다. 사실 오래전부터 그녀를 좋아했지만 너무 말수가 적고, 또 자신을 어떻게 생각하고 있는지 몰라 망설였다는 것, 그러나 그녀에 대한 감정을 어찌할 수가 없어 몰래 꽃과 책을 가져다 놓았다고 털어놓았다.

그 이후 두 사람은 본격적인 교제를 시작한다. 사실 두 사람이 민족이라는 경계를 뛰어넘어 급속히 가까워진 배경에는 그때까지 살아온 삶의 과정이 여러 면에서 비슷하다는 점도 크게 좌우했다. 정율성 못지않게 정설송도 어려운 삶을 살아왔던 것이다.

중경에서 정율성과 똑같은 해에 그녀가 태어났을 때에는 세상에 그녀의 아버지는 없었다. 그녀도 그와 마찬가지로 소학교와 중학교는 미션스쿨을 다녔다. 그러나 어려운 가정 형편 때문에 중학교를 도중에 그만둔 것도, 또한 항일과 애국 열정으로 연안을 스스로 찾았다는 것도 똑같았다. 결국 둘은 민족과 국가만 달랐을 뿐 살아온 과정과 가치관은 엇비슷했다. 아마 그것이 둘을 더욱 가깝게 했던 요인이 된 것은 아니었을까?

그는 나에게 자신이 살아온 삶을 들려주었고, 나도 중경에서 혁명활동에 종사하던 상황을 그에게 이야기해 주었다. 항일 구국의 열정은 우리의 마음을 하나로 이어놓았다. 우리는 다 같이 자기의 조국을 사랑하고 또 우리의 국토를 유린하는 일본 제국주의자들을 증오하였다. 우리는 동갑내기인 데다가 지나온 길도 같았고 모두 음악을 좋아했으며, 둘 다 읽은 세계명작들도 많았으므로 화제가 풍부했다.

그렇게 한 해가 가는 동안 두 사람은 바쁜 시간을 쪼개 자주 만났다. 그들이 주로 데이트를 하던 장소는 바로 연안 시내를 가르며 흐르고 있는 연하강 기슭이었다. 그렇게 한 해가 가고 새해가 밝은 첫날, 정율성은 정설송으로부터 뜻밖의 선물을 받는다.

정설송이 건네준 신년 축하카드에는 그녀의 이름인 설송(雪松)과 소나무 가지에 하얀 눈이 수북하게 쌓인 그림이 그려져 있었다.

정율성은 그 카드에 담긴 그녀의 마음을 이해하고 나서 기뻐 어쩔 줄을 몰랐다. 그 카드에 그려진 흰눈이 쌓인 소나무 그림은 바로 자신의 마음을 그에게 내어준다는 의미로 받아들여졌기 때문이었다.

정율성은 만나는 친구들에게 그 카드를 내보이며 자랑을 했다.

"이것 봐! 그녀가 드디어 내게 마음을 주었어!"

당시 그 두 사람이 사귀고 있다는 것은 공공연한 비밀이었으므로 주위 사람들은 모두 자기 일처럼 축하해 주었다.

이 무렵 정율성의 인생은 거칠 것이 없었다. 연안에 도착한 지 고작 1년밖에 안 지나서 당에서 아끼는 신예 음악가의 자리에 오르고 또 발표하는 노래마다 인기를 얻었다.

그러한 음악적인 성과는 그에게 중국공산당에 입당하는 길도 열어 주었다. 정율성은 1939년 1월, 중국공산당에 입당 신청을 한다. 그의 나이 스물여섯 살 때였다. 정율성이 입당신청서를 낼 때 보증을 선 사람은 무정과 중앙당학교에 있던 박일우였다.

당시 중국공산당의 절대적인 신임을 받고 있던 무정이 보증을 했음에도 중앙당의 입당 심사는 예상했던 것보다 오래 걸렸다. 4개월이 지난 5월이 되어서야 정율성은 정식으로 입당 허가를 받는다.

사실 그 무렵 연안에는 이상한 분위기가 조성되고 있었다. 특히, 연안에서 소수에 불과했던 조선인 혁명가들이 느끼는 위기감은 더했다. 투쟁경력만으로 본다면 그 어떤 중국인들보다도 화려했던 김산마저도 누명을 쓰고 공식 사형이 아닌 몰래 처형될 정도였다. 모두 쉬쉬했지만 김산이 처형됐다는 사실은 연안에 있는 조선인들이라면 다 아는 비밀이었다. 그렇지만 누구 하나 거기에 대해서 공개적으로 이의를 제기할 수 있는 분위기가 아니었다. 정율성의 입당 심사는 그런 분위기 속에서 이루어졌다.

연안에 있던 조선인들 가운데서 정치적으로 의심을 받는 사람들은 입당 자체가 어려운 상태였고, 또 이미 입당한 몇몇은 당원으로서의 공식적인 활동이 정지되고 당적이 박탈된 사람도 생겨날 정도였다.

그것은 연안에 불어닥치기 시작한 광풍의 서곡이었다. 정율성도 마찬가지로 의심의 대상이었다. 특히, 김산과의 관계는 입당심사를 맡은 당의 기관에서 그를 의심하게 만든 중요한 요인이었다. 그는 당적을 박탈당하는 지경까지 이르지는 않았지만, 아마 보통 사람 같았으면 의심의 대상에 포함되었다는 사실만으로도 활동에 제약을 받았을 것이다.

그러나 당 수뇌부가 격찬하고, 전 중국 대륙으로 번져 나간 〈연안송〉의 작곡자라는 사실이 그를 위기에서 빠져나오게 하는 가장 큰 힘이 되었다. 그를 살린 것은 다름 아닌 음악이었다.

1938년 후반기에 접어들면서 연안으로 몰려오는 조선인들이 점점 늘어나기 시작했다. 당시 연안에는 정율성과 서휘를 비롯해 비슷한 나이의 조선 청년들인 한경·전운파 들이 있었다. 그들은 그전부터 중국공산당과 국민당이 일본이라는 큰 적을 앞에 두고 대동단결하여 국공합작을 이룬 모습을 보며, 조선의 독립운동단체들은 좌우 그리고 사소한 차이를 극복하지 못하고 사분오열되어 있는 상황을 안타까워했다.

그래서 고민 끝에 조선의 민족운동 지도자들에게 독립운동단체

의 대동단결을 호소하는 글을 보내기로 했다. 김구를 비롯해 이시
영·차리석·안공근·이청천 등 우파쪽 지도자는 물론 현하죽·
김규광 등 좌파쪽 인사까지 포함하는, 중국에서 활동하고 있는 조
선독립운동 지도자들에게 연안에 머무르고 있는 조선 청년들의 이
름으로 〈조국의 독립을 위하여 대동단결을 촉구하는 결의문〉을
1939년 1월 1일 작성한다. 정율성과 서휘 등이 주도하여 작성한
연안 조선청년들의 호소문은 한 달 뒤인 1939년 2월 5일, 당시 계
림에서 발행되던 조선의용대의 기관지《조선의용대통신》제3호에
실렸다. 그러나 그들의 호소문이 과연 얼마만큼의 효력을 발휘했
는지 나로서는 정확히는 알 수 없다.

3. 앞으로, 앞으로, 앞으로!

어느 날 정율성은 업무 연락차 항일군정대학 문공단에 있는 공
목(公木)을 만나러 갔다. 그 때 공목은 연안에 온 지 얼마 되지 않
아서 〈연안송〉과 〈연수요〉 등 정율성이 지은 노래는 알았지만 작
곡자의 얼굴은 몰랐다. 문공단에서 쓰는 요동으로 들어온 정율성
이 자기소개를 하자 공목은 깜짝 놀랐다. 그런 유명한 노래를 작곡
한 사람 치고는 너무나 젊어보였기 때문이다. 그 또한 연안에 들어
올 때 〈연안송〉과 〈연수요〉를 부르면서 걸어왔던 것이다.

"그 유명한 작곡가를 이런 데서 만나게 되다니 정말 반갑습니다."
"그 노래는 아직 시작일 뿐입니다. 그런데 이렇게 칭찬해 주니

몸 둘 바를 모르겠군요."

얼마 뒤 공목은 정율성이 일하던 선전과로 배치되었고, 둘은 함께 근무했다.

1939년 7월 항일군정대학 본교는 황하를 건너 다른 곳으로 이동하고 연안에는 1개 대대만 남아 있었다. 다행히 정율성과 공목은 연안 잔류 부대에 남게 되어 전보다 더 가까이 지낼 수가 있었다.

하루는 정율성이 공목에게 말했다.

"우리 함께 노래를 만들어보면 어떨까요? 동지는 가사를 쓰고 내가 거기에다 곡을 붙이면 아주 좋은 노래가 될 텐데."

"그거 좋은 생각인데…… 그런데 무슨 노래를?"

"그거야 물론 우리 팔로군의 노래인 팔로군 대합창이죠."

전선에서 돌아온 지 얼마 되지 않은 공목은 가사를 지었다. 가사를 받아든 정율성은 상기된 채 말했다.

"이제 호랑이에게 날개를 달아줍시다."

"호랑이에게 날개를 달다니, 그럼 내 가사가 호랑이란 말이오."

공목은 자신의 가사를 호랑이에게 비유하는 정율성을 못마땅하게 바라보았다.

"호랑이가 어때서요. 우리의 호랑이는 왜놈들을 잡아먹고, 더 나아가 반동파를 잡아먹는 영물입니다. 중국에서는 어떤지 잘 모르지만, 우리 조선에서는 호랑이를 아주 귀한 영물로 여깁니다."

정율성의 설명을 듣고 나서야 공목의 얼굴이 펴지기 시작했다.

"아, 그렇습니까? 우리 중국인들은 호랑이를 그리 좋아하지 않습니다. 그리고 우리는 호랑이를 귀한 영물로까지 여기진 않습니다."

"내 보기에 동지의 가사에서 호랑이 같은 기개가 느껴집니다. 그래서 호랑이를 닮아 있는 가사에다 날개를 달아주어 더욱 무섭고 용맹하게 원수들을 잡아먹는 진짜 호랑이를 우리 한번 만들어 봅시다."

정율성의 말처럼 〈팔로군 행진곡〉은 마치 날개를 단 호랑이처럼 전국으로 퍼져나갔다.

원래 중국공산당의 군대는 '홍군'이라고 불리었다. 하지만 1937년의 7·7사변으로 제2차 국공합작이 이루어진 뒤로 홍군은 국민혁명군 제8로군으로 개편되었다. 우리가 흔히 부르는 '팔로군'은 국공합작 이후 생겨났던 국민혁명군 가운데 한 부대였던 것이다. 하지만 뒷날 중국 공산군을 통칭하는 보통명사로 되어 버렸다.

앞으로! 앞으로! 앞으로!
태양을 향한 우리의 대오
조국의 대지 위에 섰다.
민족의 희망을 안은
우리 힘 막을 자 그 누구냐
우리는 싸움의 전위
우리는 인민의 무장
두려움 없이 굴함 없이 영용하게 싸워
왜놈들을 국경 밖으로 몰아내자 자유의 깃발을 높이 날리자
아, 나팔소리 들린다
아, 항전의 노래 우렁차다

앞으로! 앞으로! 앞으로!

이렇게 힘차게 시작하는 〈팔로군 행진곡〉은 중국의 청년들에게 항일전에 뛰어들어 민족을 구하려는 팔로군 전사들의 의지를 직접적이고 간결하게 표현하여 힘찬 호소력과 선동력을 가지고 있다고 평가받았다. 하지만 〈팔로군 행진곡〉은 모두 여덟 곡으로 이루어진 팔로군 대합창의 일부일 따름이다.

팔로군 대합창은 〈팔로군 군가〉, 〈팔로군 행진곡〉, 〈유쾌한 팔로군〉, 〈자야강 병사의 노래〉, 〈기병가〉, 〈포병가〉, 〈군대와 인민은 한집안 식구〉, 〈팔로군과 신사군〉 모두 여덟 곡으로 이루어져 있다. 하지만 그 가운데서 현재까지 가장 많이 알려진 곡은 〈팔로군 행진곡〉이다. 그런데 원래 이 곡의 가사 가운데서 가장 인상적인 '앞으로! 앞으로! 앞으로!'는 공목이 건네준 애초의 가사에는 없다.

중국의 음악평론가들은 〈팔로군 행진곡〉의 첫 부분인 '앞으로 앞으로 앞으로'가 노래를 전체적으로 살려주었다고 평가를 하는 데 대체적으로 의견이 일치한다. 정율성은 그 부분에 대해서 1974년, 노동인민문화궁에서 열린 가곡창작강습반에서 이런 말을 남겼다.

가사를 받고 보니 노래를 시작하는 첫 부분이 어딘가 모르게 기백이 부족한 느낌이 들었습니다. 그래서 제가 생각 끝에 첫 부분을 고쳤죠. 어째서 고쳤는가 하면, 전선으로 진출하여 왜놈들과 싸우는 팔로군의 대오를 구절로 표현하기에는 부족하였으므로 '앞으로 앞으로 앞으로'라는 구절을 첨가하여 기백을 살렸습니다. 그렇게 하고 나니 노래가 살더군요.

화룡점정(畵龍點睛)이라고 할까. 정율성은 단 세 마디를 덧붙여 넣는 것으로 공목이 쓴 가사에서 부족했던 부분을 메우어 적진으로 용감하게 진군해 나가는 팔로군의 기백을 제대로 그려낸 것이다.

1939년에 연안에서 창작된 〈팔로군 행진곡〉은 그 이후 중국의 운명과 함께한다. 1945년 10월, 〈중국인민해방군행진곡〉으로 이름이 바뀌어 불리다가 노래가 발표된 지 거의 반세기가 지난 1988년 7월 25일에 와서야 중앙군사위원회 주석 등소평에 의해서 공식적으로 〈중국인민해방군가〉로 확정된다.

정율성이 1938년에 발표된 〈연안송〉으로 음악가로서 자신의 이름을 세상에 알렸다면, 1939년에 작곡된 〈팔로군 행진곡〉은 그의 노래가 운이 좋아 대중들에게 사랑받는 것이 아닌, 뛰어난 음악적 재능이 뒷받침된 결과라는 점을 증명해 주었다. 그는 1939년에도 지난해와 비슷하게 〈팔로군 대합창〉을 포함해 〈생산요〉〈아랑에게〉 등 14곡이나 발표한다.

그리고 무엇보다 정율성을 더 기쁘게 했던 것은 연안 최고의 예술학교였던 노신예술학원의 교수가 되었다는 사실이다. 정율성은 1939년 12월, 자신이 한때 학생으로 공부했던 노신예술학원 음악학부 성악 선생으로 부임한다. 1938년 8월 졸업을 했으므로 1년 반 만에 학생으로 공부했던 학교에 선생으로 다시 돌아간 것이다. 그것은 그야말로 형식과 연공을 뛰어넘은 파격적인 대우였다.

노신예술학원에서 정율성은 고리타분한 이론에 빠져 있는 전형적인 교수 스타일은 아니었다. 노신예술학원의 교수들 가운데서도 젊은 편에 속했던 그는 누구보다도 학생들에게 더 가까이 가려

△ 연안 노신예술학원 자리. 가톨릭 성당으로 지어진 건물로 연안의 핵심 공간이었으며, 정율성과 정설송이 1941년 결혼식을 올린곳이기도 하다.

고 노력했다. 수업시간에는 엄격했지만 수업 이외의 시간에는 교수라기보다는 선배로서 비슷한 또래인 학생들과 허물없이 지냈다. 정율성은 수업 틈틈이 자신이 작곡한 〈팔로군 대합창〉을 노신예술학원 학생들에게 가르친다.

1939년 11월 고비사막에서 불어오는 찬바람이 연안의 골짜기마다 몰아치고 있을 무렵 슬픈 소식 하나가 연안에 전해졌다. 최전선에서 의료활동을 하던 캐나다 출신 의사 노먼 베쑨의 사망 소식이었다. 사망 원인은 수술 도중 베인 상처로 감염된 패혈증 때문이었다. 그의 사망소식은 팔로군의 무전 통신망을 타고 연안뿐만 아니라 삽시간에 중국공산당 전 지역으로 전해졌다. 연안의 모든 당정군(黨政軍) 기관들은 이 슬픈 소식에 손을 놓고 망연자실했다. 비록 그는 민족과 나라는 달랐지만 중국인들에게 동지 이상의 의사였다.

모택동마저 그의 죽음을 안타까워했다.

"우리는 닥터 노먼 베쑨이라는 한 숭고한 인간의 죽음에 대해서 통곡합니다. 중국 인민에 대한 그의 헌신은 우리 모두에게 큰 교훈을 주었습니다. 이제 우리 모두는 그의 헌신적인 정신을 배워야 합니다. 인민들에게 쓸모 있는 사람, 그것이 우리의 출발점이 되어야 합니다."

정율성은 노먼 베쑨을 직접 보지는 못했지만 그의 명성만은 익히 알고 있었다. 그는 캐나다에서 의사로서 안정된 생활을 할 수 있는데도 그것을 포기하고 스페인 내전에 참가했으며, 이어 중국혁명에 의사로서 참가했던 것이다. 그리고 팔로군에서도 후방병원은 마다하고 전투가 벌어지는 최전방에서, 예전 같았으면 죽었을 많은 팔로군 병사들을 응급수술로 살려낸 유명한 의사라는 얘기를 들었다.

홍군에는 노먼 베쑨뿐만 아니라 피부색이 다른 여러 명의 의사들이 있었다. 그들이 인종과 민족, 그리고 나라마저 다른 중국혁명에 참가한 까닭은 중국이 파시즘과 전쟁을 하고 있었기 때문이었다. 그들 또한 파시즘과 제국주의와의 전쟁에서 선봉에 서 있는 중국과 중국인을 돕고 싶었기에, 누가 등을 떠밀지 않았는데도 스스로 중국으로 건너왔던 것이다.

상부에서는 정율성에게 노먼 베쑨의 추도식에 부를 노래를 작곡하라는 지시를 내렸다. 정율성은 주자기(朱子奇)를 찾아가 가사를 부탁했다. 갑작스런 부탁이긴 했지만 그가 거절할 리 없었다. 그들은 그날 밤을 꼬박 새워 가사를 쓰고 멜로디를 붙였다. 새벽이

◁ 노먼 베쑨이 부상당한 팔로군 병사를 수술하고 있다. 중국은 그가 죽자 그를 기념하기 위해 팔로군병원을 베쑨국제평화병원으로 이름을 바꾸어 불렀다.

밝아올 무렵에야 끝을 낸 정율성은 상부에다 제출했다.

며칠 뒤 연안의 중앙 교례당에서 엄숙한 추도식이 치러졌다. 노먼 베쑨의 마지막 가는 길이라도 보려고 참석한 조문객들로 말미암아 영결식이 치러진 골짜기가 사람들로 가득 메워질 정도였다. 연안의 당정군 기관 요원들이 모두 나온 것 같았다. 팔로군 총사령관이었던 주덕이 먼저 연단 앞으로 나섰다.

"베쑨 동지의 죽음은 우리에게 아주 커다란 손실입니다. 그의 죽음은 우리 팔로군 동지들에게 큰 슬픔과 고통을 가져다주었습니다. 하지만 그의 위대한 사랑, 속 깊은 연민, 강인한 투쟁의지는 바로 우리 중국혁명의 최고 덕성이 무엇인지 똑똑히 보여주었습니다. 그는 중국의 민족해방을 위해서 자신의 목숨을 바쳤습니다. 우리 중국 민족은 영원히 그를 기억할 것입니다. 그리고 모든 진보적인 사람들이 그의 이름을 가슴 속에 소중히 간직할 것입니다."

주덕의 말이 끝나기가 무섭게 군중들이 외치는 구호소리가 연안의 골짜기를 가득 메우기 시작했다.

일본 침략자를 타도하자! 닥터 노먼 베쑨을 기억하자!
자유로운 중국 만세! 세계 평화를 위해 노력하자!

광장에 모인 군중들은 목이 터져라고 구호를 외쳤다. 그것만이 가진 것 없는 그들이 노먼 베쑨에게 바칠 수 있는 최대의 선물이었기 때문이다. 잠시 뒤 구호소리가 멈추었을 때 이번에는 합창단이 나섰다. 그들은 정율성이 작곡한 닥터 노먼 베쑨을 추도하는 노래를 불렀다. 합창단이 나섰다.

진찰기(晉察冀) 변구의 바람
슬픈 소식 실어오니
연하의 강물도 슬픔 속에 잠기었네
…… …

아 닥터 노먼 베쑨
당신이 피운 햇불을 이어받아
빛나는 모범으로 따라 배우리
파쑈의 멸망을 위해
동지들! 힘차게 전선으로 나아가자!

합창단원들이 부르는 노래가 연안의 골짜기에 울려퍼졌다. 이어 합창단이 부르는 노래를 조문객들이 따라 불렀다. 합창단과 조문객이 따로 없이 그 순간만은 모두가 하나였다.

하지만 아쉽게도 노먼 베쑨의 추도식 때 불렸던 이 노래의 악보는 전해지지 않는다. 모든 것이 어수선했던 전쟁시기에 악보를 제대로 챙길 수가 없었던 것이다. 하지만 가사를 쓴 주자기의 회고에 따르면, 노먼 베쑨을 잃은 슬픔을 항일의 의지로 불태우는 투쟁으로 승화시키자는 내용이었다고 한다.

한편 연안에서 주목받는 음악가로 이름이 알려지기 시작한 정율성에게는 백인 친구들까지 생겼다. 음악이 그에게 피부색마저 다른 새로운 친구들을 만들어준 것이다. 당시 연안에는 중국공산당을 지지하는 외국인들이 몇 명 들어와 살고 있었지만, 어디까지나 그들은 중국공산당으로부터 특별대접을 받는 특수한 신분이었다.

그런 점에서 조선인은 중국에서는 엄연히 외국인임에도 외국인 대접도 아닌, 그렇다고 중국인과 똑같이 대우해 주지도 않는 어정쩡한 처지에 놓여 있었다. 이런 대우는 소수 백인을 제외하고 아시아 출신 인사들은 모두 비슷하였다. 당시 연안에 모인 아시아 출신 혁명가들은 비록 소수이기는 하지만 일본인과 대만인뿐만 아니라 아시아 각지에서 온 사람들이었으며, 그 가운데 몇몇은 연안에서 정율성과 꽤 가까운 관계를 유지하기도 했다.

뉴질랜드 출신 작가인 레위 앨리(Rewi Alley)는 1927년에 중국에 들어와서 1988년 죽을 때까지 중국을 떠나지 않았는데, 정율성이 속마음까지 털어놓을 정도로 가깝게 지내던 사이였다.

그들이 가까워진 계기는 우연히 만난 자리에서였다. 정율성을 만난 레위 앨리는 연안에서 주목 받는 음악가인 정율성이 조선인 이라는 사실을 알고 놀랐다.

"조선인들은 참으로 대단하오. 내가 예전에 무한에서 친하게 지 내던 조선인 가운데 유명한 화가가 있었는데, 그는 프랑스 유학까 지 갔다왔으면서도 국민당 통치구역에서 위험한 혁명운동에 비밀 리에 가담하고 있었소. 한 사람은 그림으로 무한에서, 또 한 사람 은 음악으로 이곳 연안에서……."

"혹시 그 사람 이름이……."

"한낙연이라고, 알고 있소?"

"이름은 들어서 알고 있지만 직접 만나지는 못했습니다. 그런데 당신은 어떻게 그분을……."

"그는 곽말약 선생과 함께 무한에서 선전활동을 하고 있었기 때문에 자연스럽게 알게 되었소. 내가 이곳 연안으로 들어온 뒤로 는 연락이 끊어졌지만, 무한에 있을 때는 자주 만나서 이야기를 나눴소."

정율성은 레위 앨리로부터 한낙연에 대해서 자세한 이야기를 들었다.

"나는 그림에 대해서 잘은 모르지만, 그가 그려서 무한 황학루 에 걸어놓은 대형 유화 〈전민항전〉은 정말 대단했소. 그것을 본 중 국인들이 '일본놈을 때려 죽이자'라는 구호를 외칠 정도였으니까 말이오."

정율성은 기회가 되면 한낙연을 꼭 한번 만나보고 싶었으나 그
럴 기회는 좀처럼 오지 않았다. 비록 분야는 다르지만 같은 예술의
길을 걷고 있는 한낙연도 연안 최고의 음악가로 떠오르고 있는 조
선인 정율성을 한번쯤 만나 이야기를 나누고 싶었을 것이다. 일제
의 패망 이후 한낙연은 실크로드의 돈황 석굴 벽화를 조사하러 갔
다가 비행기 추락사고로 중화인민공화국 수립 이전에 사망하고 말
았다. 그때 정율성은 연안을 떠나 북한에 머물던 때였다.

외국인이라는 점에서는 비슷했던 앨리와 정율성은 연안에 머무
르는 동안 시간이 날 때마다 만났고, 서로 각자의 요동을 방문할
정도로 가깝게 지냈다. 중국어가 서툰 레위 앨리는 정율성을 부를
때 발음이 어려운 그의 이름 대신 '아! 연안'이라고 부를 정도로 마
음을 터놓고 지냈다.

레위 앨리 이외에도 정율성은 연안 평화의원에서 근무하던 팔
로군 의료고문이었던 미국인 마해덕(馬海德)과도 알고 지냈다. 원
래 이름이 조지 하템이었던 그는 이름도 중국식으로 바꾸고 결혼
도 중국여자와 할 만큼 중국을 사랑하는 사람이었다. 그래서 그의
중국말 실력은 백인 치고는 유창했다.

그들은 외국인이라 특별배급을 받긴 했지만 먹을 것이 부족하기
는 마찬가지였다. 그런 그들에게 정율성은 가끔 자신이 잡은 물고
기와 직접 담근 김치를 가져다주기도 했다. 연안에 와서도 정율성
의 특기인 물고기 잡는 솜씨는 여전했다. 덕분에 극심한 식량부족
에 시달리던 연안에서 자신뿐만 아니라 주위 사람들에게 실질적인
도움을 주었다. 연안에서 그를 알고 지냈던 사람들 대부분은 그가

잡아온 물고기의 맛을 오랜 세월이 지나도록 잊지 못하고 있었다.

정율성에게는 끝내 바꾸지 못한 것이 또 한 가지 있었다. 생각과 가치관은 학습으로 바꿀 수 있었지만, 어렸을 적 길들여졌던 입맛만은 혁명의 근거지 연안에서도 쉽게 바꿀 수 없었다. 김치를 구할 수 없었던 만큼 어릴 적 어머니가 담그시던 기억을 더듬어, 서툰 솜씨로나마 직접 김치를 담가 먹었다. 그런데 그의 김치를 얻어 먹었던 사람들은 하나같이 그 맛을 기억하는 것으로 봐서, 솜씨가 그리 나쁘지는 않았던 것 같다. 시간을 내어 김치까지 직접 담가서 남들과 나눠 먹을 정도였다는 점에서, 그가 다른 사람까지 생각하는 넓은 마음을 가진 사람이라는 것을 알 수 있다.

열일곱 살 여고시절에 고향 청두에서 처음 〈연안송〉을 접했다는 맹우. 그녀는 그로부터 1년 뒤인 1939년 12월 연안으로 들어간다. 그녀는 처음 중국여자대학에 배치된다. 그때 학교에서 처음 자신을 맞아주고 낯선 연안에 빨리 적응할 수 있도록 지도해준 사람이 바로 정설송이었다. 그녀는 그때 고급반 과정에 다니고 있었다. 초급반 과정을 다니던 맹우는 조직으로부터 음악적인 재능을 인정받아 노신예술학원 음악학부 4기 과정에 입학한다. 그때가 1940년 6월 무렵이었다.

현재 북경에 살면서 노인합창단을 만들어, 아직도 나이에 걸맞지 않게 활발하게 활동하고 있는 그녀는 노신예술학원 음악학부 교수로 재직하던 정율성에 대해서 아래와 같은 얘기를 들려주었다.

그때 음악학부 학생들은 남녀 통틀어 약 50여 명이었습니다. 정율성

제3장 정율성의 삶과 음악 165

은 음악학부 교수였지만 나는 여자라서 정율성에게 직접 배울 기회는 없었습니다. 중국 대륙에 이름이 널리 알려진 그에게 직접 배울 수 없다는 점이 아쉬웠지만, 학교의 방침이 그러하니 어쩔 수 없었습니다. 그렇지만 수업시간 이외에 그를 만날 수 있는 기회는 많았습니다. 정율성은 교수님들 가운데서도 젊은 편이었고, 또 수업시간 이외에 학생들과 자주 어울렸으므로 학교에서 만날 기회는 많았죠. 그는 학생들 사이에 인기가 많았습니다. 그의 중국어 발음은 좀 이상했지만 노래를 부를 때 목소리만은 그 누구도 따라올 수 없을 정도로 좋았습니다.

그리고 그녀는 정율성의 숨겨진 또 다른 모습인, 자신보다 학생들을 배려하고자 했던 마음씨에 대해서 아직까지도 고마움을 잊지 않고 있었다.

그때 교수님은 총 한 자루를 가지고 있었습니다. 그래서 시간이 나면 산에 가서 사냥을 해서 학교식당에 가져왔습니다. 당신 먹을 것이 부족했을 텐데 말이죠. 그래서 그때 노신예술학원생들 가운데서 교수님께서 잡아오신 고기를 먹어보지 않은 사람은 없을 거예요. 그래서 오랜만에 고기반찬이 나오면 으레 교수님께서 또 사냥을 갔다 오셨나 했을 정도였으니까요.

음악가와 사냥꾼. 어쩌면 어울리지 않을 것 같은 단어이지만, 연안이라는 특수한 상황에서는 전혀 어색하지 않았다. 치열한 항일전을 펼치던 연안에서는 작곡가라고 해서 언제까지 음악만 할 수는 없는 노릇이었다. 조직이 요구하고 당이 지시하면 언제라도 전선으로 뛰어나가 총을 들고 적과 싸워야 하는 것이 당시의 상황이었다. 어쩌면 그것이 정율성으로 하여금 고통 받는 대중과 동떨어진 음악이 아닌, 좀 투박하고 거칠더라도 대중과 희로애락을 함께하는 음악을 만들어낼 수 있게 한 원동력이었을 것이다.

평생을 음악과 함께 살았던 정율성의 음악도 시대에 따라서 조금씩 변화하는 모습을 보인다. 하지만 변하지 않은 원칙이 하나 있었다면, 언제나 대중과 함께하며 현장에서 음악의 소재와 주제를 찾았다는 점이다. 대중이 살아가는 현실 세상은 바로 그에게는 넓은 오선지나 마찬가지였다.

한편, 연안에서의 생활은 강화되는 일본군의 공세로 점점 힘들어졌다. 일본군은 팔로군이 일본군 후방지역에 해방구를 건설해 나가던 1938년과 1939년 사이, 비행기를 동원해 연안 시내를 대대적으로 폭격했다. 일본군 폭격기의 공습에 대항할 만한 방공포를 갖지 못한 연안은 공습에 무방비 상태로 노출될 수밖에 없었다. 그래서 한때 연안 시내는 공습으로 멀쩡한 건물이 없을 정도였다. 연안의 중심가에 있던 중국공산당의 주요 기관은 초기에 일본군의 공습을 피해 외곽으로 이동할 수밖에 없었다.

먼저 1938년 8월께 연안의 중심지에 있던 중앙기관은 폭격을 피해 외곽의 양가령 일대로 옮겨갔다. 하지만 연안이 폭격당하는 바로 그 순간에도 일본군 후방지역에 자리한 해방구 면적은 점점 더 늘어만 가고 있었다.

연안은 두드리면 두드릴수록 강해지는 강철을 닮은 도시였다.

일본군의 공세가 거세질수록 연안은 더욱 활기를 띄었다. 하루 일이 끝난 저녁 시간에 열리던 연안의 명물 음악회도 마찬가지였다. 비록 피아노는 구경조차 못할 정도로 변변한 악기조차 없는 음악회였지만, 음악회가 열리면 연주자와 관객의 구별이 없이 모두 하나가 되어 뜨거운 마음으로 노래를 불렀다.

그것은 언제 끝날지도 모르는 항전에서, 어쩌면 자기도 모르게 지쳐가는 것을 막기 위한 예방약 같은 것이었다. 노래를 부르는 그 순간만은 잠시 나약해졌던 마음을 추스르고 다시 혁명대열에 동참할 수 있는 용기가 저절로 생겨나는 것이었다. 노래는 몇 권의 두꺼운 책이 가져다주는 것보다 훨씬 빠르고 깊게 사람들을 혁명과 항일의 대열로 끌어당기는 마력을 지니고 있었다. 그래서 연안에서는 그 어떤 어려운 상황에서도 음악회가 중단되는 일은 없었다. 노래는 바로 그들이 죽지 않고 살아 있음을 알리는 또 하나의 증거였다.

1940년 초 연안의 중앙대강당에서는 예전과는 규모 자체가 다른 음악회가 준비되고 있었다. 그리고 군복 차림의 팔로군 노간부들의 모습이 다른 날과 달리 많이 눈에 띄었다. 그날은 바로 정율성이 열정을 쏟아 작곡한 모두 8곡으로 이루어진 〈팔로군 대합창〉이 처음으로 연주되는 날이었다.

노래는 정율성의 지도를 받은 노신예술학원 합창단이 하고 그 지휘는 그가 맡았다. 그는 떨리는 가슴을 가라앉히며 지휘봉을 높이 들었다. 그리고 적의 포탄을 무릅쓰고 적진으로 돌격하는 팔로군의 모습을 떠올리면서 힘차게 지휘봉을 휘둘렀다.

앞으로 앞으로 앞으로
태양을 향한 우리의 대오
중국의 대지 위에 섰다

긴 시간의 공연이 끝났을 때 관객들은 모두 자리에서 일어나 힘찬 박수를 보내줄 정도로 공연에 대한 반응은 폭발적이었다. 정율성의 예상을 훨씬 뛰어넘는 호평이 뒤따랐다. 그리고 팔로군에서는 자신들의 업적을 널리 알려준 정율성과 공목를 청년식당에 초청하여 식사를 대접해주었다. 그 자리에는 팔로군 총정치부 선전부장 항영도 나왔다.

"자, 오늘은 기분 좋은 날이니까 한 잔씩 합시다."

정율성은 술은 별로 마시지 못했지만 선전부장이 권하는 술잔을 거절할 수가 없었다. 항영은 연거푸 세 잔을 정율성에게 권하면서 술 석 잔의 의미를 이렇게 말하였다.

"첫 잔은 앞으로도 계속 좋은 노래를 만들라는 것이고, 두 번째 잔은 노동자 농민 대중을 참되게 따라 배우라는 것이고, 세 번째 잔은 그대의 능력을 계속 병사들을 위해서 쓰라는 것이오."

〈팔로군 대합창〉은 곧 군사위원회의 승인을 받아, 팔로군에서 발행하는 잡지에 〈팔로군 군가〉와 〈팔로군 행진곡〉이 실리게 되었다. 그리고 1941년 연안에서 개최된 5·4 중국청년절 음악회에서 표창을 받는 영광까지 누리게 되었다. 한편 정율성의 노래는 연안뿐만 아니라 해방구를 뛰어넘어 당시 중국 국민당 정부 수도 중경에서 발행되던 음악잡지에도 실려 전 중국으로 퍼져나갈 정도였다.

연안에 도착한 지 몇 년 안 되는 짧은 동안에 〈연안송〉과 〈팔로군 행진곡〉 등 불후의 명곡을 만들어낸 정율성. 비록 생활은 힘들었지만 음악가로서 연안 시절은 그에게 최고의 전성기였다. 뒷날 그는 어떻게 그 짧은 시기에 그토록 좋은 곡들을 많이 작곡할 수 있었는지에 대해 이렇게 말했다.

내가 그런 노래를 지을 수 있었던 것은 다른 데 있는 것이 아니라, 혁명과 항일 의지로 불타오르는 연안의 활기찬 분위기가 나로 하여금 그런 노래를 만들게 했습니다.

중국 대륙은 분명히 이국땅이었지만 항일과 혁명정신으로 불타오르는 연안은 그에게 전혀 낯선 곳이 아니었다. 그곳은 그의 적 일제와 맞서 싸우는 전초기지였다. 거기에 민족과 인종의 차별이 끼여들 틈은 없었다. 오직 일본 제국주의에 굴복하지 않고 항일과 혁명을 한다는 것만으로도 민족과 언어 풍습을 뛰어넘어 모두 하나가 되고 동지가 될 수 있는 세상이었다.

그러나 그는 결코 자신이 떠나온 조국과 고향을 잊지는 않았다. 조국과 고향이 싫어서 떠난 것도 아니고, 중국이 좋아서 온 것도 아니었다. 아버지의 뼈가 묻힌 땅, 어머니가 고통과 한숨으로 지새고 있는 그 땅을 되찾을 힘을 기르기 위해 중국으로 온 것이다. 중국에서 이름을 날리는 음악가가 되었다고 해서 그를 낳아 키워준 조국과 고향땅을 결코 잊지는 않았다.

4. 또 다른 시련

그러던 어느 날, 정율성은 연안에 있던 어떤 기관으로부터 출두 명령을 받는다. 그곳에 있는 사람들이라면 모두 가기를 꺼려하는 곳이었다. 심지어 그곳의 출두명령을 받았다는 자체만으로도 주위 사람들에게 따돌림을 받을 정도였다.

하지만 스스로 아무런 잘못이 없다고 생각한 정율성은 그들의 조사에 당당하게 응했다. 그곳 요원들은 연안에 오기 전 머물렀던 남경과 상해에서 벌였던 정율성의 활동을 꼬치꼬치 캐물었다. 심지어 그가 의열단의 지시로 남경의 고루전화국에서 일본인들의 전화를 도청했던 사실을 어떻게 알았는지 그것까지 캐물었다. 그러나 정율성은 숨길 것이 없었으므로 그때 자신의 활동에 대해서 사실 그대로 설명했다. 그것은 항일투쟁을 더 효과적으로 수행하기 위한 첩보활동의 일부였던 것이다. 신문이 계속되면서 정율성은 조사의 초점이 자신과 김산과의 관계를 캐내려는 데 있음을 알았다. 어느 날 당의 명령을 받고 전선으로 떠난 김산. 하지만 몇 년이 지나도록 그에게서는 편지 한 장 없었고, 또 전선 어디에서도 그를 봤다는 사람이 없었다. 다들 말을 하지 않을 뿐 그가 어떻게 되었는지 짐작하기란 그리 어려운 일이 아니었다.

조사가 그들이 생각했던 방향으로 진척되지 않자, 정율성 앞에 앉아 있던 요원은 자기 앞에 놓인 메모지 한 장을 집어들더니 몇 년 전의 어느 구체적인 날짜를 얘기했다.

"이날 어떻게 김산을 만났습니까? 그리고 무슨 얘기를 나누었죠."

정율성을 꼼짝 못하게 할 증거를 내놓았다고 생각했는지 자신 있다는 투로 얘기하는 요원과 눈이 마주친 정율성은 등줄기에 소름이 끼쳐왔다.

"잠시만요. 워낙 오래된 일이라, 한번 기억을 더듬어보겠습니다."

정율성은 일단 그렇게 말을 해서 시간을 벌었다. 몇 년 전의 일이라 가물거리는 것을 이들이 정확하게 알고 있다는 것은, 결국 당시 누군가가 자신들을 감시하고 있었다는 말이다. 그때는 수많은 학생들 가운데 한 사람에 불과했던 자신을 감시하지는 않았을 테고, 결국 김산을 미행했다는 얘기가 된다.

"기억이 잘 나지 않는 모양인데, 기억이 잘 나게 내가 좀 도와드릴까? 좀 전에 말한 이날은 일요일이었고, 그리고 우리가 조사해본 바에 따르면 그 당시 당신과 김산의 요동은 꽤 떨어져 있어 우연하게 마주칠 가능성은 거의 없다고 봐야 돼. 그러니 변명할 생각은 말고 지금이라도 솔직하게 털어놓고 당의 선처를 구하는 것이 좋을 걸."

그 요원은 궁지에 몰린 쥐를 바라보는 고양이처럼 정율성을 막다른 골목으로 몰고 있었다. 순간 정율성은 어설픈 변명은 오히려 더 큰 화를 불러올 수 있다고 생각했다. 요원의 말을 듣고 나니까 그 무렵 김산을 찾아가서 얘기를 나눈 것도 같았다. 그 당시 나누던 얘기야 불만에 가득 찬 김산의 얘기를 들어주고, 남경에서 김산과 정율성, 나청 이렇게 세 사람이 어울려 돌아다니던 이야기를 하는 것 말고 특별한 얘기는 없었다.

아, 그러고 보니 또 하나 기억나는 것이 있었다. 혁명을 하는 것은 좋지만, 조선의 혁명이 아닌 중국혁명을 위해서 '물 속의 소금'처럼 형체도 없이 사라지지 말 것이며, 직접 조선의 혁명을 위해 투쟁할 때까지 조선 혁명가들의 투쟁역량을 보존해야 한다고 열변을 토하던 김산의 목소리.

　나지막하지만 마치 학생들 앞에 선 선생처럼 논리를 전개해 가던 김산의 얼굴이 갑자기 눈앞에 떠올랐다. 음악적으로 이름을 조금 얻었다고 바빠지면서 한동안 잊고 지냈던 김산이었다. 제대로 무덤이라도 세워졌는지, 아니면 들짐승들에게 뜯어 먹히고 비바람에 시달리면서 삭아가는 그의 뼈가 지금도 땅 위에 뒹굴고 있을지 모른다. 그런 생각을 하자 정율성은 울컥 가슴 저 밑에서 울음이 솟구쳐 오르는 것을 간신히 참았다.

　김산의 얘기를 들으면서 자신은 그날 무슨 생각을 했던가. 김산의 얘기에 전체적으로 수긍했지만 하나 걸리는 것이 있었다. 그렇지만 그날은 김산이 풍기는 분위기로 봐서 반박을 할 수 없었다. 그동안 봐왔던 것처럼 어디에서도 허점을 찾을 수 없는 강철같이 단단한 김산이 아니라, 얘기 도중 간간히 새어나오는 한숨 소리가 더 크게 들릴 정도로 외로워보였다. 그래서 감히 반박하지는 못했지만, 정율성은 중국혁명에 '물 속의 소금'처럼 형체 없이 사라지지 말자는 부분만은 동의할 수가 없었다.

　중국혁명을 위해서든 조선혁명을 위해서든 '물 속의 소금'처럼 형체 없이 사라지더라도 물이 썩는 것을 막을 수만 있다면, 자신은 기꺼이 '물 속의 소금'이 될 수 있다고 생각했다. 소금은 녹아도 소금이었다. 단지 그 형태만 바뀔 따름이지 소금이 갖고 있는 본질이 바뀌는 것은 아니기 때문이다.

하지만 그날은 차마 그런 얘기를 꺼낼 수가 없었다. 그리고 얼마 뒤 김산이 전선으로 떠났기 때문에 '물 속의 소금'론을 두고 김산과 깊은 이야기를 나눠볼 기회를 갖지는 못했다.

그것은 지금도 마찬가지였다. 사냥개처럼 무언가를 캐내려고만 하는 요원에게 '물 속의 소금'을 가지고 토론할 수는 없었다. 한족인 그가 '물 속의 소금' 신세인 조선인들의 심정을 이해할 수도 없을뿐더러, 또 이해하려고도 하지 않을 것이다. 그리고 어차피 미행이 있었다고 해도 우리말로 한 대화를 중국인인 미행자가 알아듣지는 못했을 것이다. 그런 생각이 드는 순간 정율성은 입술을 깨물며 결심했다.

"그날 뭐 살게 좀 있어서 연안시장에 나갔다가 우연히 김산을 만났습니다. 그 동지도 나처럼 시장 구경을 나왔다고 하더군요. 사실 한동안 학교일 때문에 김산을 만나지 못했고 해서 만난 김에 얘기를 좀 했습니다. 오랜만에 같은 민족을 만나서 얘기 나눈 것이 뭐 잘못된 일입니까?" "만난 것이 잘못됐다는 것이 아니고 무슨 얘기를 나누었냐고 묻잖아?"

"그게 뭐 그리 중요하죠?"

"딴말 말고 묻는 말에나 대답해!"

여유만만한 정율성의 반문에 요원이 목소리를 높이며 재촉했다.

"그렇다면 대답하기 전에 내가 먼저 한번 물어봅시다. 당신은 이곳 연안에서 오랜만에 고향에서 알던 사람을 만나면 무슨 얘기를 하죠? 고향 얘기, 몇 년 동안 뵙지도 못한 부모님 안부, 이런 얘기부터 시작하지 않나요?"

"빙빙 말꼬리를 돌리지 말고 사실대로 말하라니까!"

잠시 허점을 보였던 요원은 이내 본래의 얼굴로 돌아가 정율성을 다그쳤다.

"우리가 그때 나누었던 얘기가 정 듣고 싶다면 얘기해 드리죠. 너무 시간이 오래되어서 그때 했던 이야기를 그대로 다 옮길 수는 없다는 점은 이해하십시오. 지금 생각해 보면 그때 가장 먼저 나왔던 화제는 김치였던 것 같습니다. 사실 나는 그날 혹시 시장에 김치 담글 재료를 구할 수 있는지 알아보러 갔거든요. 그래서 그 동지에게도 내가 김치를 담그면 조금 가져다주기로 했는데, 얼마 뒤 그가 전선으로 떠나가는 바람에 그 약속을 지키지 못했습니다. 혹시 선생은 조선인들이 즐겨먹는 김치를 먹어본 적이 있나요?"

한족인 그가 김치를 먹어보기는커녕 김치라는 것을 구경해 봤을 리 없었다. 정율성은 왜 조선인이 김치를 먹어야 하는지 장황하게 늘어놓았다. 한참 그의 얘기를 듣고 있던 요원은 정율성으로부터 원하는 대답을 얻어낼 수 없다고 판단했는지 책상 위에 늘어놓았던 서류를 주섬주섬 챙겼다. 확실한 증거가 없는 이상 당 수뇌부에서도 관심을 갖고 있는 정율성을 닦달할 수만은 없는 노릇이었다. 더군다나 그들은 김산과 정율성의 관계를 추궁할 만한 증거를 확보하지 못한 상태였다. 결정적인 증거도 없이 자칫 너무 세게 몰아치다가는 오히려 역공에 몰릴 수도 있기 때문이었다. 그러지 않아도 연안 일각에서는 그들 기관을 보는 시선이 곱지 않음을 요원도 잘 알고 있었다.

그렇지만 지금 이 순간에도 적들은 끊임없이 특무를 혁명의 심장부 연안으로 침투시키고 있다. 또 만에 하나 적의 스파이가 이 연안에 침투해서 활동한다면, 그리고 그들을 색출해 내기 위해서는 약간의 희생이 필요하다면, 그 희생을 기꺼이 감수해야만 하는 것이 자신들의 임무였다.

열 명의 도둑은 놓치더라도 한 명의 선량한 양민은 구해야 한다는 것은 전쟁이 아닌 평화 시에나 가능한 일이었다. 지금 적들의 포위망에 둘러싸여 있는 이곳 연안에서는, 열 명의 양민이 희생되는 한이 있더라도 한 놈의 스파이는 색출해야만 했다. 그 한 놈의 스파이가 어쩌면 연안의 철옹성을 한순간에 무너뜨릴지도 모르는 일이었기 때문이다. 그는 그렇게 교육 받았고 또 그 부분에 관해서 추호의 의심도 하지 않았다. 아니, 하고 싶지 않았다. 그것이 지금 당원인 자신에게 부여된 임무였기 때문이었다. 요원이 먼저 자리에서 일어났다.

"자, 오늘은 밤도 깊고 했으니 이만 합시다. 마지막으로 해두고 싶은 말은, 우리 당은 훌륭한 음악가인 동지를 믿고 있다는 점이오. 그러기에 동지의 모든 것을 알고 싶은 것이오. 이 점에 관해서 추호의 의심도 갖지 마시오. 나도 당신 같은 훌륭한 동지를 이런 자리에서 다시 만나고 싶지는 않소. 이곳에서 나가거든 이곳 일은 잊어버리고 다시 혁명을 위한 노래를 만드는 데 있는 힘을 다해 주시오."

요원은 손을 내밀었다. 정율성도 손을 내밀어 악수를 했다. 그의 손바닥은 차돌처럼 딱딱하게 느껴졌지만 그래도 온기가 전해져 왔다.

밖으로 나와 바라본 연안의 밤하늘에는 무수한 별들이 박혀 있었다. 밤하늘의 별을 쳐다보던 정율성은 속에서 터져나오는 울분을 느끼며 털썩 주저앉았다. 자신을 친동생처럼 아껴주었던 김산을 변호해 주지 못한 자신이 미웠다. 추호도 김산이 혁명에 반하는 행위를 했다고 생각하지는 않았다. 그가 가는 길이 좀 위태로워 보여도 그것이 잘못된 길이라고는 생각하지 않았다. 어차피 자신이 걸어가고 있는 이 길도 그 끝을 알 수 없지 않은가. 정율성은 목구멍까지 솟아오르는 울음을 삼키느라고 어금니를 꽉 깨물었다.

정율성이 의심을 받기 시작하면서, 가까워져 가던 정설송과의 관계도 삐걱거리기 시작했다. 정설송이 아직 겉으로 드러내지는 않았지만 흔들리고 있다는 것을 정율성은 본능적으로 느꼈다. 그즈음 정설송에게 조직으로부터 무형의 압력이 가해지고 있었던 것도 사실이었다.

그녀가 다니던 중국여자대학의 부교장인 가상시(柯床施)는 은근히 정율성과 교제하는 것을 만류할 뿐만 아니라, 모스크바 유학을 마치고 돌아온 중국여자대학 정치담당 지도원마저 정율성처럼 과거 행적이 불분명한 사람과 교제를 하는 것은 '당의 신임을 받고 있는 동지의 앞날을 스스로 막는 길이니까 잘 생각해보라'는 말을 넌지시 할 정도였다. 그것은 핵심을 피해 빙빙 돌아가며 한 얘기였지만, 결론은 정율성과의 관계를 청산하라는 말이었다.

정설송도 그를 좋아하기는 하지만 조직의 결정을 단번에 거부할 만큼 개인적인 사랑에 눈이 멀 성격은 아니었다. 어쨌든 그녀도 항일과 혁명을 위해 고향과 가족을 버리고 연안으로 떠나올 만큼

당찬 성격의 여자였기에, 항일전에 모든 정력을 쏟아도 모자랄 판에 사랑놀음에만 귀중한 시간과 열정을 바칠 수는 없었다. 지금까지 당이 그녀를 키워주었으니 이제는 자신이 당과 조국을 위해서 일을 할 시기라고 믿었다. 무엇보다 당과 조국을 위해서 전심전력을 쏟았던 그녀의 그런 노력이, 뒷날 그녀로 하여금 중국 최초로 여성 대사 자리에 오르게 하였을 것이다.

하지만 한번 마음을 준 사람을 쉽게 버릴 만큼 모진 성격도 아니었다. 혁명이 무엇인가? 그리고 무엇 때문에 혁명을 하는 것인가? 결국은 모든 대중이 인간답게 살기 위해서 힘든 고통을 무릅쓰면서 혁명대열에 나선 것이 아닌가? 상황이 바뀌었다고 해서 그렇게 사람을 헌신짝처럼 버린다면 그것이 과연 인간이 할 올바른 도리인가?

그리고 정설송은 무엇보다 정율성을 믿었다. 아니 믿고 싶었다. 그가 만일 당의 의심을 받는 회색분자라면, 아무리 뛰어난 음악적 재능을 가지고 있다 하더라도 연안과 팔로군을 노래한 〈연안송〉과 〈팔로군 행진곡〉 같은 곡은 그의 가슴에서 나올 수 없었을 것이다. 그것은 가슴으로 느끼지 않으면, 절대로 머리로만은 만들 수 없는 노래라는 것을 잘 알고 있었다.

그러나 조직의 결정을 무시할 수만은 없는 처지였다. 그 이후 두 사람이 공개적으로 만나는 일은 힘들어졌다. 만일 다른 사람의 눈에 띄면 그것은 항명으로 받아들여질 수도 있었다. 그래서 하는 수 없이 두 사람은 편지를 주고받거나 그것도 힘들면 서로의 솔직한 감정을 적은 일기장을 바꿔보면서 아픈 마음을 달랬다. 정율성도 당장에라도 달려가 자신의 속을 까보이고 싶은 심정이었지만, 그런 행동이 자칫 그녀를 더 힘든 상황으로 몰고 갈지도 모른다는 생각에 자제할 수밖에 없었다.

사랑이란 무엇인가? 자신이 희생해서 사랑하는 사람을 지켜줄 수 있다면, 차라리 자신을 희생하는 것이 진정한 사랑이 아닌가. 하지만 헛된 희생은 싫었다. 그런 고통과 번민에 사로잡힐 때마다 정율성은 작곡에 더욱 몰두했다. 그것만이 자신이 죽지 않고 살아 있음을 증명하는 길이라고 생각했고, 또 떠오르는 생각의 편린들을 오선지 위에 옮길 때가 최고로 희열을 느끼는 순간이었다. 작곡에 몰두하는 시간만은 자기를 옥죄고 있는 현실의 고통과 번민으로부터 벗어날 수 있게 했다.

정율성이나 정설송 모두 자기 일에 몰두함으로써 두 사람의 관계는 점차 소원해져 가고 있었다. 사랑하는 사람도 자주 만나지 않으면 잊어버리게 되고, 또 포기하게 되는 것이 사람의 마음이다. 그리고 실제로 과중한 업무 때문에 상대방을 생각할 겨를조차 없었던 때도 있었다. 어쨌든 당시의 상황은 두 사람 모두 사랑에만 목매달고 살 수 있는 조건은 아니었다.

그런 가운데 시간은 속절없이 흐르고 있었다. 더군다나 정설송이 조직의 결정으로 섬감녕 변구 선거를 지도하기 위하여 중국여자대학에서 조직한 선거사업단의 부단장으로 1941년 초, 연안을 떠나게 되었다. 정율성은 오히려 마음이 홀가분했다. 가까이에 있는 그녀를 보지 못하는 것보다는 오히려 멀리 떨어져 있는 것이 나을 것만 같았다. 그동안 잠이 오지 않는 밤이면 정설송이 있는 요

동 근처를 혼자서 얼마나 헤매고 돌아다녔던가. 혹시라도 그녀를
만날 수 있을 것 같은 생각이 들었기 때문이다. 그러다가 우연히
누군가를 만나면 곡을 구상하는 중이라고 둘러대곤 했다.

정율성은 정설송이 연안을 떠나는 날짜를 알고 있었지만 그녀를
환송하는 자리에 얼굴을 보이지 않았다. 그리고 그녀가 연안을 떠
나는 날도 나타나지 않았다. 사랑하는 여인의 뒷모습을 보고 싶지
는 않았다. 남몰래 사랑하는 여자의 뒷모습을 지켜보며 눈물을 삼
키는 못난 사나이가 아니라, 떳떳하게 사랑하는 연인의 얼굴을 똑
바로 쳐다보면서 사랑을 고백하는 주인공이 되고 싶었다. 그것이
설령 꿈일 따름이라도 그런 꿈을 꿀 수 있는 사나이로 남고 싶었다.

5. 물 속의 소금

1940년 초에 접어들면서 국민당이 30만 대군을 동원해 연안을
봉쇄하자, 그렇지 않아도 물자가 부족하고 불편했던 연안의 생활
은 더욱 견디기 힘들 정도가 되었다. 그러나 이런 상황은 어둠이
짙을수록 새벽이 가까워진다는 반증의 서곡인 셈이었다. 특히, 일
본군 포로 출신들에 의해 1940년 5월 연안에서는 일본인민반전동
맹 연안지부가 결성되었고, 또한 11월에는 늘어나는 일본군 포로
들을 재교육하기 위해 일본공농학교가 설립되었다. 철벽처럼 단
단하게만 보이던 일본제국주의에도 조금씩 균열이 가고 있음을 느
낄 수 있었다.

한편 이 무렵 중국공산당 해방구 안에 있던 조선인들의 숫자가 늘어나기 시작하면서, 조선인들만의 독자적인 조직 결성도 필요해 졌다. 그리하여 무정의 주도로 1941년 1월, 화북조선청년연합회가 태항산에서 만들어졌다. 그리고 이 단체는 1939년 무한에서 창립된 이후 북상하여 태항산에 주둔하던 조선의용군 정치조직 조선독립동맹과 연대를 한다.

연안은 중국혁명의 심장부였지만, 당시 북중국 조선인들의 중심지는 조선의용군의 주력부대가 머무르고 있던 태항산이었다. 그래서 조선독립동맹과 화북조선청년연합회 본부도 모두 태항산에 자리잡고 있었다.

1941년 7월 8일, 화북조선청년연합회 섬감녕(陝甘寧) 변구 분회의 창립식이 연안에서 열렸다. 비록 조선청년연합회 밑에 속한 한낱 조직에 지나지 않지만, 섬감녕 변구가 갖고 있는 중요성으로 말미암아 전방에 머무르고 있던 조청 회장 무정까지도 연안으로 와서 참석했다.

특히, 창립식장에서는 연안에 체류하던 일본과 대만의 대표들도 참가하여 축하 연설을 한 것이 눈길을 끌었다. 연안에서 소수에 지나지 않았던 아시아 지역 각국의 혁명가들도 연대를 통해 서서히 힘을 모으기 시작한 것이다.

이날 정율성은 조청 섬감녕 변구 분회장에 취임한다. 그가 연안에서 중국공산당 지도부에게 알려진 유명 작곡가라는 점과 보이지 않는 무정의 배려가, 그가 투쟁경력이 쟁쟁한 다른 조선인 혁명가들을 제치고 분회장 자리에 오른 결정적인 요인이었을 것이다. 이 무렵 연안에 머물던 조선인들 가운데 20명이 조금 넘는 인원이 조청 섬감녕 분회에 가입한다.

정율성은 이날 창립식 연설에서, 연안에 조선혁명간부학교를 설립하여 조선의 혁명 간부를 양성하자는 제안을 하였다. 그것은 아마 조선혁명을 끝까지 완수하기 위해서는 무엇보다 중국혁명에 맞게 짜여진 중국인 학교보다는 조선인들만의 학교를 세워 인재를 양성하는 것이 더 효과적이라고 판단했기 때문이었다. 이미 남경에서 의열단이 설립한 조선혁명군사정치간부학교를 다녔던 그로서는, 조선인들만의 독자적인 교육훈련이 가져오는 성과를 알고 있었던 것이다.

당시 연안에서 발행되던 《해방일보》 1941년 7월 9일자는 섬감녕 변구 회장의 이름을 정율빈(鄭律彬)이라고 기록하였다. 하지만 이는 오자(誤字)임이 분명한 것 같다. 당시 연안에 있었던 인사들 가운데 정율빈이라는 이름을 사용했던 사람은 없다. 그것은 '장지락'을 '장지학'이라고 쓴 기록이 나타날 정도로 오자가 심했던 당시의 정황을 고려하면 크게 무리가 없다.

정율성처럼 연안의 조선인들은 연안이 조선인 혁명운동의 중심이 될 것을 기대했지만 현실은 그렇지 않았다. 1938년 무한에서 창립된 이후 그곳에서 활동하던 조선의용대는 1941년 봄, 황하를 건너 북상을 택한다. 1941년 7월, 해방구 지역으로 들어온 조선의용대의 주력부대는 태항산에 주둔하고 있었다.

결국 중국공산당의 방침에 따라 조선의용대는 조선의용군으로 재편성되고 난 다음 본격적인 항일전에 뛰어든다. 따라서 연안에 있던 조선인들의 뜻과 달리, 조선혁명간부학교는 연안이 아닌 조선의용군의 주력이 주둔하고 있던 태항산에 세워진다.

이날 섬감녕 변구 분회 창립식에 참석하여 개회사를 한 무정은, 반일민족통일전선의 중요성을 유독 강조했다. 창립식이 열린 다음날인 1941년 7월 9일자 《신화일보》에는 창립식장에서 했던 무정의 발언이 실려 있다.

> 화북지방으로 망명해온 조선청년들을 단결시켜 조국해방의 대업에 참가하며 조선에 대한 일본제국주의의 통치를 뒤집고 독립, 자유, 민주의 조선공화국을 건설하기 위하여 화북조선청년연합회를 창립하였다. 화북조선청년연합회는 조선 전 민족의 반일통일전선을 옹호하며, 공동의 적을 반대하는 목표 아래에서 공동으로 투쟁한다.

무정은 오랫동안 중국공산당에서 활동했지만 중국혁명과 조선의 해방은 서로 분리될 수 없다고 생각했던 것 같다. 그것은 다음과 같은 그의 말에서 짐작할 수 있다. 무정은 1937년 1월, 자신을 찾아온 서휘에게 다음과 같은 말을 남긴다. 그때만 하더라도 연안에 도착한 조선인들의 숫자는 고작 한두 명에 불과하던 무렵이었다.

> 앞으로 조선을 일본 침략자들의 수중에서 해방시키고 자유 민주의 공화국을 건설하자면, 우리에게도 혁명적 골간이 있어야 하고 군사기술도 필요합니다. 이런 것이 하늘에서 떨어지겠소? 아니오. 우리 조선 사람의 손으로 만들어야 합니다. 그러자면 우리는 먼저 인재를 양성해야 하고,

따라서 화북에서 유랑하고 있는 조선의 청년들을 이곳에 불러 들여야 하고, 또 동북과 화중, 화남에서 방황하는 조선 청년들을 여기에 불러들여야 합니다. 그러자면 우리는 중국공산당의 영도를 받아 홍군과 어깨 결고 싸워야 합니다. 중국 사람들은 꼭 중국을 일본침략자의 마수에서 구해내고야 말 것이오. 따라서 우리가 중국혁명에 가담하는 것은 중국을 구하는 데에만 그치는 것이 아니라, 우리의 역량을 키워 앞으로 조선을 해방시키는 데 밑거름이 될 것이오.

한편 공산당 통치구역인 해방구에 대한 일본군의 대대적인 공세가 시작되면서 연안은 또 한 번의 위기를 겪고 있었다. 남쪽은 국민당으로부터, 동쪽은 일본군으로부터 위협을 받는 상태에서 연안이 완전 포위된 가운데 공산당은 2만 5천 리 대장정 이후 최대 위기를 맞고 있었다. 거기다가 연안에 있던 중국공산당 지도부를 더욱 불안하게 한 것은 형제국이라고 생각했던 소련이었다. 항일을 하고 있는 중국국민당에 군사원조까지 했던 소련이 자국의 방위를 위해 1941년 4월, 일제와 우호조약을 체결했다. 이 시기 연안의 어려웠던 상황에 대해서 모택동은 솔직하게 털어놓는다.

우리들은 거의 입을 옷이 없었고 반찬도 없었으며, 먹을 기름도 없었다. 종이도 없었고, 병사들은 신을 신발과 양말이 없었으며, 덮고 잘 이불조차 없었다. 거기다가 국민당은 경비를 보내주지 않고 경제를 봉쇄하는 것으로 우리를 곤궁에 빠뜨려 죽이려고 했다.

이러한 상황이 계속되자 연안에 몰려들었던 지식인들 사이에서 불만이 나오지 않을 수 없었다. 모택동으로서는 특단의 대책이 필요했다. 그것이 뒷날 연안에 몰아닥친 정풍운동의 시작이었다.

1941년 초 섬감녕 변구의 지방에 파견 나가 있던 정설송은 10개월쯤 지난 11월이 되어서야 연안으로 돌아올 수 있었다. 그동안 두 사람은 얼굴을 보기는커녕 편지조차 주고받을 수 없는 그야말로 암흑의 시기였다. 하지만 정율성은 결코 정설송이 자기를 잊지 않을 것이라는 믿음을 지니고 있었다. 그것은 정설송도 마찬가지였다.

정설송이 연안으로 돌아왔다는 소식은 정율성에게도 전해졌다. 조직에서는 아직도 두 사람의 관계가 유지되는 것을 마땅치 않게 생각했지만, 그래도 사람 사는 세상에는 따뜻한 마음을 지니고 있는 좋은 사람들이 있게 마련이다.

그 무렵 정율성은 폐결핵으로 노신예술학원을 그만두고 산에서 휴양을 하고 있었다. 당시 연안에는 폐결핵을 제대로 치료할 수 있는 의약품이 없었다. 그래서 그 병에 걸렸다면, 그것은 바로 죽음으로 가는 마차에 올라탔다는 의미나 마찬가지로 치명적이었다.

정율성도 알고 있었다. 모택동이 북방의 철부노선이라고 격찬했다는 한위건마저 연안에서 폐결핵에 걸린 몸을 제대로 돌보지 못해 결국 연안 산골짜기에 뼈를 묻었다는 것도, 그리고 연안에서 만났던 김산도 폐결핵으로 고생했다는 사실을 잘 알고 있었다.

그런데 숱한 혁명가들을 잡아먹었던 그 놈의 폐결핵균이 이제 자신의 몸을 갉아먹고 있는 것이다. 정율성이 폐결핵에 걸린 것은 그동안 작곡을 하느라고 몸을 제대로 돌보지 않은데다가 부실한 식사, 그리고 당으로부터 누명을 쓰고 정설송과의 관계마저도 흔들리는 등 모든 일이 제대로 풀리지 않으면서 갈등과 번민으로 숱한 밤을 뜬 눈으로 보낸 탓이었다.

그렇지만 정율성은 일본 제국주의가 무너지는 모습을 보기 전에는 눈에도 보이지 않는 폐결핵균에 결코 지지 않으리라고 스스로 다짐했다. 그래서 노신예술학원에 휴가를 신청하고 산으로 들어갔다.

그것은 승산이 없는 도박이나 마찬가지였다. 정율성을 아끼는 동료들은 그를 마치 죽을 자리를 찾아 가는 사람마냥 여겨, 기어코 말렸지만 정율성의 생각은 달랐다. 연안에 있어 봐야 하루 두 끼, 바람이 불면 풀풀 날리는 조밥이 고작이지만, 그래도 산속으로 들어가면 산짐승들이 있었다. 자신이 노력하기에 따라서는 연안에 있으면서 조직에서 공급하는 식사에 의존하는 것보다는 훨씬 고단백식을 할 가능성이 높았다. 게다가 사냥이라면 누구보다 자신이 있었다.

또 연안에 들어온 뒤로 앞만 보고 달려온 생활에서 벗어나 잠시나마 자신을 돌아볼 기회를 가지고 싶었다. 조직의 허락을 받고 산 생활을 하면서 정율성은 자신의 선택이 옳았다는 생각이 들었다. 산속에서는 연안에서 구경할 수 없었던 각종 열매와 산짐승을 그리 어렵지 않게 구할 수 있었던 것이다. 정율성은 산중생활을 하면서 자신의 몸이 하루가 다르게 회복되어감을 느꼈다.

그 무렵 동료 하나가 무정과 정설송이 연안에 도착했다는 사실을 알려주려고 허겁지겁 밤길을 달려왔다. 그는 자신의 일과를 끝

내고 잠잘 시간을 이용해 그 기쁜 소식을 알려주고 다시 밤이슬을
맞으며 돌아갔다. 정율성은 어스름한 달빛을 받으면서 산 아래로
사라지는 그 동료의 뒷모습에 진정한 우정을 느꼈다. 조직의 눈을
피해서 그런 일을 하기는 결코 쉽지 않음을 정율성은 너무나 잘 알
고 있었기 때문이다.

정율성은 그날 밤을 꼬박 지새우면서 고민하고 또 번민했다. 산
중생활을 하면서 어두워지면 자고 날이 밝으면 일어나 활동하는
산짐승의 생리대로 단순하게 생활해 오던 그는 동녘이 밝아올 무
렵, 다시는 물러서지 않겠다고 다짐하고 서둘러 짐을 꾸렸다. 짐이
라고 해봐야 그의 분신이나 마찬가지인 바이올린과 악보집, 주덕
총사령이 선물로 준 총과 약간의 탄약, 그리고 책 몇 권이 전부였
다. 그래도 살다보면 느는 것은 살림뿐이라고, 산속으로 들어올 때
보다도 짐은 늘었지만 두 어깨에 느껴지는 무게는 훨씬 가벼웠다.
그만큼 몸이 많이 회복되었다는 뜻이었다.

연안으로 돌아온 정율성은 우선 무정을 찾아 솔직하게 자신이
지금 처한 상황을 설명하고 그에게 도움을 요청했다. 묵묵히 정율
성의 말을 끝까지 듣고 난 무정은 힘있게 그의 손을 잡아주었다.

"걱정마라. 청춘 남녀가 마음이 맞아 결혼하겠다는데, 우리 당
이 그것까지 이래라 저래라 할 수 없는 것 아닌가. 그리고 도대체
어떤 놈이 자네를 의심한단 말이야. 편하게 앉아 남이 피땀을 흘려
가며 해다 준 밥을 먹으며 공부만 해서 머리에 먹물밖에 들어 있지
않는 놈들이 문제야. 지금도 전선에서는 어린 전사들이 적들의 총
알에 온몸을 내놓고 싸우고 있는 판국인데, 삼 끼 세 때 밥 굶을 걱

정 없는 연안에서 하는 짓들
이라고는……. 성질 같아서는
내 이놈의 좌경모험주의자들
을 당장……."

△ 김무정(1905~1952).

　치솟는 화를 어쩌지 못한
무정은 주먹으로 탁자를 내리
쳤다. 그 바람에 백차(차잎을
넣지 않고 맹물을 그냥 끓이
기만 한 차)잔에서 물이 넘쳐 탁자 위로 쏟아졌다. 거의 전방에만
머무르는 무정이라고 해서 연안에서 모스크바 유학파들이 벌이고
있는 추악한 음모를 모르겠는가? 하지만 그 음모에 대해서 공식적
으로 이의를 제기할 수 없는 것이 그곳의 현실이었다.

　무정은 화를 진정시키기 위해서인지 백차를 한 모금 마시고 나
서 다시 입을 열었다.

　"자네 형들의 투쟁경력을 잘 알고 있는 내가 비록 힘은 없지만
이 연안에서 될 수 있는 대로 한번 애써보지. 그래도 안 되면 사내
자식답게 깨끗이 포기하는 거야. 어디 여자가 하나뿐이야. 우리 조
선의용군에도 얼굴 예쁘고 마음씨도 곱고 게다가 투쟁경력이 뛰어
난 처녀가 한둘 아니야. 언제 태항산에 가면 내가 중매 한번……."

　"선생님! 제 얘기는 그게 아니고……."

　손사래를 치며 곤혹스러워하는 정율성의 태도에, 무정이 멋쩍
은 듯 백차 잔을 들어 입술만 적시고선 너털웃음 터뜨렸다. "착한
줄만 알았더니만 자네도 화를 내니까 무섭네. 농담이야, 농담. 우

리 사이에 어디 농담 한마디도 못 하나."

"형님, 저 지금 농담할 기분 아닙니다. 저한테는 인생이 걸린 문제입니다."

"알았어. 알았다니까. 우리 조선 속담에 바쁠수록 돌아가라는 말도 있잖아. 일이란 것이 차근차근 단계를 밟아가야지 아무리 바쁘다고 해서 실을 바늘허리에 매서 쓸 수는 없지."

"지금 제 심정 같아서는 실을 바늘에 매는 한이 있더라도 우리의 옷을 꿰매고 싶습니다."

"성질머리 하곤. 그런데 어쩌다가 눈에 콩깍지가 씌었지. 자고로 여자는 조선 여자가 최곤데…, 부드럽고 또…."

무정이 그 특유의 눈웃음을 치며 빙긋이 웃었다.

"그럼 형님은 어떻게?"

정율성은 무정에게 바로 쏘아붙였다. 무정이 두 팔을 번쩍 쳐들며 한마디 내뱉었다.

"알았어. 내가 졌네, 졌어."

무정이 꼼짝하지 못한 것은 그 또한 중국인과 결혼했기 때문이었다. 두 사람을 이어준 주인공은 바로 팽덕회였다. 무정은 팽덕회가 홍군의 부사령관이던 시절 그 밑에서 참모장을 한 적이 있었다. 그것이 인연이 되어 가깝게 지내던 팽덕회의 호의를 거절할 수가 없었다. 아니 그 드넓은 중국 대륙의 전쟁터에서 꽃다운 청춘을 흘려보내면서 가끔 옆구리가 시려오는 것을 느낄 때가 있었다. 중국의 전쟁터에서 20년 가까운 세월을 보낸 그도 벌써 마흔이 가까웠다. 그래서 모른 척하고 팽덕회의 제의를 받아들였던 것이다.

무정은 정율성을 만난 뒤 정설송을 찾아가 그녀의 마음을 돌리려고 나름대로 애를 썼던 것 같다. 사진기가 귀한 연안에서 사진사까지 데리고 가 그녀와 함께 사진을 찍자고 할 정도였다. 그 점에 대해서 정설송은 회고록에서 이렇게 썼다.

> 그(무정—필자 주)는 우리 관계에 문제가 생겼다는 것을 알고 나를 찾아왔다. 자신은 율성과 율성의 큰형님과 둘째형님도 안다고 했다. 그리고 정율성에게는 문제가 전혀 없다는 것을 자신이 보증하며, 그의 가정도 혁명 가정이라는 점을 강조했다. 또한 나에게 그를 사랑한다면 더 주저하지 말라는 충고를 해주었다.

당 중앙으로부터 신임을 받던 무정의 진심 어린 충고는 정율성과의 관계를 유지해야 될지, 아니면 조직의 지시대로 끊어야 할지 고민하고 있던 정설송의 마음을 굳히는 데 큰 영향을 미친 것 같다. 그리고 무정은 그 두 젊은이의 관계를 가로막고 있던 조직의 보이지 않는 장애물을 없애 주었다.

정설송이 당 중앙조직부에 정식으로 정율성과의 결혼 신청서를 제출하자 전운(陳云)은 그녀에게 이렇게 말했다.

"조직에서는 동무들의 결혼에 대해서 어떤 이견도 없다는 결론을 내렸소. 따라서 결혼은 이제 두 사람의 개인적인 문제요."

이 말은 조직에서는 두 사람의 결혼을 승낙하니까 앞으로 두 사람이 알아서 하라는 뜻이었다.

정설송이 그렇게 결혼을 서둘러 결정한 데는 몇 가지 요인이 있었다. 그녀는 새로 조직된 변구의 주석 비서로 내정되어 있었다. 따라서 이번에 연안을 떠나면 언제 다시 돌아올지 모를 일이었다. 그리고 그 무렵 중국여자대학 고급반에서 함께 공부했던 동료들도 거의 결혼을 하였다. 결혼 적령기의 처녀가 절대 부족한 연안의 사정상 처녀들은 대체로 일찍 결혼을 하였다. 정설송의 나이는 이미 결혼적령기를 넘기고 있었다.

일단 결혼을 하겠다고 마음먹자 다음 일은 빠르게 진행되었다. 그러나 결혼을 앞둔 정설송에게 마음에 걸리는 것이 하나 있었다. 아무리 물자보급이 봉쇄된 연안에서의 혼례라고는 하지만, 하객들을 맨입으로 돌려보낼 수는 없는 노릇이었다. 정설송이 넌지시 손님 맞을 잔칫상 걱정을 하자 정율성이 빙긋이 웃었다.

"그런 걱정이라면 붙들어 매시오. 내가 산에서 요양을 하면서 보니 간혹 산양들이 눈에 띕디다. 내 솜씨가 녹슬지 않았다면 산양 한두 마리 잡는 것은 일도 아니니까, 얼른 갔다 오리다. 당신은 그걸로 어떤 요리를 할지 궁리해 보시오."

그렇게 말한 정율성은 바로 총을 집어 들고 산으로 들어갔다. 그리고 그날 연안의 보탑산에 노을이 물들 무렵, 산에서 내려오는 정율성의 어깨에는 산양 두 마리가 얹혀 있었다. 부모형제도 참석하지 못하는 결혼식이라 음식 준비는 그들 스스로가 할 수밖에 없었다. 두 사람은 잡아온 산양 가운데서 한 마리는 시장에 내다팔아 곡식으로 바꿔 떡을 만들기로 했고, 한 마리는 양고기구이를 만들기로 했다. 충분하지는 않았지만 그래도 그 정도면 하객들의 입맛을 어느 정도 달랠 수는 있을 것이라는 생각이 들었다.

△ 연안에 새로 형성된 시장[新市場]. 정율성이 사냥한 산양을 팔아 곡식으로 바꾸었던 바로 그곳이다.

　가장 큰 걱정거리였던 잔치음식을 마련하는 문제를 해결할 만
큼 정율성은 뛰어난 사격 솜씨를 지니고 있었다. 정율성이 명사수
였다는 이야기는 태항산에 주둔하고 있던 조선의용군의 주력부대
가 1944년 12월 연안으로 이동할 때, 정율성과 행동을 같이 한 이
화림의 〈진리의 향도 따라〉라는 글에도 나온다.

　　우리가 산중턱을 한참 내려오는데, 누군가 골짜기 건너편의 산비탈을
　가리키며 소리쳤다.
　　"저길 봐, 저게 뭐야?"
　　이때 내 뒤에서 걷고 있던 정율성이 앞으로 달려가며 소리쳤다.
　　"어, 어 쏘지들 마오. 내 좀 쏴보게요."

그 바람에 모두들 들었던 총을 놓고 길을 비켜주었다. 정율성은 선 자리에서 그 짐승이 뛰는 방향을 따라 총부리를 천천히 돌리며 겨냥하더니 방아쇠를 잡아당겼다. 땅― 하는 소리와 함께 짐승이 데굴데굴 골짜기로 굴러 떨어졌다. 나는 정율성의 사격솜씨에 새삼 놀랐다. 그는 자기가 늘 말하던 콩나물장사 만 할 줄 아는가 했더니 불질도 제법 잘했다.

신랑과 신부 양쪽 모두 부모님을 비롯한 일가친척은 한 사람도 참석하지 못한 결혼식이었지만, 삶과 죽음을 같이 넘나들고 있는 혁명동지들이 참석하여 자리를 빛내주었기에 그들은 조금도 외롭지 않았다. 더욱이 그 자리에는 두 사람이 어려움에 놓여 있을 때 큰 힘을 보태준 무정도 바쁜 시간을 쪼개 참석했다.

결혼식 사회는 쟁쟁한 문예이론가인 주양(周揚)이 보았다. 이때는 주양이 두 사람의 결혼식 사회를 볼 정도로 정율성과 가까운 사이였지만, 몇 년 뒤 주양은 정율성과 아주 등을 돌리게 된다. 그것은 바로 연안에 몰아닥친 정풍운동 때문이었다. 이때 한번 틀어진 그들의 관계는 연안시절을 거쳐 중화인민공화국 수립 뒤에도 쉽게 회복되지 않았다.

두 사람 다 나름대로 자기가 맡은 분야에서 최선을 다했던 인물로 평가받고 있으므로, 그것은 누구의 잘잘못을 따지기 앞서 서둘러 역사를 세우고자 했던 시대의 비극이었다. 마치 김산과 한위건의 관계처럼.

6. 연안문예강화

1942년 2월 1일, 중공당중앙학교 개학식에 참석한 모택동은 항일전을 수행하면서 알게 모르게 흐트러진 당의 작풍을 다시 정돈하고 새출발을 하자는 취지의 연설을 한다. 이것이 공식적인 정풍운동의 선언이다.

이날 모택동이 시동을 건 정풍운동은 주관주의를 반대하여 학풍(學風)을 정돈하고, 종파주의를 반대하여 당풍(黨風)을 정돈하고, 또 당팔고(黨八股, 실질적인 내용이 없이 지나치게 형식에만 얽매인 문장)를 반대하여 문풍(文風)을 정돈하자는 이른바 3풍 정화운동이었다.

그것은 학계의 지나친 주관주의, 즉 엘리트주의와 당내의 종파주의 그리고 문화예술계에 급속히 번지고 있는 자유주의 사상을 정면으로 비판하는 내용이었다. 그리고 그 대상은 날이 갈수록 그 숫자가 늘어나고 있는 연안의 지식인들이었다. 그들은 항일전을 수행하는 데 꼭 필요한 실질적인 전투력을 갖고 있지 못하면서도 모택동의 일인지배를 강화하는 데 걸림돌이 되었다. 이날 모택동이 말한 정풍운동의 속내는 시대가 바뀌었으면 생각도 행동도 시대에 맞게 바뀌어야 한다는 것이었다.

특히, 잘못된 관습에 빠져 있음에도 그것을 쉽게 버리지 못하고 예전의 방식을 고집하는 지식인들에게 새로운 세상, 즉 연안이 요구하는 것을 작품으로 만들어내기 위해서는 무엇보다 먼저 정신개조가 필요하다는 점을 강조했다. 모택동은 연설 끄트머리에 당팔고에 대해서 길게 설명했다. 모택동이 지적한 당팔고는 연안에 있는 작가들의 작품이 지나치게 형식주의적이고 교조주의적이며, 무엇보다 아직도 자유주의라는 소자산계급의 잔재에서 벗어나지 못하고 있다는 것을 꼬집는 말이었다.

이날 모택동의 교시가 떨어지자 연안의 각급 당조직은 일사분란하게 움직였다. 이미 알 만한 사람들은 모택동이 그 연설을 직접할 수밖에 없는 속사정을 짐작하고 있었다. 모택동의 연설에서 드러난 정풍운동의 대상은 지식인들에게 국한되었으나 그것은 곧 당의 모든 기관으로 번져나갔다.

사실 정풍운동의 목표는 피난민이 연안으로 엄청나게 들어옴에 따라 당원수가 급격하게 증가하고 그곳에 대한 일본군과 국민당 군대의 압력이 가중되고 있는 시기에 당의 조직을 개편하고 규율을 강화하자는 데 있었다. 처음 홍군이 도착했을 때 연안은 몇 천명에 지나지 않은 작은 소읍이었으나 몇 년 만에 그 인구가 무려 10만 명까지 증가할 정도로 비대해 있었다.

연안이 안고 있던 문제들 가운데서 인구문제보다 더 심각한 문제는 그곳이 생산도시가 아니라 소비도시가 되었다는 점이다. 그 많은 인구 가운데서 실제로 직접 생산에 종사하는 비율은 얼마 되지 않았다. 따라서 그들이 소비하는 식량의 대부분을 밖에서 들여와야만 하는 당조직의 고민도 정풍운동을 대대적으로 벌이게 만든 요인들 가운데 하나였다. 그처럼 정풍운동은 한 가지만이 아닌 여러 가지 목적을 가지고 시작되었다.

그러나 그 대상자들이 느끼는 정풍운동은 이른바 거칠게 진행되는 불순물 솎아내기 작업, 그 이상 그 이하도 아니었다. 불순물 근처에 있다가 재수가 없으면 불순물을 솎아낼 때 같이 딸려 나갈 수 있는 것이다. 그 운동이 진행되면서 개인들 사이에도 불신과 의심이 싹트기 시작했고, 그것은 사람들 사이에 감정의 골을 더욱 깊게 만들었다. 그것은 특이하게 진행되는 정풍운동의 방법 때문에 비롯된 현상이었다.

정풍운동의 기본적인 실행방침은 1920년대 후반 모택동이 강서 소비에트에서 제안하여 실시했던 이론에 바탕을 두고 있었다. 그것은 당내의 갈등을 추방이나 물리적인 폭력보다는, 동료들 사이의 비판을 위주로 한 토론을 통해서 자극을 주고 이어 집중적인 학습으로 문제를 궁극적으로 해결한다는 것이었다. 원칙은 좋았지만 그것이 실제로 적용되면서 부작용을 일으키기 시작했다. 사람이란 궁지에 몰리게 되면 가끔 자기도 모르게 이성보다는 감정이 먼저 앞서는 동물이기 때문이다. 그리고 비판이 지나치면 어쩔 수 없이 잘못을 인정했다가도 때로는 그것이 치유될 수 없는 마음의 상처로 남는 법이다. 더군다나 그 비판이 자신의 정치적인 생명을 한순간에 결정하는 것이라면 간혹 거기에 결사적으로 저항하는 사람도 생겨나게 마련이다. 그것은 어떤 이론으로도 완벽하게 설명할 수 없는 인간의 조건이었다.

특히, 정풍운동을 부르짖던 시기에 모택동이 했다는 연설은 비록 짧지만 의미심장한 내용을 담고 있어 한번 되새겨볼 만하다.

우리가 마르크스―레닌주의를 학습하는 이유는 그것이 우리의 눈을 즐겁게 해주 기 때문도 아니요, 그렇다고 그것이 신비스런 힘을 갖고 있기 때문도 아니다. 그 것은 오직 문자 그대로 유용할 뿐이다.

이 짧은 글에서 영생불멸할 것 같았던 마르크스-레닌주의의 원칙을 비판 없이 고수하는 것이 아닌, 중국의 실정에 맞는 중국식 공산주의인 마오이즘[모택동주의]을 만들어 내려고 했던 모택동의 몸부림을 엿볼 수 있다고 하면 지나친 해석일까?

하여튼 중국 공산주의 운동에서 정풍운동을 또 하나의 전환점이라는 것만은 분명했다. 모택동이 주도한 정풍운동이 몇 달 동안 연안의 골짜기 골짜기마다 빠짐없이 휩쓸고 지나갔다. 하지만 그것은 끝이 아니었다. 새로운 시작을 알리는 전주곡에 지나지 않았다.

정풍운동이 시작된 지 3개월가량이 지났을 무렵인 5월 2일, 양가령(楊家嶺)에서 연안문예좌담회가 열렸다.

연안문예좌담회는 모택동을 포함한 주덕과 강생을 비롯 당시 연안 문화예술계의 주요 인물들이 거의 빠짐없이 참석했다. 참석 인원은 모두 100여 명가량이었는데 정율성도 조직으로부터 참석하라는 통보를 사전에 받았다. 말로만 들었던 쟁쟁한 인물들이 한자리에 모이는 좌담회의 참석 대상에 들었다는 것만 해도, 당시 그곳의 상황을 고려하면 대단한 영광이었다. 나이나 경력으로 보더라도 정율성은 참석한 사람들 가운데서는 어린 편에 속했다. 그럼에도 정율성이 그 자리에 낄 수 있었던 배경에는 바로 탄탄하게 구축하고 있던 그의 음악적인 성과가 크게 좌우했을 것임은 두 말할 필요가 없었다.

그 당시 정율성은 이미 신예 음악가라는 옷을 벗고 정상의 자리를 향해 달려가고 있었다. 어쨌든 정율성은 조선인으로서는 연안문예좌담회에 참석한 유일한 사람이었다.

연안문예좌담회는 한 허름한 강당에서 문화예술계 인사들을 중심으로 열린 작은 모임이었지만, 그것이 중국 현대사에 끼친 영향은 엄청났다. 역사학자들의 평가에 따르면 그 좌담회는 중국공산당 역사에서 큰 분기점을 이룬다고 한다.

그러나 당시 참석한 사람들이 뒷날 남긴 기록들을 종합해보면, 좌담회는 모택동과 같은 자리에서 담배를 나누어 피울 정도로 아주 자유로운 분위기로 진행되었다고 한다. 5월 2일의 개막식에 참석한 모택동은 좌담회를 연 목적에 대해서 간략하게 설명하고 나서 본론에 들어갔다.

지금 우리의 앞에는 중국의 민족해방을 위한 몇 가지 투쟁 전선이 있습니다. 크게 보면 그 안에는 문무(文武) 두 전선이 있다고 볼 수 있습니다. 문화전선과 군사전선이 바로 그것입니다. 우리가 적과 싸워서 승리하기 위해서는 무엇보다도 먼저 총을 든 군대에 의존해야 합니다. 그러나 그것으로 완전한 승리를 쟁취할 수는 없습니다. 총만으로는 부족하기 때문입니다. 따라서 우리에게는 지금 무엇보다 문화의 군대가 필요합니다. 총 대신 문화를 앞세운 부대는 우리가 일치단결하여 이 드넓은 중국 대륙에서 단 한 명의 적이 사라질 때까지 힘찬 진군을 멈춰서는 안 되는 아주 중요한 임무를 지닌 부대입니다.

누적된 피로 탓인지 모택동의 목소리는 군데군데 갈라져 나오고 있었지만, 그는 연설을 계속했다. 정율성은 자신도 모르게 긴장을 느끼고 입 안에 고이는 침을 마른 목구멍 너머로 억지로 삼켰다. 조금 전까지 서로 수군대던 참석자들도 어느새 침묵을 지킨 채 모택동의 입에서 나오는 한마디 한마디에 온 신경을 집중하고 있었다.

정율성은 모택동의 연설을 들으면서, 그의 말을 '총으로는 바로 눈에 보이는 승리를 가져올 수 있지만, 그 승리를 완전한 승리로 굳히기 위해서는 결국 문화가 튼튼하게 뒷받침해야만 한다'는 것으로 이해했다.

그런 생각이 들자 당 고위간부들 사이에 둘러싸여 열변을 토하고 있는 모택동의 키가 오늘 따라 유난히 작게 느껴졌다. 하지만 연설이 계속될수록 그의 모습이 거대한 산맥처럼 느껴졌다.

그 연설에서 모택동은 연안의 문예창작자들이 잘못 인식하고 있는 문제를 해소하고 더욱 발전적으로 승화시키기 위해 가져야 할 연구방법과 올바른 자세에 대해서 구체적으로 언급했다. 그리고 이 문제에 대해서 연구 검토를 하고 다음 좌담회 때 토론을 해 보라는 숙제를 모든 참석자들에게 남겼다.

두 번째 좌담회는 일주일 뒤인 5월 9일에 열렸다. 이날 토론회에서는 그야말로 지위의 높고 낮음을 가리지 않고 열띤 토론이 벌어졌다. 자신에게 발표의 기회가 주어졌을 때, 정율성은 그동안 느끼고 있었던 연안 문예계가 안고 있는 문제점에 대해서 숨김없이 솔직하게 털어놓았다. 밖에서 보면 연안 문예계는 하나로 통일되

어 있는 것 같지만, 막상 그 속으로 들어가 보면 사람들 사이에는
쉽게 메꿀 수 없는 틈이 벌어져 있었다. 그리고 연안에 들어오기
전에 가지고 있었던 경력의 차이에서 비롯되는 불화, 어찌 보면 사
소한 것 같지만 연안에서 비로소 본격적인 음악인생을 살기 시작
한 정율성의 눈에는 걸리는 것이 몇 가지 있었다.

그때 누군가가 반론을 제기했다. 바로 주양이었다. 주양은 정율
성의 얘기에서 논리적인 허점을 찾아내 곧장 반격을 해왔던 것이
다. 하지만 자신의 생각이 틀렸다고 생각하지 않았으므로, 정율성
은 다시 주양을 반박했다. 개인적으로는 결혼식 사회까지 봐줄 정
도로 친한 사이였지만, 지금 자신이 서 있는 자리는 공식적인 자리
였기 때문이었다. 몇차례 정율성과 주양 사이에 반박과 재반박을
통한 설전이 치열하게 진행되면서 그 자리의 분위기는 정율성에게
쏠렸다. 다른 사람들까지 토론에 끼어들고 나서야 두 사람 사이에
벌어진 격론은 잠시 소강상태로 빠져들었는데, 누가 보더라도 정
율성이 탁월한 문예이론가였던 주양을 보기 좋게 누른 한판의 승
리였다. 하지만 정율성은 그것이 뒷날 두 사람 사이의 우정에 큰
걸림돌이 되었다는 사실을 그때는 미처 짐작하지 못했다.

정율성은 곧 그 때를 잊었지만 주양은 잊지 못한 모양이었다.
연안에서 정율성보다 훨씬 높은 지위에 있었던 주양은 그 이후 자
신의 자리를 이용해 정율성을 곤란한 지경으로 몰아넣었다. 결국
연안문예좌담회 때 벌어진 설전이 질긴 악연의 시작인 셈이었다.

마지막 좌담회는 바로 열리지 않고 자꾸만 연기되었다. 그동안
벌어진 좌담회에서 도출된 토론의 보고서를 가지고 최종 보고서를

만들어야 하는데, 그 과정에서 생각보다 진통이 따르고 있다는 소문이 떠돌 정도였다.

마지막 좌담회는 예상 기간을 훨씬 뛰어넘어 20일가량이 흐른 5월 28일에 개최되었다. 그동안 있었던 토의내용을 가지고 당 중앙의 의견수렴과 검토 작업을 거친 문예계의 당면과제에 대한 결론을 그날 모택동은 공식적으로 발표했다.

폐막식에 참석한 모택동은 이렇게 입을 열었다.

동지들! 우리의 문예좌담회는 한 달 동안에 무려 세 번이나 열렸습니다. 모두들 진리의 추구를 위해 허심탄회하고 열렬한 토론을 전개해주었습니다. 바쁜 업무에도 우리 당과 조국을 위해서 그야말로 목이 쉴 정도로 열띤 토론을 해주신 여러분들께 진심으로 감사드리는 바입니다. 그동안 우리 당원과 당 밖에 있는 동지들 수십 명이 토론을 하면서, 지금 우리가 안고 있는 문제를 극복할 방법을 찾으려고 노력했고, 그 결과 지금의 이 결론에 도달하게 되었습니다. 나는 이 좌담회가 우리 문화예술운동에 아주 좋은 영향을 주었다고 생각하고, 또 앞으로 우리 전체 중국역사에 끼치는 바도 클 것이라고 생각합니다.

차 한 모금으로 목을 축인 모택동은 지치지도 않는지 다시 목청을 가다듬었다.

오늘 내가 이 자리에서 얘기한 것은 우리 문예운동의 근본적인 문제 가운데서 몇 가지에 지나지 않습니다. 그 밖의 많은 문제들은 앞으로 여러분들이 계속 연구해야 할 과제로 남아 있습니다. 나는 오늘 이 자리에 모인 동지들이 이미 그 방향으로 나아갈 굳은 결심을 하고 있으리라 믿습니다. 또한 나는 동지들이 지금 가열차게 진행되고 있는 정풍운동 속에서 치열한 학습과정을 통해서 새로운 모습으로 다시 태어나리라 믿습니다. 그리고 이를 통해 인민대중들에게 환영받을 수 있는 우수한 작품을 만들어낼 것이라고 기대합니다. 바로 이 자리에 모인 여러 동지들이 새로운 역사를 만들어갈 주역이라는 것을 명심하십시요. 누가 뭐래도 나는 동지들을 믿습니다.

거기에서 말을 마친 모택동은 천천히 좌중을 돌아보았다. 잔뜩 긴장해 있던 참석자들은 그것이 연설의 끝이라는 사실도 알아차리지 못할 정도였다. 모택동의 옆에 있던 누군가가 박수를 치기 시작하자, 그제서야 기다렸다는 듯이 우렁찬 박수가 터져 나왔다. 모택동은 참석자들의 열띤 박수소리에 팔을 높이 들어 흔들어보이는 것으로 화답했다.

오랜 시간 동안 곧은 자세로 앉아 있던 참석자들은 그제서야 몸을 뒤틀면서 굳어진 근육을 풀었다. 정율성은 모택동의 폐막식 연설 전부를 다 이해할 수는 없었지만 문화예술의 방향에 큰 변화가 올 것이라는 점만은 분명히 느끼고 있었다.

비록 한 달이라는 짧다면 짧고 길다면 긴 시간 동안에 일어난 좌담회지만 정율성은 본능적으로 개막식의 분위기와 폐막식의 분위기가 조금은 다르다는 점을 느낄 수 있었다.

개막식이 문제를 제기하고 숙제를 내주는 수준이었다면 폐막식

△ 연안문예좌담회를 마치고 모택동(앞줄 가운데 조금 왼편)과 참석자들이 함께한 기념촬영 사진(1942. 5).

은 제기된 문제를 풀어 구한 답을 공개하는 것이라고 할 수 있는데, 시험이 끝났다고 생각하는 사람은 아무도 없었다. 다들 말은 하지 않았지만 진짜 더 큰 시험은 이제부터 시작일 것이라는 걱정이 참석한 사람들의 얼굴에 드러나 있었다.

그동안 벌어졌던 격한 난상토론과 그 이후 당 조직 내부에서 면밀한 검토작업을 거친 끝에 나온 결론이 공개되었다. 결론이 나오기 전까지는 이의를 제기할 수 있었지만, 이제 당에서 공식적으로 결론을 내린 이상, 무조건 거기에 따르는 수밖에 없었다. 누가 가르쳐 주지는 않았지만 그것이 연안에서의 생존법칙이라는 사실을 모두들 잘 알고 있었다.

정율성은 자신의 요동으로 돌아가 폐막식 연설을 곰곰이 되새겨봐야겠다고 생각하자 마음이 급해졌다. 아니, 그 전에 들릴 곳이 있었다. 지금쯤 노신예술학원의 자신이 속한 부서에서도 그가 돌아오기를 눈이 빠지게 기다리고 있을 터였다. 연안의 모든 시선이 문예좌담회에 쏠려 있다는 것은 누구도 부인할 수 없는 사실이었

△ 모택동이나 주덕과 그리 멀지 않은 곳에 정율성(원표시 안)이 서 있다.

던 것이다.

긴 시간 동안 오줌을 참았던 참석자들이 허겁지겁 화장실로 뛰어가는 모습이 보였다. 그것을 보자 정율성도 잊고 있었던 요의를 느끼고 화장실이 있는 방향으로 발걸음을 옮겼다. 그때 좌담회가 원만하게 진행되도록 행사진행을 담당하던 요원들이 참석자들에게 급한 용무를 빨리 해결하고 다시 모일 것을 재촉했다. 그들이 서두르는 것으로 봐서 모택동의 연설로 좌담회가 끝난 것이 아니고 또 다른 식후행사가 있는 모양이었다.

"자, 모두들 여기를 봐 주십시오. 거기 맨 바깥에 서 계시는 분, 몸을 조금만 옆사람에게 붙여주십시오. 자, 그러면… 찍겠습니다."

카메라맨이 왼손을 번쩍 높이 들었다. 카메라의 셔터를 누르겠다는 신호였다.

하지만 정율성의 시선은 다른 곳에 가 있었다. 앞으로 몇 사람 건너, 거기에 모택동이 앉아 있었다. 그동안 음악회나 다른 집회에서 몇 번 만날 기회는 있었지만, 이렇게 가까이에서 보기는 처음이었기 때문이었다. 카메라를 향해 똑바로 쳐다봐야만 한다고 생각하면서도 자꾸만 시선이 아래쪽으로 향하는 것은 어쩔 수가 없었다.

"자, 다시 한 번만 찍겠습니다."

문예좌담회는 폐막식이 끝이 아니었다. 공식적인 문예좌담회는 폐막식으로 끝났지만 본격적인 파도는 그 이후에 몰아치기 시작했다. 문예좌담회의 결론이 발표되고 난 다음에 연안에는 사상비판이 본격적으로 펼쳐지기 시작했다.

하지만 처음에는 좋은 목적으로 실시되었던 정풍운동은 시간이 지나면서 점차 부작용이 나타났다. 공정하게 진행되어야 할 정풍운동에 개인적인 감정이 끼어들기 시작한 것이다. 한번 찍히게 되면 반론을 제기할 겨를도 없이 무조건 비판대에 올라야 할 판국이었다.

그 가운데서도 꽌씨[關係, 인간관계]가 미약했던 외지 특히, 외국에서 온 사람들에게는 뚜렷한 증거나 아무 이유도 없이 먼저 특무라고 의심부터 해놓고 비판을 시작하는 판국이었다. 만약 비판의 대상자로 일단 찍힌 사람이 반론할 증거를 내놓지 못하면 무덤 속으로 들어가야 할 상황이었다. 그렇지만 중국에서도 오지인 연안에서 어떻게 자신의 행적을 증명해줄 서류나 사람을 찾아내겠는가. 그래서 모두들 다른 사람의 눈치를 살피며 전전긍긍했다.

정풍운동이 사람들을 얼마나 심하게 몰아쳤던지, 정율성을 크리노와 교수에게 소개해주었던 두시자마저도 정풍운동의 비판을 견뎌내지 못하고 우물에 몸을 던질 정도였다. 다행히 그 우물에 물이 없어서 목숨은 건졌지만 마른 우물에 몸을 던진 두시자를 건져 내놓고 웃을 수도, 그렇다고 울 수도 없는 상황이었다.

젊은 여류작가 정령(丁玲)도 한 편의 글 때문에 비판을 받았다. 그녀는 자아비판을 한 끝에 용서를 받았으나 비판대에 올랐던 다른 몇몇 사람은 중노동에 처해졌다.

이후 연안의 문예계는 대대적인 자아비판과 학습이 전개되었고, 이후 문화예술계 인사들 가운데 상당수가 전선과 농촌으로 투입되었다. 이른바 지식인들의 노동자화 · 농민화 · 병사화가 이루어진 것이다.

지식인들의 현장 투입은 나름대로 의미를 찾아볼 수 있다. 하지만 그것이 어떠한 원칙도 없이 마구잡이로 이루어질 때, 엄청난 부작용을 낳기 마련이다. 이처럼 위에서부터 시작된 의도적인 운동은 몇 십 년 뒤 다시 중국 대륙을 큰 재앙 속으로 빠지게 했던 것이다.

7. 조선의용군

연안문예좌담회 때 모택동 가까이에 서서 사진을 찍는 기회를 가졌던 정율성은 그 후 다시 모택동과 극적인 만남을 가지게 된다. 그것은 중국의 전통 연극인 경극을 보러 간 자리에서였다. 경극은 특히 중국인들이 좋아했는데, 연안에서는 일반대중들의 의식 고양을 위해서 경극이 자주 공연되었다. 경극의 전통을 고스란히 살려 대중들의 관심을 끌되, 줄거리만 항일과 혁명투쟁을 고양하는 방향으로 약간 바꾸면, 그것은 놀이 이전에 또 다른 학습장이 될 수 있었다.

그날 경극의 제목은 〈어부의 일가〉였다. 정율성은 운 좋게 앞자리에 앉을 수 있었는데 잠시 뒤에 누군가가 와서 앉았다. 무심코 고개를 옆으로 돌려보니 바로 모택동이었다. 정율성이 황급히 인사를 하자 모택동이 특유의 웃음을 지어보였다. 엉겁결에 인사를 하긴 했지만 그 다음은 어떻게 해야 될지 전혀 생각이 떠오르지 않았다. 그저 목석 마냥 고개를 옆으로 돌리지도 못하고 무대 위로 등장한 배우들을 쳐다보기는 했지만, 경극이 눈에 들어올 리가 없었다.

그렇게 얼마나 지났을까 모택동이 먼저 정율성에게 말을 건넸다.

"동무가 조선사람이라구?"

"그렇습니다."

"경극은 우리 중국의 전통극인데. 이거 이해할 수 있겠나?" 모택동은 조선에서 온 정율성이 경극의 내용을 완전히 이해하는지 궁금했던 모양이었다.

"어렵기는 하지만 이해하는 데는 큰 문제가 없습니다."

"그래도 쉽진 않을 텐데. 내가 알아듣기 쉽도록 설명해주지."

한때 학교에서 학생들을 가르쳤던 모택동이었다. 그래서 그는 선생이 학생들에게 얘기하듯, 중국의 전통극인 경극의 줄거리에 대해서 정율성이 이해하기 쉽도록 간략하게 설명해주었다. 아무리 혁명의 열기 속에 지위의 높고 낮음을 가리지 아니하고 서로 어울려 지냈던 당시 연안의 분위기를 고려하더라도, 공산당의 최고 지도자 모택동으로부터 그런 관심을 받는다는 것은 그리 쉬운 일이 아니었다. 비록 혁명에 성공한 뒤 권력의 울타리 속으로 들어간 이후에는 감히 상상할 수조차 없는 일이 되었지만, 한 나라의 지도자와 신예 음악가가 노천의 나무의자에 앉아 경극을 보고 격의 없는 얘기를 나눌 수 있다는 것이 당시 혁명의 근거지 연안과 중국공산당의 분위기였다.

경극이 끝나자 모택동이 일어섰다. 정율성도 덩달아 얼른 몸을 일으켰다.

"앞으로도 우리 전사들과 인민대중들에게 모범이 되는 좋은 곡을 많이 쓰길 바라오. 우리 당은 동지를 믿고 있소."

"최선을 다해 복무하겠습니다."

정율성이 허리를 숙여 인사를 하자 그가 어깨를 두드려주었다. 정율성이 다시 허리를 펴고 고개를 들었을 때, 그는 이미 경호원들에게 둘러싸인 채 저만큼 어둠 속으로 사라지고 있었다.

그 무렵 정율성에게는 반가운 사람들이 연안에 나타난다 . 바로 태항산에서 활동하던 조선의용대 대원들 가운데 여성들과, 부상이 심해서 전투에 나서기가 힘든 사람들이었다. 조청 섬감녕 변구 분회장이었던 정율성은 앞장서서 그들을 맞았다. 태항산에서 돌아온 그들은 초췌하고 야위어 있었지만 눈빛만은 살아 있었다.

그 가운데서 정율성의 눈길을 끄는 여성이 한 명 있었다. 바로 그녀는 김염의 막내여동생인 김로였다. 조청 섬감녕 분회의 이름으로 마련한 환영식장에서 그들은 태항산의 간고한 생활에 대해서 생생하게 들려주었다.

그들의 말에 따르면, 태항산에서의 생활은 연안과 견줄 수 없을 정도로 어렵고 힘들다는 것을 알 수 있었다. 한 사람씩 이야기를 할 때면 환영식장은 숙연했다. 연안에서는 조밥이라도 때를 놓치지 않고 먹을 수 있는데, 태항산에서는 그것마저 제대로 챙겨먹지 못하는 것이 태반이라고 말했다.

그때만 하더라도 정율성은 자신이 바로 얼마 뒤에 그곳으로 갈 줄은 미처 생각하지 못했다. 특히, 호가장 전투에서 부상했던 조열광(趙烈光)의 증언에는 모두들 숙연할 수밖에 없었다. 정율성도 남경의 화로강가에서 잠시 같이 살았던 김학철이 호가장 전투에서 부상하고 일본군의 포로로 잡혀갔다는 소식을 듣고 얼마나 안타까워했는지 모른다.

당시 약 30여 명의 조선의용대가 적의 점령지역[敵區]에서 선전활동을 마치고 부대로 복귀하던 길에서 며칠 동안 밤낮으로 행군한 끝에 피곤을 이기지 못하고 호가장에서 하룻밤을 머물고 있는데, 마을의 한 중국인으로부터 신고를 받은 일본군 500여 명이 마을을 완전히 포위함으로써 호가장 전투는 시작되었다. 무려 20배가 넘는 일본군으로부터 항복하라는 권유를 받았지만 조선의용대는 결사 응전했다. 자신의 목숨을 걸고 선두에 선 박철동의 분투로 대원들은 포위망을 뚫고 인근 산으로 탈출할 수 있었다. 그곳에서 몰려오는 일본군과 대치하던 조선의용군은 박격포까지 동원한 일본군과 싸우다가, 긴급연락을 받고 달려온 팔로군 덕분에 사지에서 벗어날 수 있었다. 하지만 그 전투에서 박철동을 비롯한 4명이 전사했고 김학철은 포로로 잡혀가는 바람에 조선의용군으로서는 큰 희생을 치룬 셈이었다.

1942년 8월, 정율성은 팔로군 총사령부가 있던 태항산에서 활동하라는 지시를 받는다. 아직 그때까지도 패결핵이 완쾌되지 않아 심한 무리를 하면 병이 더 악화될 우려가 있었다. 하지만 그는 조직의 명령에 대해서 이의를 제기하지 않았다. 조금만 무리해도 힘들어하는 그를 보고 정설송이 걱정스러운 눈길로 바라보았다.

"걱정하지 마오. 나는 죽더라도 전선에서 죽겠소. 이러나저러나 나는 오히려 당신이 걱정이오. 이제 홀몸도 아닌데……."

정율성은 이제 조금씩 불러오기 시작하는 아내의 봉긋한 배를 쓰다듬었다.

"아들일까? 딸일까?"

"당신은 뭐였으면 좋겠어요?"

"난 아무래도 상관없소. 그나저나 걱정이오. 이번에 가면 빨리 돌아오지는 못할 테고. 출산하면 산후조리를 해줄 사람도 없는데."

"그건 내가 알아서 할 테니까 당신 몸 걱정이나 하세요."

아내와 얼마 뒤에 태어날 애기 생각을 하면 마음이 무거웠다. 하지만 조직의 임무를 수행하는 것이 더 중요했다. 태어나는 자식에게는 될 수 있는 대로 해방된 조국의 모습을 보여주고 싶었다.

이 무렵 해방구에서 활동하던 조선인 단체에 약간의 변화가 생긴다. 1942년 7월, 화북조선청년연합회는 이름을 조선독립동맹(朝鮮獨立同盟)으로 바꾸게 되고, 조선의용대 화북지대는 조선의용군(朝鮮義勇軍)으로 이름을 바꾼다. 더 조직적으로 항일전에 나서기 위해서였다. 조선독립동맹의 주석은 두봉이 맡았고 무정은 조선의용군 사령을 맡았다.

태항산으로 가는 길은 멀고도 멀었다. 이때 무정은 팔로군 포병 단장 자리까지 내놓고 떠나는 길이었다. 조선혁명에 전념하기 위해서였다. 무정을 따라 태항산으로 가는 길에 있는 황하에 도착했을 무렵 정율성은 반가운 사람들과 마주친다.

그들은 백연(白淵) 김두봉 일행이었다. 조선의용대에서는 1942년 5월 반소탕전 때 석정과 진광화 등이 전사하자, 김두봉을 비롯한 노약자와 부녀자들의 안전에 주의를 기울일 수밖에 없었다. 결국 조선독립동맹 성립 직후 일본군의 기습을 받을지 모르는 태항산보다 연안이 안전하다는 결론을 내리고 이들을 후방으로 보내기로 결정한 것이다. 언제 어디서 전투상황이 벌어질지 모르는 태항산에서 부녀자와 노약자들은 전투에도 지장을 초래하기 때문이었다. 일행 속에는 정율성이 알고 있는 몇 사람의 얼굴도 보였다.

상해에서 조선 청년들의 마음을 설레게 했던 김두봉 선생의 딸 해엽의 얼굴도 보였다. 그녀는 몇 년 전보다 그렇게 변한 것 같지 않았다. 정율성도 상해에 있을 때 자형네 집에 가끔 들르는 해엽과 몇 번 이야기를 나눈 적이 있었다.

그런데 정말 반가운 사람이 거기에 있었다. 바로 목포에서 헤이안 마루를 타고 같이 중국으로 온 문명철(김일곤의 중국명)이 그 속에 있었던 것이다. 비록 그 사이 세월은 많이 흘렀지만, 아직도 얼굴에는 예전의 모습이 남아 있어 쉽게 알아볼 수 있었다. 정율성은 자기도 모르게 큰 소리로 외쳤다.

"야! 명철이. 너 살아 있었구나!"

정율성의 고함소리에 고개를 돌린 문명철이 깜짝 놀라는 표정을 지었다.

"이게 누구야? 너 유대진이 아니야. 참 정율성이라고 이름을 바꿨다며. 정말 반갑다."

두 사람은 누가 먼저랄 것도 없이 부둥켜안았다. 잠시 뒤 포옹을 푼 두 사람은 그동안 헤어져 있던 시절의 궁금한 일들을 서로 물어보기 시작했다.

"이게 몇 년 만이야. 내가 의열단 학교를 떠난 이후로 만나지 못했으니까 한 10년 되지?"

"그 정도 될 걸. 그래도 살아있으니까 이렇게 만나는구나. 근데 넌 그동안 어떻게 지냈어? 조선의용대가 태항산으로 들어왔다는 이야기를 듣긴 했지만, 네가 거기에 있을 줄은 꿈에도 생각 못했어. 그런데 다른 친구들은. 참 그 때 우리랑 같이 온 사람 중에서 네 사촌도 있었잖아?"

"황민(김승곤)이 말하는 거야."

정율성은 고개를 끄덕이자 이상하게 문명철이 시무룩한 표정을 지어보였다.

"녀석은 우리 조선의용대가 낙양에서 북상할 때 사라져버렸어. 뭔가 이유야 있었겠지만……"

말을 마친 문명철은 따가운 햇살에 눈이 부시는지 손바닥을 눈 위를 가렸지만 시무룩한 표정만은 감추지 못했다.

"너 참 연안에서 유명한 작곡가가 됐다며. 처음에는 작곡가 이름이 정율성이라서 다른 사람인 줄 알았는데, 나중에 알고 보니까 바로 너라고 하잖아. 그래서 얼마나 기뻤던지. 우리 부대에서도 요즈음 네 노래를 배우느라고 여간 난리가 아니여. 하여튼 늦었지만 축하한다."

"내가 유명하긴 뭘 유명하다고 그래."

문명철의 때 아닌 축하에 계면쩍은 정율성은 머리만을 긁적였다.

"간부학교에서도 그렇게 만돌린을 끼고 살더니. 그래도 너 중국 와서 용됐다. 이 넓은 중국땅에서 네 노래 모르는 사람은 없으니까 말이야."

"그런 얘기 그만하고… 참 석정 선생님은 어떻게…"

정율성이 진작부터 물어보고 싶었지만 참고 있었던 말을 꺼냈다. 그 얘기를 듣자마자 문명철의 얼굴색이 바뀌었다. 그리고 한숨부터 푹 내쉬었다.

"따지고 보면 다 우리가 못난 탓이지."

조선혁명군사정치간부학교 교관이었던 석정 윤세주 선생이 1942년 5월에 있었던 반소탕전 때 일본군의 포위공격을 받자, 팔로군총사령부와 《신화사》, 당 학교 등 중요 기관을 호위하며 일본군의 포위망을 뚫다가 그만 진동남 마전장(麻田庄)에서 전사하고 말았다. 그때 그의 나이 마흔두 살. 조선의용군은 또 한 명의 유능한 지도자를 잃고 만 것이다.

정율성은 문명철과 함께 그동안 궁금했던 이야기보따리를 끝없이 풀고 싶었지만 시간이 허락하지 않았다. 무정도 김두봉 선생과 한쪽에 앉아 심각한 투로 얘기를 나누고 있었다. 두 혁명지도자가 저만치서 나란히 흙바닥에 주저앉아 얘기를 나누고 있는 모습은 꽤나 인상적이었다.

그때 한쪽에서 이야기를 나누던 무정과 김두봉이 이야기가 끝났는지 일행이 모여 있는 곳으로 다가왔다. 먼저 김두봉이 입을 열었다.

"여러분! 잠시만."

일행의 시선이 집중되자 김두봉이 간략하게 설명했다.

"지금 무정 장군이 하는 얘기로는 팔로군 120사가 있는 진서북에도 조선인 간부들이 필요하니 보내줬으면 좋겠다는 협조요청을 받았답니다. 원래는 태항산에 도착해서 보내려는 계획이었는데, 그쪽에서 급하니까 빨리 보내달라는 얘기도 있어서 그런데, 마침 여기까지 우리를 호위해준 조선의용군 병사들도 있고 하니까 한번 의사를 타진해보겠답니다. 제 생각에는 일단 우리가 황하를 건넜으니까 그리 위험하지도 않을 테고, 또 나 같은 늙은이들을 지켜주기 위해서 조선의용군이 적들을 잡아 족쳐야 하는 아까운 시간을 뺏는 것 같기도 하고… 그래서 우선 무정 장군의 이야기를 들어보기로 합시다."

김두봉은 무정에게 말할 기회를 주었다.

"그렇다고 뭐 다 가라는 말은 아닙니다. 아무리 치안이 확보된 지역이기는 하지만 그래도 백연(김두봉) 선생님이랑 여러 여성 동지들을 안전하게 연안까지 모셔다 드리는 임무는 무엇보다 중요합니다. 그래서 몇 명만 갔으면 좋겠는데 우선 지원자를 받겠습니다."

잠시 뒤에 문명철과 김세광, 최채가 손을 들고 일어났다.

"뭐 세 사람 정도면 충분합니다."

무정이 뒤이어 일어나려는 조선의용군 대원을 손짓으로 주저앉혔다.

얼마 뒤 일행은 각기 세 방향으로 헤어진다. 그때 진서북으로 · 향했던 문명철은 1943년 4월 14일, 팔로군과 함께 전선에서 활동하다가 일본군의 포위망에 걸려 전사하고 만다.

8. 아, 태항산

무정과 함께 태항산으로 이동한 정율성은 그곳에 설립된 조선혁명군정학교(朝鮮革命軍政學校)의 운영을 도맡는 교육장을 맡는다. 화북조선독립동맹에서 설립한 최초의 정규 학교라고 할 수 있는, 화북조선청년혁명학교라고도 불리는 조선혁명군정학교는 진찰기변구의 협조를 받아 1942년 11월 1일 정식으로 개교할 수 있었다.

물론 무정 장군이 교장으로 있었지만 주로 대외적인 업무를 봤으므로 학교 안 살림은 정율성의 몫이었다. 정율성은 상황에 따라 때로는 전투에 참여하기도 하고 후방 공작에 종사하기도 하였다. 일은 많고 손은 모자라는 판국에 한 가지 일만 할 수는 없었다.

그는 힘은 들었지만 그래도 몇 년만에 조선 사람들과 더불어 살다보니 꼭 고향에 돌아온 듯한 느낌마저 들었다. 그리고 태항산에는 이미 그 전부터 알고 지내던 이화림 등 몇몇 낯익은 얼굴들이 있어 반가웠다.

△ 태항산 시절 전선에서 정율성이 총을 들고 앉아있는 모습.(1942. 9)

그러나 가장 힘든 것은 역시 식량문제였다. 강냉이는 말할 것도 없고 나중에는 겨도 모자랄 정도였다. 그래서 도토리 미나리 범벅떡도 해먹고 감에다 겨를 발라서 단겨떡도 해먹었는데, 먹을 때는 좋았지만 먹고 나면 감에 들어 있는 성분 때문에 뒤가 막혀 며칠씩 변을 보지 못해 고생을 했다. 그야말로 먹어서 별 탈이 없는 것은 다 먹을 정도였다.

그 가운데서도 제일 귀한 것은 소금이었다. 염분을 제대로 섭취하지 못한 사람들은 얼굴이 퉁퉁 부어오를 정도였다. 오죽하면 소금기가 배어 있는 돌가루를 소금 삼아 우려먹기까지 했을까.

그래도 봄 여름에는 좀 견딜 만했다. 산골짜기와 들판에서 씀바귀나 민들레, 미나리 같은 푸성귀를 흔하게 구할 수 있었으니까 말이다. 그 가운데서도 가장 먹기 쉬운 것이 미나리였다.

정율성은 그런 속에서도 전통 민요 〈도라지타령〉에다 가사만 바꾼 〈미나리타령〉을 부르며 대원들을 격려했다. 〈미나리타령〉은 이화림이 만든 곡이었다. 찡그리는 것보다는 그래도 노래로나마 배고픔을 달래기가 낫다는 것을 이미 체험으로 알고 있었기 때문이었다. 그래서 우리의 노동요는 노래 그 이상이었다. 힘들 때 노동요를 부르면, 잠시나마 그 고통에서 해방될 수 있는 것이 우리 민요가 가지고 있는 장점이었다.

미나리 미나리 돌미나리
태항산 골짜기 돌미나리
한두 뿌리만 뜯어도
대바구니에 찰찰 넘치구나
에헤야 데헤야 좋구나
어여라 뜯어라 지화자 캐어라
이것도 우리의 혁명이다.

〈도라지타령〉에 가사만 바꾼 〈미나리타령〉을 부를 때에는 그래도 배고픔의 시름에서 벗어날 수 있었다. 그러나 언제까지 노래로만 배고픔을 달랠 수는 없었다.

그래서 태항산 근거지에서는 1943년 봄부터 당면한 식량문제를 해결하기 위한 대생산운동에 들어갔다. 곡식을 심을 땅은 널려 있었다. 산비탈을 개간해 감자와 옥수수를 심고, 또 이발관과 소매점

△ 정율성을 포함한 조선의용군들이 태항산 주둔지 계곡에서 멱을 감고 있는 모습(1943. 7).

까지 운영해서 거기에서 나오는 수입금을 조선의용군의 운영자금
에 보태기도 했다.

한편 정율성은 태항산에 있는 조선 청년들 가운데서 문학과 예
술에 관심 있는 이들을 모아 1943년 3월 조선문예협회(朝鮮文藝協
會)를 조직하고 회장을 맡았다. 당시 태항산에는 조선인 지식청년
들이 모여들고 있었으므로 그들 가운데서 특별히 문학과 예술에
관심이 있거나 재능이 있는 사람들이 많았다. 그들의 관심과 재능
을 하나로 묶어내면, 큰 힘을 발휘할 수도 있을 것만 같았기 때문
이었다. 하지만 아쉽게도 그 이후의 행적이 묘연한 것으로 봐서 그
렇게 활발한 활동을 보인 것 같지는 않다.

한편 어느 정도 학교가 제 자리를 찾아갈 무렵 상부에서 뜻밖의
명령이 떨어졌다. 조선혁명군정학교를 연안으로 옮기라는 지시였

다. 사실 유격구인 태항산에 자리한 조선혁명군정학교는 언제 적의 공격을 받을지 모르는 위험한 지역에 설치되어 있었던 것이다. 그래서 적의 위협으로부터 상대적으로 안전한 해방구인 연안으로 학교를 옮겨 체계적이고 효과적인 간부양성을 하라는 것이 팔로군 측의 뜻이었다.

하지만 태항산에서 연안까지는 무려 2천여 리. 요즘 들어 국민당 군대와 일본군의 활동이 뜸하다고는 하지만, 그것도 한두 명도 아니고 일이백 명의 병력이 이동하는 도중에 언제 어디서 그들의 공격을 받을지도 모르는 일이었다. 팔로군의 활동구역 안에서는 그래도 행동이 자유로운 편이었으나, 일단 팔로군의 지배구역을 벗어나면 이동에도 많은 제약을 받아야만 했다. 때로는 낮에는 자고 밤에만 이동하는, 낮밤을 바꿔가며 살아야만 했던 적도 여러 번 있었다. 1944년 1월 말에 태항산을 떠난 학생들이 연안에 도착했을 때는 거의 두 달이 지난 4월 7일 무렵이었다.

그들이 태항산에서 연안으로 가면서 가장 많이 불렀던 노래는 아마도 그들의 심정을 대변한 〈조선의용군행진곡〉이었을 것이다.

중국의 광활한 대지 위에
조선의 젊은이 행진하네
발맞춰 나가자 다 앞으로
지루한 어둔 밤 지나가고
빛나는 새날이 닥쳐오네…
우렁찬 혁명의 함성 속에

의용군 깃발이 휘날린다
나가자 펄끓는 동무야
끊어라 원수의 철조망
양자강 향해 뛰어넘어
퍼묻은 만주벌 결전에
원수를 동해로 내어몰자
전진 전진 광명한 저 앞길로

그런데 한동안 이 노래는 정율성이 작곡한 것으로 국내에 잘못 소개되어 왔었다. 하지만 최근 이 노래는 이정호가 작곡한 것으로 확인되었다.

한편 정율성이 태항산으로 떠나고 혼자 연안에 남아 있던 정설송은 임신한 몸을 이끌고 눈이 채 녹지 않은 비탈길을 내려가다가 넘어지고 말았다. 그것이 문제가 되었는지, 원래 몸이 약하던 그녀는 얼마 뒤 산기를 느끼고 여자아이를 출산했다. 당시 연안에 몰아닥친 극심한 식량난 때문에 산모가 제대로 먹지 못한 탓인지, 태어난 아이의 몸무게는 겨우 2.5킬로그램에 지나지 않았다. 살아난 것이 기적일 정도였다.

더군다나 젖이 모자라 아기에게 먹일 충분한 젖을 주지 못하는 것이 가장 큰 어려움이었다. 어쩔 수 없이 정설송은 정율성이 애지중지하던 바이올린을 팔아 산양 한 마리를 샀고, 부족한 자신의 젖 대신 양의 젖을 먹여 아이를 키웠다. 정율성이 얼마나 바이올린을 아끼는지 잘 알지만 우선 아이를 살리는 것이 급선무였기에 결정한 일이었다.

그때 정설송은 팔아버린 바이올린을 기념하여 아이의 이름을 바이올린[小提琴]이라는 글자에서 두 글자를 따 '소제(小提)'라고 지었다. 아마 그때 바이올린이 없었더라면 양을 살 수도 없었을 테고, 그러면 젖을 제대로 먹지 못한 아이는 정말 어떻게 되었을지 모른다.

남편도 없이 혼자서 아이를 키우는 일은 쉬운 것이 아니었다. 그리고 언제까지 아기만 돌봐줄 수도 없는 노릇이었다. 자신은 조직에 매인 몸이기에 출산휴가를 끝내고 다시 조직으로 복귀하여 일을 해야만 했다. 그나마 자기가 밖에서 일을 하는 시간에 소제를 돌봐줄 유모를 구할 수 있어 천만다행이었다. 하지만 원래 약한 몸으로 태어났는데다가 남의 손에 맡겨서 키우다보니 소제는 늘 감기를 달고 살다시피 했는데, 감기가 오래되자 아기는 결국 백일해에 걸리고 말았다. 심한 열로 정신이 오락가락하는 아이를 보면서 정설송은 자신이 계속 아이를 데리고 있다가는 정말 죽을지도 모른다는 무서운 생각이 들었다.

힘든 가운데서도 용케도 버티던 정설송에게 어려운 결단을 해야만 하는 시기가 다가왔다. 소제가 6개월을 갓 넘겼을 무렵 정설송이 지방정부의 정풍공작을 위해 연안을 떠날 수밖에 없었던 것이다. 이때 정설송은 소제의 양육문제 때문에 큰 고민을 하고 있었다. 오죽 했으면 소제를 다른 사람에게 양녀로 주려고까지 생각했겠는가.

△ 외동딸 소제와 함께한 정율성 · 정설송 부부의 모습(1954. 3).

　실제로 연안에서는 많은 젊은 혁명가 부부들이 자식을 제대로 돌볼 수 없는 상황에서 양육을 포기하기도 했다. 어린아이의 양육 문제는 부부 모두 혁명사업에 몰두해야 하는 젊은 부부에게는 쉽게 풀 수 없는 큰 문제였다. 정설송이 어떻게 해야 할지 모른 채 고민을 하던 때인 1944년 4월 초, 정율성이 연안으로 돌아왔다. 권총을 찬 정율성의 모습은 연안을 떠날 때와는 달리 아주 건강해져 있었다. 1942년 여름 무렵 태항산으로 갔으니까 햇수로는 무려 3년 만의 만남이었다. 두 사람은 오랜만의 만남을 즐길 겨를도 없었다. 정율성은 아내로부터 아이를 다른 집에 양녀로 보내려고까지 했다는 얘기를 듣고 가슴이 철렁했다. 자신이 조금만 늦었더라면 아이를 아버지의 얼굴도 보지 못한 고아로 만들 뻔했던 것이다.

이후 연안에 설립된 조선혁명군정학교에 근무하게 된 정율성은 학교가 있는 라가평으로 거처를 옮겼다. 그리고 지방으로 내려간 정설송을 대신해 아이를 정성껏 보살폈다. 아무래도 아이가 먹을 것이 부족했으므로 양을 더 사들였다. 양젖을 배부르게 먹은 소제는 걱정했던 것과는 달리 아주 잘 자라주었다. 그래서 기뻐했던 것도 잠시, 큰일이 터지고 말았다.

뭐가 잘못됐는지 먹은 것도 별로 없는데, 소제는 쉴 새 없이 토하고 설사까지 했다. 백일해에다 이질까지 겹친 것 같았다. 약을 구할 수만 있다면 쉽게 치료할 수 있겠지만, 사람이 사는 데 가장 필요한 소금조차 제대로 구할 수 없는 연안에서 그런 약을 구하기란 정말 어려운 일이었다. 약을 구하기 위해서는 적들의 포위망을 뚫고 국민당의 통치구역으로 가야만 했기 때문이다. 부탁을 해놓은 지는 꽤 되었지만 약을 구했다는 소식은 좀처럼 오지 않았다. 연락이 오기를 기다리다 못해 매일 아침 날이 밝기가 무섭게 국민당 통치구역과의 연락을 맡고 있는 부서로 달려갔지만, 그들은 갈 때마다 고개를 저었다. 나중에는 오히려 그들이 미안해 할 정도였다.

소제는 점점 야위어갔고, 그래서 살아날 희망마저 없어 보였다. 정율성은 어쩔 수 없이 정설송이 있는 곳으로 연락을 했다. 아이가 죽기 전에 얼굴이라도 한번 보여주는 것이 어미로서 가슴에 한을 맺히게 하지 않을 것 같았기 때문이었다. 그런데 연락을 한 바로 그날 연락소에 근무하던 요원이 정율성의 요동으로 찾아와서 봉지 하나를 내밀었다. 주사기와 약이 들어 있는 작은 앰풀이었다. 정율성은 그것을 보는 순간 눈물이 핑 돌았다.

"정말 감사합니다. 뭐라고 해야 될지 모르겠습니다."

정율성은 자신이 알고 있는 모든 중국어 실력을 동원하여 최대의 감사 표시를 했다.

"너무 그러지 마십시오. 약을 일찍 구해드리지 못한 우리가 오히려 미안할 따름입니다. 이 약을 기다릴 것 같아서 일단 이쪽으로 오긴 했는데, 여기서 이러고 있을 게 아니라 빨리 병원으로 가시죠. 먼저 주사부터 놓아야 되지 않습니까?"

"아닙니다. 주사 정도는 제가 놓을 수 있습니다. "

정율성은 곧바로 소제의 팔목에 주사를 놓았다. 밤새도록 칭얼대던 아이는 기력이 다했는지 기진맥진한 채 잠들어 있었다.

"약이 제발 효과가 있어야 될 텐데요. 그런데 작곡만 잘 하시는 줄 알았는데 주사놓는 법은 언제 배웠습니까? 제가 보기에 잘은 모르지만 의사 뺨치는 솜씬데요." 약을 가지고 온 요원이 그제서야 마음이 놓인다는 표정으로 물었다.

"예전에 배운 적이 있습니다."

정율성도 그제서야 마음이 좀 놓이는지 아직도 가쁜 숨소리를 내며 잠들어 있는 아이의 이마에 배인 땀을 닦아주었다.

"그럼 전 이만…"

"나중에 꼭 찾아뵙겠습니다."

정율성은 돌아서는 요원에게 다시 한번 감사를 드렸다.

그날 밤 늦게 정설송이 말을 타고 나타났다. 연락을 받자마자 추운 겨울바람을 맞으며 쉬지 않고 급하게 말을 타고 달려온 그녀의 얼굴은 얼어서 시퍼렇게 보일 정도였다.

"소제는 어때요?"

그녀는 숨을 돌릴 겨를도 없이 물었다.

"천만다행으로 오늘 약을 구해서 주사를 놓았소. 일단 위험한 고비는 넘긴 것 같소."

약기운에 취해 잠든 아이의 얼굴을 물끄러미 내려다보던 그녀의 뺨에는 눈물줄기가 흘러내렸다.

"당신 연락을 받고 얼마나 놀랐는지. 지금도 가슴이 두근두근거려요."

"이럴 줄 알았다면 며칠만 더 기다려봤다가 연락을 하는건데… 얼굴이 다 얼었소." 정율성은 허겁지겁 달려왔을 그녀를 생각하자 마음이 아팠다.

"아이가 괜찮다니까 이제야 마음이 놓이네요."

언 손이 따뜻해지자 아이의 이마에 손바닥을 대 보았다.

"그래도 아직은 열이 심한 것 같은데… 정말 괜찮겠어요?"

"약이 효과를 내기만 빌 뿐이오."

"애가 이렇게 되도록…"

뭐라고 말을 하려고 하던 그녀는 입을 다물었다. 정율성은 그녀가 삼킨 말이 무엇일지 충분히 짐작할 수 있었다. 몇 달 만에 만난 부부는 그날 밤 별말이 없었다.

그녀는 그날 밤을 제대로 눈도 붙여보지 못하고 거의 뜬눈으로 지새우다가 아침이 되자 다시 집을 떠났다. 이미 보고서를 제출할 날짜가 코앞에 닥쳐, 하루라도 연안에 더 머무르면 시간에 맞춰 제출할 수가 없었던 것이다.

그녀가 돌아간 뒤 며칠 만에 소제의 병세는 훨씬 좋아지고 있음을 느낄 수 있었다. 약의 효과가 나타나기 시작한 것이다. 설사는 멈추었고 간간이 기침이나 할 뿐이었다. 아직 마음을 놓을 단계는 아니었지만 일단 위험한 고비는 넘긴 것 같았다.

9. 저기가 연안이다

두 달을 넘는 강행군 끝에 연안에 도착했지만 조선혁명군정학교를 기다리고 있는 것은 아무 것도 없었다. 학교 건물은커녕 당장 밤이면 몸을 누여야 할 잠자리조차 제대로 준비되지 않았다. 따라서 조선의용군 학생들은 연안에 도착하기가 무섭게 먹을 것과 잠잘 곳을 마련하는 데 온 힘을 기울여야만 했다.

지금까지는 조선독립동맹과 조선혁명군정학교의 주둔 위치가 처음부터 줄곧 연안 외곽의 라가평인 것으로 알려져 있었다. 하지만 최근에서야 이들이 라가평으로 이동하기 전에는 좀더 시내와 가까운 천구촌(川口村)이라는 동네에서 5개월가량 머물렀던 것으로 확인되었다. 이 부분에 대해서는 좀더 확실한 조사가 필요한 시점이다. 몇 달 동안 터를 닦아놓았던 거주지를 옮길 수밖에 없었던 특별한 이유가 무엇인지는 아직 밝혀져 있지 않다.

한편 천구촌에서 라가평으로 이동한 1944년 9월 중순부터는 우선 겨울을 나기 위한 준비가 필요했다. 그래서 현지 주민들이 집을 짓는 방법대로 언덕 위에 굴을 파서 요동을 만들기 시작했다. 그리고 거의 두 달이 걸린 끝에 12월 10일 학교건물을 준공할 수 있었다. 연안의 조선군정학교는 1945년 2월 5일 정식으로 개교하였다.

교장에는 한글학자로 유명한 김두봉, 부교장 겸 당 서기에는 박일우, 그리고 교무과장에는 정율성, 관리과장에는 주덕해가 임명되었다. 그리고 이밖에도 뒷날 북한에서 주요 인물로 등장하는 방호산과 허정숙 등 쟁쟁한 인물들도 이 학교에 적을 두고 있었다.

군정학교의 정식 개교는 독립동맹과 조선의용군이 전투부대를 창설하여 연합군의 일원으로 싸울 준비를 했다는 점에서 많은 의미를 지니고 있다. 이날 개교식에는 연안에 있던 외국인들도 상당수 참가하였다. 월남인과 일본인 해방연합 대표 야마다 그리고 연안에 주재하고 있던 미국인까지 참석해서 축하 연설을 했다.

1944년 7월 22일 연합군 중국 주둔 사령관이었던 스틸웰이 파견한 미군군사시찰단이 연안을 방문한 이후, 당시 연안에는 소수이기는 하지만 미군군사사절단이 주둔하고 있었다. 미군군사사절단이 그곳에 체류한 목적은 태평양전쟁에 중국 팔로군을 비롯한 공산군의 참여를 독려하는 한편으로, 팔로군 세력이 소련으로 완전히 넘어가는 것을 막기 위해서라는 분석도 나오고 있다. 그러나 여기에서 우리가 주목해야 할 점은 군정학교의 개교식에 미국인이 참석하여 축하 연설을 할 정도로 미군은 조선의용군의 세력에 관심을 가지고 있었다는 사실이다.

원래 미군은 태평양전쟁에서 완전히 승리하기 위해 미군의 일본 본토 상륙을 예정하고 있었다. 그리고 중국대륙에 주둔하고 있는 관동군이 일본 본토로 이동 배치되는 것을 막기 위해 한반도에서 있을 게릴라전을 준비하고 있었다. 그래서 임시정부 휘하의 광복군과 준비한 것이 광복군 병력을 이용한 이글 프로젝트(Eagle Project)이다. 또한 미군은 연안의 조선의용군 세력을 이용하여 만주와 한반도 그리고 일본 등지에 대한 첩보활동을 추진할 계획을 세워놓고 있었다. 그것이 바로 북중국첩보작전계획이나, 장개석 정부의 반대로 실행에 옮기지는 못했다.

당시 연안군정학교의 학생 수는 240명가량이었고 이밖에 교관과 지원업무를 맡고 있는 인원이 40명 정도였다. 당시 관리과장으로서 학교의 살림을 맡은 주덕해는 절대로 밑지는 장사를 하지 않았다. 근거지에서 생산한 농산물을 국민당지역까지 가지고 가서 소금으로 바꿔오기도 했다. 또한 연안군정학교는 중국공산당 군사위원회의 직접적인 지도 아래 있었기에, 교장인 김두봉은 단지 상징적인 인물이었을 뿐 실질적인 업무는 박일우가 처리하였다.

그러나 정식으로 개교했다고 해서 학생들이 학습에만 열중할 수 있는 여건은 아니었다. 그들은 정치군사훈련을 받는 한편 생산운동에 참가해야만 했고 학교 밖의 일에도 지원했다. 연안의 동문 밖에 있는 연안비행장 활주로 확장공사를 할 때 정율성은 80여 명의 학생들을 이끌고 참가하여 맡은 구역을 기한 안에 완수한 공로로 표창을 받기도 하였다. 그들이 건설장비의 지원도 받지 않고 오직 인력으로만 힘들게 닦았던 비행장은 현재 연안 시내의 도로로 사용되고 있다.

당시 조선혁명군정학교에서는 태항산에 있을 때처럼 저녁을 먹고 나면 학생과 교직원 등이 모두 운동장으로 나와 오락회를 열곤

하였다. 이것은 그들을 잠시나마 고통을 잊게 해주고 그리고 혁명에 대한 의지를 더욱 북돋아주는 구실을 하였다.

한편 조선독립동맹원들이 산비탈 꼭대기쪽에 굴을 뚫어 만든 요동에는 몇 년 전까지만 하더라도 현지 주민들이 살았다고 한다. 하지만 내가 찾아갔을 때는 생활에 불편함을 느낀 나머지 그들도 다른 곳으로 옮겨간 다음이었다.

이제 인적마저 끊어진 그곳은 한때 조국의 해방을 꿈꾸던 조선인 혁명가들이 살았다는 사실을 설명하는 표지판은커녕, 감히 말로 옮길 수 없을 정도로 갖가지 쓰레기 더미가 쌓여 산처럼 되어 있었다. 아직 많은 부분에서 부족한 형편이지만 그런대로 유적지가 관리 보존되고 있는 임시정부 쪽의 청사와는 극적인 대비를 이루는 광경 앞에, 나와 같이 갔던 사람들 모두 할 말을 잊을 정도였다.

조선의용군의 흔적을 찾아 연안의 이곳저곳을 살피던 내가 오랫동안 그곳에서 연안을 방문하는 외국 인사들을 접대하는 업무를 담당했던 관계자를 만나 얘기를 들을 수 있었던 것은 뜻밖의 수확이었다. 북이 아닌 남에서 왔다고 말했더니, 그는 60~70년대 북에서 왔다는 연안방문단의 얘기를 들려주었다. 그들은 아무리 일정이 촉박하더라도 한때 중국공산당의 수뇌부들이 살았던 양가령은 빼놓지 않고 들렀다고 한다. 하지만 그들의 공식 방문 일정 어디에도 조선독립동맹과 조선의용군의 주둔지였던 라가평은 포함되지 않았다는 얘기를 들려주면서 의미심장한 웃음을 내보였다. 내가 그 장본인들은 아니었지만, 남북으로 나뉘어 때로는 속 좁은 행태를 보이는 우리 민족의 속내를 들킨 것 같아 부끄러웠다.

△ 조선혁명군정학교 대원들의 숙소였던 라가평 일대 흙동굴집(위 사진)이 모두 사라지고 대신 동굴집
　형태의 수백 채 연립주택이 자리하고 있다. (ⓒ전남일보 제공)

　남에서도 잊혀지고, 북에서도 지워버린 연안에서 활동했던 조선인 혁명가들. 진정으로 그들의 공과가 제대로 평가받는 날은 과연 언제쯤 올 것인가?

　통일이 되는 그날이면 가능할 거라고 말은 쉽게 하지만 아마 그때쯤이면 지금 이 순간에도 비바람에 허물어져가고 있는 조선의용군의 팔면요(八面蓼)가 제대로 남아있을까?

제4장 해방과 분단된 조국

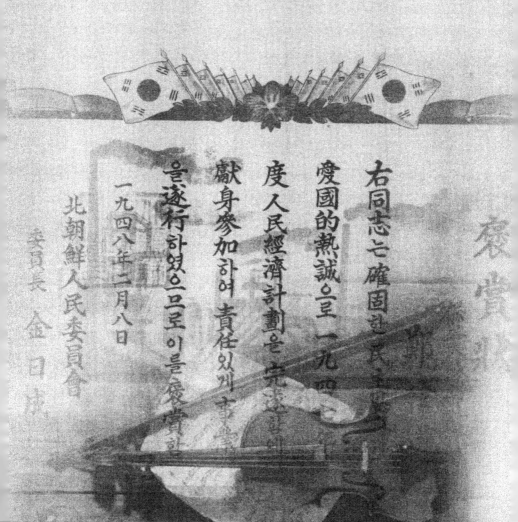

右同志는 確固한 民主主義的
愛國的 熱誠으로 一九四
度 人民經濟計劃을 完遂함에
獻身參加하여 責任있게 其業務
를 遂行하였으므로 이를 褒賞함

一九四八年二月八日

北朝鮮人民委員會

委員長 金日成

1. 해방의 기쁨

1945년 봄이 되자 연안의 조선인들에게 반가운 동지들이 하나 둘 찾아오기 시작한다. 그들은 바로 조선에서 활동하던 이름 있는 작가들이었다. 1945년 4월 경성제국대학 강사였던 김태준(金台俊)이 태항산을 거쳐 연안에 나타났다. 두 달 뒤인 6월에는 김사량(金史良)이 태항산에 도착했다는 소식이 연안에 전해졌다. 동경제국대학을 나온 김사량은 27살 때인 1940년 일본 문단에서 유명한 아쿠다가와상(芥川賞) 후보작에 그의 소설 《빛 속으로》가 선정되기도 할 만큼 유명한 소설가였다. 그리고 세계적으로 유명한 춤꾼 최승희(崔承喜)의 남편인 안막(安漠)도 이 무렵 연안에 모습을 드러냈다.

이들이 마치 약속이라도 한 듯이 앞서거니 뒤서거니 하면서 연안쪽으로 발걸음을 옮기고 있는 것을 보면서 정율성은 곧 무엇인가 큰 변화가 있을 거라는 예감이 들었다. 일제의 철저한 보도통제에도 그들은 급변하는 세계정세를 나름대로 파악하고 이해할 수 있는 지식인들이었기 때문이었다.

그러나 연안에 도착한 사람들이 모두 환영받는 것은 아니었다.

특히 김태준은 일제의 밀정이라는 혐의를 벗지 못해 고생하고 있었다. 김태준의 진술에 따르면, 자신은 국내와 연안 사이의 연락 임무를 받고 왔다고 했지만, 문제는 그의 말이 진실이라는 것을 보증할 만한 증거가 없다는 점이었다. 그리고 그가 더욱 의심을 받았던 데에는 당시 서대문형무소에 수감 중이던 조선의용군 출신 심운으로부터 연안행에 필요한 팔로군과의 연락방법 등을 전달받았다고 한 진술에서 비롯되었다. 감옥에 있는 사람으로부터 정보를 빼내는 것이 그리 쉬운 일은 아니었기에 일제의 특무가 아니라는 확실한 믿음이 갈 때까지 김태준에게는 감시가 따랐다. 이때 김태준에게 씌어진 혐의는 해방 후 그가 서울에서 재건파 조선공산당 중앙위원으로 궐석으로 선출되었다는 소식이 연안까지 전해진 다음에야 풀릴 수 있었다. 혐의를 받았던 사람이나 의심을 했던 사람이나 다들 입안이 씁쓸할 따름이었다. 같은 동포라고 해서 무조건 믿을 수 없는 불행한 현실, 그것은 바로 일제가 만들어놓은 비극이었다. 그들이 끊임없이 연안 내부의 사정을 탐지하기 위하여 스파이를 침투시켰기 때문이었다.

이때 연안에 온 사람들 가운데는 임시정부에서 보낸 장건상(張建相)도 있었다. 좌우파의 인물 모두를 잘 알고 있던 그는 독립운동단체들의 대동단결을 위한 협상 때문에 '조선독립동맹'의 김두봉을 만나기 위해 연안으로 들어온 것이다.

장건상은 그때 연안에서 있었던 일에 대해《혁명가들의 항일회상》에서 이런 증언을 남겼다.

김두봉을 만나 좌우 통일전선을 중경에서 결성하자고 제의했더니 찬성했어요. 자기가 중경으로 가겠다는 겁니다. 다른 간부들도 모두 찬성이었어요. 그때는 일제의 패망이 얼마 남지 않았음을 확신할 수 있을 때였으니까, 우리가 하루 빨리 뭉쳐 해방에 대비해야 한다는 생각을 쉽게 가질 수 있었습니다.

하지만 그때는 이미 너무 늦어버린 다음이었다. 그는 계속해서 자신의 연안행이 실패한 안타까움에 대해서 이렇게 털어 놓는다

좌우합작이 이번에는 정말 성공하는구나 하는 꿈에 젖었는데, 그 다음 날 깨 어보니 일제가 항복했습니다. 마침내 그 악독한 일제가 패망하고 우리 민족이 독립을 얻었다고 생각하니 나도 모르게 눈물이 흐릅디다…… 그러나 나도 인 간인지라 한 가지 아쉬움을 느꼈습니다. 그것은 임정과 조선독립동맹의 통일 전선을 채 보지 못하고 해방을 맞이한 데서 오는 것이었습니다.

장건상이 연안에서 예견한 대로 그때 좌우합작을 이루지 못한 데서 오는 후유증은 너무나 컸다. 연안에서 활동했던 조선의 독립운동가들은 뒤에 대부분 평양을 택했고, 중경 임시정부 사람들은 서울로 돌아왔다.

외지의 사람들이 스스로 연안을 찾아오듯이 연안은 이제 더 이상 중국대륙의 오지가 아니었다. 국민당과 일본군이라는 이중의 적들에게 봉쇄되어 있었지만, 그것은 겉으로만 보이는 장애였을

뿐, 팔로군의 지하공작선에 따라 중국 어디로든지 연락망이 갖추어져 있었다.

걸어서 적들의 봉쇄선을 넘을 수 없는 외국의 중요 인사들까지 연안에 만들어진 비행장을 통하여 연안을 찾을 정도였다. 더군다나 통신망을 구축하여 시시각각 바뀌는 2차대전의 전황을 그곳에 앉아서도 알 수 있었다. 히로시마와 나가사키에 원자폭탄이 투하되었다는 것도, 이어 8일에는 소련이 일본에 대해 선전포고를 한 것까지 말이다. 연안의 중공 당중앙에서는 항일전이 서서히 그 끝을 향해서 달려가고 있다는 것을 예상하고 새로운 전쟁을 준비하고 있었다.

드디어 8월 10일, 연안의 통신은 일본 제국주의가 항복을 선언할 조짐을 보이고 있다고 공식적으로 발표했다. 철저한 보도통제가 이루어지고 있던 한반도에서는 대부분의 동포들이 짐작조차 할 수 없었던 이른 시기에 알게 된 소식이었다. 그리고 다음 날《해방일보사》에서 일하고 있던 고찬보가 저녁 늦게 숨을 헐떡이며 라가평에 나타났다. 그는 타스통신에서 일본군이 패배했다고 보도한 소식을 듣자마자, 조선의용군 동지들에게 알려주기 위하여 밤길 십리를 달려왔던 것이다. 그 소식을 접한 조선혁명군정학교는 난리가 났다.

그날 밤 12시를 기해 주덕 총사령관의 6호 명령이 발표되었다.

중국과 조선 경내에 진군하여 싸우는 소련의 붉은 군대에 배합하고 조선 인민을 해방시키기 위하여, 나는 지금 화북에서 대일작전을 벌이고

있는 조선의용군 사령원 무정, 부사령원 박효삼, 박일우에게 즉시 소속
부대를 통솔하여 팔로군 및 원동북군 각 부대와 함께 동북으로 출병하여
적과 괴뢰군을 소멸시키는 한편 동북의 조선 인민을 조직하여 조선을 해
방하는 임무를 완수하도록 명령한다.

이 소식을 전해들은 정율성은 즉각 조국을 향해 진군하는 조선
의용군 부대의 모습을 떠올렸다. 몇 년 동안 조선의용군과 더불어
동고동락했기 때문에 정율성은 그들의 심정을 누구보다도 잘 알고
있었다. 그래서 따로 다른 사람에게 작사를 부탁할 필요도 없었다.
바로 자신이 살아온 삶이 조선의용군의 삶이었고, 동북으로 진출
하라는 명령을 받고 기뻐하는 자신의 심정이 조선의용군 모두의
심정과 다를 바가 없었기 때문이었다. 그리고 동북으로 진출하기
전에 조선의용군 동지들이 이 노래를 불러야 했기에 따로 작사를
부탁할 시간도 없었다.

하나 둘 셋 발 맞춰 총을 메고 나가자
씩씩하고 용감한 조선의 용사들
오늘은 화북 거저 내일은 만주러라
앞의 장애 물리치고 조국 향해 나가자
진리로 굳게 뭉친 우리 강철 대오는
모든 정신 행동 인민 위해 노력해
용감히 싸우리라 조국의 해방 위해
끝까지 싸우리라 인민의 자유 위해

밤을 새워 작사 작곡을 마친 정율성은 노래의 제목을 〈조국 향해 나가자〉라고 붙였다. 비록 주덕 총사령관이 지시한 목적지는 동북이었으나 조선의용군의 최종 목적지는 바로 조국 조선 땅이었고, 또 조국의 완전한 해방이었던 것이다. 정율성이 이렇게 동북으로 출동을 앞두고 급하게 작곡한 〈조국 향해 나가자〉는 그가 작사까지 직접 한 몇 곡 되지 않는 노래들 가운데 하나이다.

그러나 조선의용군이 동북으로 출동할 때 부를 노래까지 만들어졌지만 6호 명령대로 동북으로 출동할 수는 없었다. 6호 명령이 떨어진 지 겨우 나흘 만에 일제가 무조건 항복을 선언하고 말았기 때문이었다. 조선의용군의 손으로 일본군의 항복을 받아내지 못한 점은 아쉬웠지만, 그래도 일제가 무릎을 꿇었다는 사실은 모든 조선의용군들을 흥분의 도가니 속으로 빠지게 했다.

1945년 8월 15일 저녁, 조선혁명군정학교 전체 인원이 학교 광장에 모였다. 그들은 모두 서로를 부둥켜안고 춤을 추었다. 너무나 기뻐 쏟아지는 눈물을 주체하지 못하는 사람도 있었다. 모두들 그날만은 배고픔도 느끼지 못했다. 너무나 흥분되어서 밥이 목구멍으로 넘어가지 않았다. 모두 오늘 같은 날을 위해서 오직 뼈를 깎는 고난의 시기를 버텼던 것이다.

잠시 뒤 조선혁명군정학교 부교장이자 조선의용군 부사령관이었던 박일우가 단 위에 올라섰다. 그도 흥분을 주체할 수 없는지 쉽게 입을 열지 못하고 광장에 모인 사람들을 한참 바라보았다. 그리고 큰 소리로 외쳤다.

"동지들! 우리가 이겼다! 오늘 일본 천황이 무조건 항복을 선언

△ 최근 사라진 연안 라가평 조선혁명군정학교 표지석. (ⓒ전남일보 제공)

했다!"

그 말이 끝나기가 무섭게 그 자리에 모인 조선의용군 대원들은 한목소리로 라가평 골짜기가 떠나가도록 크게 함성을 질렀다.

조선독립 만세!
조선민족해방동맹 만세!
위대한 항일전쟁 만세!
중국공산당 만세!

하지만 일본의 무조건 항복으로 모든 것이 끝난 것은 아니었다. 일본만 중국과 한반도에서 물러갈 뿐 나머지는 그대로였다. 중국 대륙이 중국공산당과 국민당의 세력으로 양분되어 있는 것처럼, 한반도에도 38선을 경계로 미국과 소련에 의해 양분되었다는 소식을 접했던 것이다.

△ 연안 라가평에서 조선의용군, 조선혁명군정학교 간부 등 400여명이 연안을 떠나 귀국하기 앞서 기념촬영을 했다. 가운데 앞줄(화살표)에 정율성이 어린 딸 소제를 안고 앉아 있다(1945. 9).

　연안의 조선인들은 조국을 향해 떠날 준비를 서둘렀다. 출발에 앞서 조선혁명군정학교는 이동하는 데 편리하도록 학교 편제를 군대 편제로 바꾸었다. 그 무렵 조선의용군도 부대를 재편성하는 작업에 들어간다. 총사령관에 무정, 부사령관 겸 정치위원에 박일우, 부사령관 겸 참모장에는 박효삼이 임명되었다.

　조선의용군이 연안을 떠나기 전 중국공산당이 마련한 환송회가 열렸다. 그동안 어깨를 나란히 하고 항일전을 수행해온 조선의용군을 그냥 보내기가 아쉬웠기 때문이다. 술잔이 본격적으로 돌기 전에 송별사를 하기 위해 앞으로 나선 모택동은 그 자리에 모인 조선의용군 간부들을 감격하게 하는 연설을 했다.

조선이 완전한 해방을 쟁취하기 전에는 중국의 해방도 있을 수 없다. 그러나 조선 동지들의 목적 달성은 우리 중국보다 앞서게 될 것이다. 최후의 목적 달성을 위하여 앞으로도 열심히 싸워주기 바란다.

조선 동지들의 목적 달성이 중국보다 먼저 될 것이라는 모택동의 격려사는 단순히 입에 발린 찬사만은 아니었다. 당시의 정세로는 한반도보다 중국의 정세가 훨씬 더 복잡했다.

평생을 라가평에서 살았다는 탁지유(拓志有) 노인은 그곳에서 살았던 조선인들에 대해서 이렇게 증언했다.

"처음에는 그들이 요동을 어떻게 파는 줄 몰라서 동네사람들이 도와주었지만, 농사는 현지 주민들보다 더 잘 지었다. 무엇보다 여자들이 무거운 짐을 머리꼭대기에 올려 옮기던 모습이 잊혀지지 않는다. 그리고 해방이 된 뒤 떠날 때에도 몇 년 동안 자신들을 도와준 동네 사람들의 고마움을 절대로 잊지 않겠다는 말을 남기고 떠났다."

그동안 많은 세월이 지난 탓인지 그는 조선인들의 이름을 기억하지는 못했지만, 단 한 사람, 김두봉의 이름만은 그가 '조선인 촌장'이었다며 기억하고 있었다. 그리고 내가 갖고 간 정율성의 젊었을 적 사진을 보여주자, 이름은 기억하지 못하지만 사진 속의 그가 라가평을 떠나기 앞서 자기들은 제목도 모르는 조선 노래를 현지 주민들에게 불러주었다고 했다.

정율성이 연안을 떠난 지 수십 년의 세월이 지났지만, 그의 노래만은 아직 그곳 사람들의 기억 속에 남아 있었다.

연안을 떠나 만주를 거쳐 조국땅으로 가는 길은 그리 만만치 않았다.

이미 중국대륙 곳곳에서 공산당과 국민당의 대결이 시작되고 있었다. 그리고 일본군의 일부는 국민당군에게는 무조건 항복을 하면서 중국 홍군에게는 무조건 항복을 하지 않겠다는 선언을 발표하기도 했다.

그래서 그들이 연안에 들어올 때처럼 나갈 때도 걸어서 나가는 것 이외에 다른 교통편을 이용할 수가 없었다. 가끔 형편에 따라 기차나 배를 이용하기도 했지만, 그것은 운이 좋은 경우일 뿐 대부분은 걸어서 동북까지 이동해야만 했다.

정율성도 출발 준비를 서둘렀다. 지도를 보고 대충 계산해도 연안에서 목적지인 평양까지는 무려 5천리가 넘는 먼 거리였다. 기차를 이용한다면 별로 힘들이지 않고 갈 수 있겠으나 그것은 꿈에 지나지 않았다. 전쟁은 끝났지만 아직 중국대륙 곳곳에는 팔로군에게 항복을 거부하고 있는 일본군이 남아 있었고, 요충지마다 팔로군의 이동을 허락하지 않는 국민당 군대가 지키고 있었다.

정율성도 연안에 올 때 걸어왔던 것처럼 걸어서 떠나야만 했다. 걷는 데는 이미 이골이 난 몸이라 자신은 별로 걱정되지 않았지만, 그의 어린 딸 소제가 걱정되었다. 아무리 생각해봐도 서너 살밖에 안 된 어린 아이가 그 길을 순전히 걸어서 간다는 것은 불가능했다. 그렇다고 두고 갈 수도 없는 노릇이었다. 아직은 모든 것이 어수선

한 세상이라 한번 헤어지면 언제 다시 만날지 모를 노릇이었다. 그래서 가다가 주저앉는 한이 있더라도 갈 때까지는 같이 가기로 했다. 정설송도 그런 정율성의 마음을 아는지 같이 가겠다고 했다.

살림이라고 해봐야 별다른 게 없었지만, 걸어가는 데 짐이 될 만한 무거운 것들은 모두 처분해 당나귀를 사는 데 보탰다. 소제를 걸어서 데리고 갈 수는 없었던 것이다. 그렇다고 해서 그 먼 길을 내내 업고 갈 수도 없는 노릇이었다. 이제 소제를 태우고 가는 문제는 해결됐지만 남은 것은 정설송이었다. 그때 다행히 정율성의 처지를 알아차린 조직에서 말 한 마리를 빌려주어 정율성의 고민을 덜어주었다. 말은 몸이 약한 정설송이 타고 가기로 했다.

1945년 9월 3일, 정율성은 소제를 태운 당나귀의 고삐를 잡고 조선의용군의 뒤를 따라 연안을 떠났다. 스물세 살의 젊은 나이로 연안행을 택했던 정율성은 8년이 지나 서른한 살의 나이로 연안을 떠난 것이다. 올 때와 다른 점이 있다면, 올 때는 혼자였지만 이제는 딸까지 둔 아버지라는 점이었다. 그리고 좋은 음악을 통해 항일을 하고 인민에게 봉사하겠다는 꿈을 조금이나마 이루었다는 점에서 지난 8년 동안의 세월이 전혀 아깝지만은 않았다.

하지만 아직 자신의 꿈을 완전히 이루기에는 멀었다고 생각했다. 그곳에서 지냈던 시절을 떠올리며 한동안 묵묵히 걸어가던 정율성은 걸음을 멈추고 뒤를 돌아다보았다. 멀리 연안의 명물인 보탑산이 눈에서 멀어져 갔다. 정율성은 청춘을 불태워 음악을 작곡한 이 뜨거운 열정의 도시를 다시 볼 수 있을까. 아마 전쟁이 완전히 끝나고 평화의 시대가 오는 날 이곳을 다시 찾아올 수 있으리라.

그러나 그렇게 회상에 잠겨 있을 순간은 잠깐뿐이었다. 연안이 시야에서 사라지고 난 뒤 조선의용군의 발걸음은 점점 더 빨라지기 시작했다. 다들 하루라도 빨리 조국으로 돌아가야 한다고 마음이 바쁜 탓이었다.

조선의용군은 보통 하루에 백리씩 이동하는 강행군을 감행했다. 날이 갈수록 지쳐 쓰러지는 사람들이 생겨났으나 조선의용군 지도부에서는 행군속도를 줄이지 않았다. 그런 속도를 유지하며 이동해도, 도중에 다른 교통편을 이용할 수 없으면 조국땅으로 돌아가는 데는 약 두 달 정도 걸릴 것이라고 예상하고 있었다. 그 사이 조국땅에 무슨 일이 생길지 모를 일이었다.

하지만 그들의 바쁜 마음과 달리 조국과의 거리는 쉽게 줄어지지 않았다. 곳곳에서 일본군과 국민당군이 지키고 있었기 때문이었다. 그들의 점령지역을 통과하지 않고 우회를 하려면 더 많은 시간이 걸렸으므로, 조선의용군은 위험을 무릅쓰고 그곳들을 통과하기로 했다.

연안을 떠난 조선의용군은 보통 하루에 100리씩 이동했다. 중국공산당의 통치구역이었던 해방구는 마음 놓고 행군속도를 높이는 강행군을 할 수 있었지만 일본군이 아직 지키고 있는 지역을 지날 때는 사정이 달랐다. 필요 없는 충돌을 피하기 위해 그들은 낮에는 쉬고 야간행군을 감행했다. 다행히 우려했던 일본군의 도발은 없었다.

연안을 떠난 지 한 달이 지난 10월 3일 그들은 오대산을 지난다. 그리고 그 일주일 뒤에는 장가구에 도착한다. 이곳에서 그들은 화북지방 곳곳에 흩어져서 활동하고 있던 조선의용군 다른 부대와 합류하여 부대를 정비한다. 이처럼 중국대륙을 지나면서 그들의 숫자는 점점 더 불어나기 시작했다.

10월 26일 승덕에 도착한 그들은 가쁜 숨을 추스를 수 있었다. 팔로군이 점령하고 있던 그곳에서 기차가 기다리고 있었기 때문이었다. 기차 편으로 만주로 이동한 그들은 그러나 새로운 장애에 부딪혔다. 심양(沈陽) 인근에서 그들을 막은 것은 다른 군대 아닌 바로 소련군이었다. 당시 그곳에 주둔하고 있던 소련군은 해방 이후 날이 갈수록 병력이 증가하고 있는 조선의용군을 경계하고 있었다.

해방 당시 약 2천 명가량으로 알려져 있던 조선의용군의 숫자는 겨우 석 달이 지난 11월 중순 무렵에는 약 8만명으로 증가해 있었다. 해방 이후 중국에 살던 조선청년들과 특히 일본군으로 중국에 끌려와 있던 한국인 병사들이 조선의용군으로 몰려들었기 때문이다.

소련군의 이동 불허로 심양에 머무르고 있던 조선의용군은 11월 7일 러시아혁명을 기리기 위한 그곳의 기념식에 참가한다. 그날 시가행진도 있었는데, 1만 명이나 되는 조선의용군이 시가행진을 하는 모습을 본 동포들은 감격에 젖어 눈물을 흘리기도 했다. 몇 달 전만 하더라도 대부분의 동포들은 조국의 해방을 꿈이나 꾸었겠는가.

하지만 조선의용군이 기다리고 있던 귀국 허가는 좀처럼 떨어지지 않았다. 자신들이 무슨 이유 때문에 해방된 조국으로 마음대로 돌아가지 못하는지 영문을 모르던 사람들은 불안해했다.

그런 가운데 11월 10일, 심양의 교외에서는 조선의용군 전체 병력이 참가한 가운데 대회가 열린다. 이날 무정은 조선의용군의 전체 병력이 조국으로 돌아가지 못하는 국제정세에 대해서 설명했다.

> 지금 동북에는 일제에 대항해서 싸운 분들도 있고, 일제의 압박을 피해서 동북에 와서 살고 있는 조선인들도 많다. 일제는 무너졌지만 위만(僞滿 ; 만주국—필자 주)의 경찰에서 일하던 자들이 지방에 있는 토비들과 결합하여 지금 동북의 조선인들을 어려운 처지로 몰아넣고 있다. 이런 사람들을 묶어세워 쟁취해서 우리 조선을 건설하는 역량을 확대해야 한다.

하지만 실상은 무정의 말과는 달랐다. 38선 이북에 그들이 지지하는 정권을 세우려고 계획하고 있었던 소련은, 실질적인 전투력을 가지고 있던 조선의용군이 부대 편제를 유지한 채 북쪽으로 들어오는 것을 원하지 않았다.

꿈에도 그리던 해방은 되었지만, 그때 이미 또 다른 역사의 비극이 시작되고 있었다. 그들이 그렇게 만주에서 머무르고 있던 11월 말, 조선의용군 선발부대가 압록강을 넘어 신의주로 들어갔지만, 소련군에게 무장해제를 당하고 쫓겨나는 비극적인 일이 발생하고 말았다.

그들은 분노했다. 하지만 방법이 없었다. 해방은 되었지만 소련군이 주둔한 북한 땅에서 진정한 주인은 그들이 아니었다. 하지만 코앞에 있는 조국땅을 두고 만주에서 계속 머무르고 있을 수만은 없는 노릇이었다. 소련군의 속셈이 무엇이든 그들은 새로운 조국

을 건설하는 데 자신들의 힘을 보태고 싶었다. 그래도 살아서 해방
된 조국땅을 밟아보는 자신들은 행복한 편에 속하는 사람들이 아
니겠느냐고 자위하는 수밖에 다른 도리가 없었다.

그들은 숱한 고민 끝에 어떤 고난이 닥치더라도 조국으로 돌아
가 새로운 조국 건설에 동참하기로 결정한다. 다만 현실적인 조건
을 고려해서 조선의용군의 주력부대는 만주에 남아서 그곳에 거주
하고 있는 수백만의 동포들을 보호하되, 간부들만이라도 일단 북
한지역으로 들어가기로 한 것이다.

정율성은 남경에 있을 때에는 중국과 조선 땅을 오가는 사람들
이 있었기 때문에 간간히 고향소식을 접할 수 있었으나, 연안으로
들어온 뒤로는 가족의 소식을 전혀 듣지 못했다. 자신은 조국의 해
방을 앞당기는데 노래로라도 조금은 기여했다고 생각하니까 조국
으로 돌아가는 정율성의 발걸음은 가벼웠다.

그런 가운데 그의 머리 속에는 중국대륙에 뼈를 묻어버린 둘째
형과 자신이 고향을 떠나 온 후 감옥의 후유증을 이기지 못하고 눈
을 감았다는 큰 형의 얼굴이 떠올랐다. 3·1운동은 우리 민족혼이
죽지 않고 살아있음을 세계만방에 알리는 쾌거이자 형들이 본격적
으로 독립운동에 뛰어들게 만든 계기였던 것이다.

생각 끝에 그는 조선민족 해방운동의 상징이나 마찬가지인 3·1
운동을 기념하는 노래를 만들기로 했다. 그것은 해방을 보지 못하
고 먼저 간 형들에게 바치는 곡이나 마찬가지였다. 그리고 해방을
맞아 기백 있는 걸음으로 걸어가고 있는 조선의용군 병사들의 씩
씩한 걸음을 나타내는 곡도 만들기로 한다.

그리하여 그는 연안에서 평양으로 이동하는 도중에 곡을 구상하여, 뒷날 그가 황해도 해주에 머무르고 있을 무렵인 1946년에 〈3·1운동 행진곡〉과 〈조선해방행진곡〉을 발표한다.

2. 조국땅에서

정율성은 심양을 떠나 안동(단동)을 거쳐 압록강을 넘었다. 스무 살의 나이로 조국을 떠난 후 강산이 한 번 바뀌고도 남을 12년 만의 귀국이었다. 비록 정든 고향 땅은 아니었지만 단지 강 하나를 건넜는데, 중국땅과 조국땅은 느낌마저 다른 것 같았다.

신의주를 거쳐 평양에 도착했을 때는 그해도 저물어 가는 1945년 12월이었다. 이곳에서 정율성은 다른 조선의용군 간부들처럼 조직의 결정에 따라 중국공산당 당적을 버리고 조선공산당에 입당한다.

이후 그는 조선공산당 황해도당위원회 선전부장으로 배치되었다. 그의 투쟁경력과 항일전에서의 공헌에 견주면 보잘것없는 자리였다. 하지만 그것은 어쩔 수 없는 현실이었다. 연안시절부터 함께 했던 이유민(李惟民)이 황해도 인민위원회 서기장을 맡아 같이 해주로 내려가게 되어, 그래도 조금은 마음의 위안이 되었다.

이때 조선의용군의 상징이나 마찬가지인 무정은 뒤에 조선노동당 제2서기의 자리에 오른다. 하지만 그것은 허울에 지나지 않았다. 이미 실질적인 요직과 권력은 소련의 조직적인 지원을 받는 김일성을 중심으로 한 소련파가 차지했다. 국내파와 연안파는 제대로 된 투쟁경력을 인정받지 못했다.

그런 사정은 남한에서도 마찬가지였다. 미국의 지원을 받는 이승만은 대대적인 추앙을 받았지만, 김구를 중심으로 한 임시정부 인사들은 개인자격으로 귀국해야만 했다. 심지어 광복군마저도 편제를 유지하지 못하고 형체도 없이 사라졌다.

하지만 정율성은 자리에 연연하지 않았다. 권력과 명예를 탐하기 위해서 항일운동을 한 것은 아니었기 때문이었다. 어쨌든 그에게는 또 하나의 임무가 남아 있었다. 그것은 바로 해방된 조국에서 새로운 전통 음악을 만들어야 한다는 것이었다.

해주에서 머무르던 시절, 그는 스무 살 때 중국으로 건너간 이후 처음으로 안정된 삶을 누린다. 그러나 그는 거기에 만족하지 않고 맡은 일에 몰두했다.

정율성이 선전부장에 취임한 지 두어달도 되지 않은 1946년 2월 김일성이 해주에 나타났다. 지방시찰을 나온 것이다. 정율성은 그때 김일성과 처음으로 대면한다.

이 무렵 북한에서는 가장 큰 사업이 진행되고 있었다. 소작료 인하문제로부터 시작된 토지개혁이었다. 농사꾼의 아들이었던 그는 땅에 대한 농민들의 애착이 얼마나 강한지 누구보다도 잘 알고 있었다.

농사짓는 농민들의 손에 논과 밭을 돌려준다는 토지개혁사업은 생각처럼 쉽게 진행되지 않았다. 대다수 농민들은 땅이 거저 생긴다는 소리에 좋아했지만, 지주들의 반발 또한 만만치 않았기 때문이었다. 그리고 일부 농민들은 목숨이나 마찬가지인 땅을 무료로 나눠준다는 소리를 반신반의하고 있었다. 바로 농민들의 마음을 돌려세워 새로운 조국의 건설에 동참하게 하는 것이 정율성이 맡고 있는 선전부의 주요 과업이었다.

선전부의 일로 정신이 없던 1946년 가을이 짙어갈 무렵, 반가운 한 사람이 그를 찾아왔다. 바로 상해에서 의열단 단원으로 함께 활동했던 김학철이었다. 그는 태항산에서 전투 중에 부상하고 일본군에게 포로로 잡혀 일본에서 수감생활을 하다가 해방과 함께 출옥한 뒤에 한때 서울에서 활동했다. 그런데 어느 날 갑자기 그가 해주에 나타났던 것이다. 정율성은 만사 제쳐놓고 그를 만났다.

김학철은 그 때 한쪽 다리가 없었다. 몇 년 만에 만나는 김학철을 보고도 정율성은 기쁘다는 내색을 하지 못했다. 바로 김학철의 다리 때문이었다. 시간이 얼마쯤 지나고서야 정율성은 넌지시 물어보았다.

"그 다리는 어떻게 된 거야?"

"아, 이거."

김학철은 씩 웃었다.

"왜놈들 먹으라고 내가 줬지."

김학철은 별일 아니라는 듯이 특유의 너털웃음을 지었다.

정율성은 김학철을 통해서 38선 남쪽 상황을 자세하게 들을 수 있었다. 김학철의 이야기를 들으면서 정율성은 늙으신 어머니가 고향에 홀로 남아 어떻게 살고 계신지 새삼 걱정이 되었다. 살아계시다면 벌써 일흔이 넘었을 어머니였다. 아들이 넷이나 있었지만, 철

△ 선정부장 당시 황해도 선거선전도대 대원들과 함께한 정율성(앞줄 가운데 원안, 1946).

들고 난 뒤부터 다들 독립운동을 한다고 집을 뛰쳐나갔으니, 없는 살림에 끼니라도 제대로 챙겨드시는지 그게 가장 큰 걱정이었다.

그는 해방 후 중국에서 돌아올 때에는 조국으로 돌아가면 어머니를 곧 만날 수 있으리라는 희망에 들떠 있었다. 하지만 막상 북한에 도착해보니 이미 고향 가는 길은 38선으로 가로막혀 있었다. 또 설령 38선이 열려 있었다 하더라도 건국사업에 모든 사람들이 밤잠을 설쳐가며 일하는데 나 몰라라 하고 어머니를 만나러 가겠다고 나설 수도 없는 노릇이었다. 몇 십 년 만에 조국에 돌아와서도 아직도 생이별 하는 사람은 한 둘이 아니었다. 그리고 어느 정도 숨을 돌릴 수 있게 된 무렵, 북쪽에서 일하게 된 정율성은 어머니를 만나러 38선 남쪽에 있는 고향땅 광주를 찾을 수조차 없는 신분이 되어 있었다.

한편 해주에서 며칠 동안 머무르면서 몸을 추스린 김학철은 평양으로 떠났다. 평양에 도착한 그는 노동신문사를 거쳐 나중에는 인민군 신문의 주필이 된다.

정율성은 해주에서 일을 보면서 자신의 특기를 살린 또 다른 사업을 벌였다. 그것은 해주에 음악전문학교를 설립하는 문제였다. 해방 이전까지 북한지역에는 체계적으로 음악을 배울 수 있는 정규 교육기관이 전혀 없는 실정이었다. 따라서 38선으로 남북이 분단된 상태에서 북한에서도 자체적으로 음악가를 양성하기 위한 학교가 필요했다.

북한의 정치 정세가 어느 정도 기틀이 잡혀갈 무렵인 1947년 9월에 평양에는 음악전문학교가 설립되지만 지방에 있는 음악전문학교로는 10월에 해주에 설립된 해주음악학교가 유일했다. 해주에는 이미 1945년 10월에 황해도예술가동맹이 중심이 된 해주음악학원이 설립된 바 있다.

이처럼 해주는 해방 직후 북한의 음악 중심지로 떠오른다. 그것은 그 곳이 지닌 위치 때문이기도 했다. 당시 남쪽에서 배를 타고 북으로 가는 길목에 해주가 있었기 때문이었다. 그래서 일단 월북한 예술가들은 해주에 머무르면서 평양에서 지시가 내려지기를 기다려야만 했다. 해주는 〈인민항쟁가〉의 작곡가 김순남(金順男)과 시인 임화(林和)를 비롯한, 남쪽에서 쟁쟁하던 문화계 인사들이 월북하여 평양으로 가기 전까지 잠시 머무르던 도시였다. 김순남도 월북 이후 한동안 해주음악전문학교에서 음악을 가르쳤다고 한다.

한편 정율성이 해주에 도착한 지 얼마 되지 않아 아내의 건강이 예사롭지 않았다. 특별하게 아픈 데가 없는데도 밥맛을 잃은 정설송이 병원에 가서 검사를 해보니 임신이었다. 정율성은 기뻤다. 하지만 정설송의 반응은 의외였다. 그녀는 뱃속의 아이를 지우고 싶어했다. 원래 연안에 있을 때부터 집안일보다는 바깥일에 더 몰두했던 정설송은 이제 자신이 살아야 할 나라를 위해서 도움이 되는 일을 하고 싶어 했다. 둘 가운데 어느 하나를 선택해야만 하는 상황이었다. 배가 불러오면 사업을 하기가 여러모로 힘들었기 때문이었다. 집안에 갇혀 있는 것을 싫어했던 정설송이 인공유산을 결심하자 그도 어쩔 수 없이 동의했다.

하지만 문제는 거기에서 발생했다. 수술이 잘못되었는지 피가 멈추지 않고 심한 출혈이 계속되자 담당의사는 고개를 저었다. 좀 더 의료설비가 좋은 큰 병원으로 가보라는 뜻이었다. 급히 평양으로 연락을 해보았지만 평양에서도 손을 쓸 수가 없다는 연락이 왔다.

결국 정설송은 급히 북경으로 돌아갔다. 치료를 위해서였다. 얼마 뒤 그녀가 돌아왔지만 얼굴이 밝지 않았다. 그 이유는 나중에서야 알았다. 해주에서 받았던 임신 중절수술이 잘못되어 정설송은 더 이상 임신을 할 수 없는 몸이 되어버린 것이다. 정율성도 할 말을 잃었다. 하지만 이왕 쏟아진 물, 그녀의 마음이라도 달래주려고 노력했다. 그나마 소제가 별 탈 없이 건강하게 잘 자라주어 위안이 되었다. 정율성은 허전한 마음을 달래기 위해서 더욱 일에 몰두했다.

1947년 봄 정율성은 평양으로 자리를 옮겨 조선인민군의 문화활동을 담당하는 구락부(俱樂部) 부장(部長)과 조선인민군 협주단

△ 평양시절(1948)의 정율성 · 정설송 부부.

단장에 취임한다. 하지만 북한으로 돌아온 이후 쉬지도 못하고 너무 무리를 한 탓일까, 정율성은 심한 열병에 시달린다. 고열로 얼굴색마저 검게 변할 정도였다. 그러나 마음 편하게 쉬고 있을 수만은 없었다.

어느 정도 병이 낫자 그는 자리에서 털고 일어나 그동안 구상했던 일에 본격적으로 나서기 시작했다. 그가 단장으로 있는 조선인민군 협주단은 이름은 있었지만 제대로 된 연주를 하기에는 단원이나 악기 모두 부족했다. 정율성은 이름에 걸맞은 조선인민군 협주단을 만드는 데 최선을 다했다. 어느 정도 모습이 갖추어지자 정율성은 조선인민군 협주단을 이끌고 평양뿐만 아니라 1947년부터 1948년까지 2년에 걸쳐 북한 전역 공연에 나선다.

그런 한편으로 부족한 시간을 쪼개가며 새로운 조국에 걸맞은

△ 정율성이 이끈 조선인민군협주단과 김일성·박헌영 등 당시(1948) 북한 지도부가 함께 기념 촬영을 함(평양).

노래를 만들기 시작한다. 그가 특히 심혈을 기울인 것은 조선인민
군을 위한 군가였다. 그때까지 조선인민군 병사들이 쉽게 부를 수
있는 군가가 별로 없었다. 정율성은 남쪽에서 활동하다 월북해 온
박세영의 시에 곡을 붙여 노래를 만들었다. 그것이 바로 〈조선인
민군 행진곡〉으로, 조선인민군을 상징하는 공식적인 군가로 인정
받는다.

　정율성은 그 밖에도 김학철이 가사를 쓴 〈동해어부〉를 비롯하
여 10여 곡을 만들고 연안에서 창작하였던 〈항일기병대대합창〉을
개작하여 무대에 올린다.

　〈중국인민해방군가〉에 이어 〈조선인민군 행진곡〉을 작곡한 정
율성. 뒷날 중국의 음악평론가 겸 작곡가 당하(唐河)는 이렇게 그
를 격찬했다.

이 지구 위에서 두 나라의 군대를 대표하는 공식 군가를 만들어낸 작곡가는 전 세계 음악사를 뒤져봐도 정율성이 유일무이하다

이런 찬사가 아니더라도 한 작곡가가 한 나라 군대의 공식 군가를 작곡하는 것도 그리 쉬운 일은 아닐 것이다. 하물며 연이어 두 나라 군대의 공식 군가를 창작한 것은 그의 음악적인 재능이 어느 수위에 도달해 있음을 증명하는 좋은 사례이다.

북한에 들어온 이후 정율성은 해주음악학교의 개교와 인민군 협주단의 북한 순회공연으로 대중들에게 인민군의 이미지를 좋게 심어주었고, 〈조선인민군 행진곡〉까지 창작하여 음악으로 새로운 사회 건설에 기여했다는 평가를 받았다. 그리고 이러한 공로를 인정받아 '모범노동자' 칭호를 받는다.

정율성이 인민군 협주단 단장으로 있을 때 부단장은 왕산 허위(許蔿) 선생의 손자인 허웅배(허진)였다고 한다. 그는 뒷날 유학을 간 소련에서 김일성의 정책에 반기를 들고 그곳에서 망명생활을 한다. 그리고 정상진 등과 함께 김일성 정권의 실체를 폭로한《김일성 왕조 비사》라는 책을 펴내기도 한다.

3. 어머니

정율성이 평양으로 온 지 1년 뒤인 1948년 4월 하순, 평양 중심가에 서 있는 전봇대마다 종이조각들이 빠짐없이 붙어 있었다. 지

나가는 사람들은 잠시 걸음을 멈추고 굵은 붓글씨로 급하게 휘갈
겨진 표어에 눈길을 주었다. 붙인 지 얼마 되지 않았는지 풀조차
채 마르지 않은 종이에는 이렇게 적혀 있었다.

"남조선의 단정(單政)단선(單選)을 분쇄하자"
"북남연석회의를 전폭적으로 지지한다"
"남조선 대표를 열렬히 환영합니다"

그 시간 대동강변 평양의 모란봉 극장에서는 김구와 김규식을
비롯한 남쪽대표들과 김일성을 포함한 북쪽대표들이 참석한 가운
데 남북연석회의가 열리고 있었다. 1948년 초 유엔총회에서 남쪽
만의 총선거를 실시하는 쪽으로 결론이 나자, 김구와 김규식은 통
일정부수립을 위한 남북 지도자 연석회의를 북쪽에 제안했다.

북의 김일성은 그 제안을 별다른 이의를 제기하지 않고 받아들
였고, 김구와 김규식은 38선을 넘는 북행을 택했다. 비록 남쪽의
또 다른 거물 정치인인 이승만은 참여하지 않았으나, 임시정부의
상징인 김구가 참가했다는 것만으로도 남북연석회의가 민족 전체
에 미치는 영향은 적지 않았다.

남북연석회의에는 정율성의 자형인 박건웅도 참가했다. 해방이
된 이후에도 한동안 중국에 머물러 있던 박건웅은 1946년 3월에서
야 귀국한다. 이후 남조선과도입법의원을 지내며 적극적으로 좌
우합작운동을 하던 그는 김규식이 이끌던 민족자주연맹의 중앙집
행위원 자격으로 남북연석회의에 참가한다. 민족자주연맹에는 중

국에서 함께 조선민족해방동맹을 만들었던 김성숙도 가담하고 있었다.

남북연석회의의 남쪽대표단은 평양에 열흘 넘게 머물렀다. 당시 북한의 신문과 방송은 연일 남북연석회의의 의의와 결과에 대해 대서특필을 하고 있었다. 따라서 정율성은 자형 박건웅이 남북연석회의에 참석하고 있다는 사실을 모를 리 없었을 것이며, 어머니를 비롯한 가족과 고향소식에 목말라 있던 그로서는 어떤 형태로든 자형을 찾아가서 물어보았을 가능성이 높다. 아니 어쩌면 두 사람은 남북연석회의가 열리기 이전에 만났을 지도 모른다. 해방 후 북한의 요직에 있다가 외국으로 망명한 한 노동당 간부가 남긴 증언에 따르면, 박건웅은 남북연석회의가 열리기 훨씬 전인 1947년 늦가을 무렵에도 한 번 평양에 모습을 드러냈다고 한다.

만약 그것이 사실이라면 평양에 도착한 그는 북한에 머무르고 있는 처남 정율성을 분명히 수소문했을 것이다. 왜냐하면 중국에서 귀국한 정율성이 북한에 머무르고 있다는 사실은 그 당시 남북을 오고가던 사람들에 의해서 분명히 남쪽에 있는 그에게 전해졌을 가능성이 높기 때문이다. 정율성과 박건웅이 처남매부 관계라는 것은 중국에서 독립운동을 하던 사람들이라면 대부분 알고 있는 사실이었다.

박건웅 또한 정율성이 남경에서 연안으로 간 이후 해방될 때까지 한 번도 만나지 못했고, 또 자신의 장모가 얼마나 막내아들을 기다리고 있는지 잘 알고 있었다. 신의주가 고향인 그 또한 남쪽을 택하면서 어쩔 수 없이 이산가족이 되었기 때문에 이산가족이 겪고 있는 아픔은 절대로 남의 일이 아니었다.

어떤 점에서 정율성과 박건웅은 극명한 대조를 이룬다. 고향을 남쪽에 둔 처남 정율성이 북한을 택한 반면에 북쪽이 고향인 자형 박건웅은 남쪽을 택했다. 그렇다고 해서 두 사람 다 가족이라는 끈을 잘라버릴 만큼 모진 성격은 아니었다. 아니 지금은 비록 처지가 다르지만 처남 매부 사이를 떠나, 10여 년 전 그들은 중국에서 조선민족해방동맹이라는 한울타리에서 지내던 동지였다.

특히, 젊은 나이에 중국으로 건너간 정율성에게 박건웅은 자형이기 이전에 혁명의 길로 들어서도록 이끌어 준 스승이나 마찬가지였다. 아마 그가 없었다면 김산과의 인연도, 연안행을 결심할 용기도 가지지 못했을 것이다. 그런 점에서 박건웅은 정율성이 광활한 중국의 대지 위에서 우뚝 설 수 있는 계기를 마련한 사람이나 마찬가지였다.

남북연석회의가 열린 그해 여름, 정율성의 어머니 최영온이 평양으로 올 수 있었던 것도 어쩌면 자형 박건웅과의 만남이 계기가 되었을지 모른다. 만약 평양에서 처남을 만났다면, 남으로 돌아간 박건웅이 막내아들을 못내 그리워하는 장모에게 유명한 음악가가 되어 처자까지 거느리고 평양에서 살고 있는 정율성에 관한 이야기를 해주지 않았을 리가 없다. 그리고 정율성에게는 어머니가 현재 처한 어려운 상황에 대해서 이야기를 해주었을 것이다.

사실 그 당시 정율성의 어머니 최영온은 경제적인 어려움은 둘째치더라도 마음이 심란할 대로 심란한 상태였다. 아들을 넷이나 두었지만 철이 들면서 모두들 독립운동을 한답시고 집을 떠나 이

역 중국으로 가버렸고, 해방이 되어서도 다른 집 자식들은 더러 용케도 살아서 집으로 돌아오는데, 죽은 큰아들과 둘째아들은 그렇다 치더라도 늘그막에 낳아서 애지중지 키웠던 막내마저 해방된 지 몇 년이 지나도록 편지 한 장 없고, 해방 전 국내로 돌아왔던 셋째 아들 정의은마저 집에 얼굴조차 제대로 내밀지 않아 걱정이 이만저만이 아니었다.

창자가 찢어지는 아픔을 겪으면서 낳은 금쪽같은 자식 넷 모두가 독립운동을 하겠다고 나섰을 때, 그것이 죽으러 가는 길이라는 것을 알면서도 붙잡지는 않았다. 성질이 대쪽같은 영감이 무서워서도 아니었다. 남편이라고 해서 눈만 잠시 질끈 감으면 편안한 길이 열리는데도 그것을 마다하고 굳이 험한 길 찾아가는 자식들이 왜 안쓰럽지 않았겠는가. 자식들을 하나씩 떠나보낼 때마다 땅이 꺼질 듯 한숨을 내쉬며 밤잠마저 설치던 남편이었다.

그런 자신을 향해 남 말하기 좋아하는 동네 사람들은 자식농사 헛지었다고 수군거렸지만, 자신은 단 한 번도 그런 생각을 해본 적이 없었다. 오히려 누구를 만나더라도 떳떳했고 자랑스럽기까지 했다. 그래서 그런 말을 들을 때마다 피가 나도록 입술을 질근 깨물곤 했다.

남북연석회의에 참가했던 박건웅은 회의가 끝나자 함께 온 일행들과 곧바로 서울로 돌아갔다. 그런데 그해 여름이 끝날 무렵, 정율성에게는 정말로 꿈같은 일이 벌어졌다. 광주에 계셔야 할 어머니가 자신의 눈앞에 나타나신 것이다.

집안 사정이 예전 같지 않다는 사실을 안 정율성은 여러 경로를

△ 북경에서 정율성과 어머니 최영온 여사(1954).

통해서 어머니를 자신이 모시겠다는 의사를 전달했다. 하지만 젊은 사람들이라면 모를까, 아무리 38선이 허술하다 하더라도 일흔이 넘어 기력이 떨어져 있을 어머니가 별 탈 없이 38선을 무사히 넘는 것은 보통 어려운 일이 아니었으므로 크게 기대하지는 않았다.

1933년에 집을 떠난 이후 거의 15년 만에 만나는 어머니 앞에서 정율성은 닭똥 같은 눈물을 흘리고 있었다. 눈물바다이긴 어머니도 마찬가지였다. 이제는 자식까지 둔 처지였지만 어머니 앞에서는 여전히 어린 막내아들이었다. 정율성은 어머니의 품에 얼굴을 파묻고 황소 같은 울음을 터트렸다. 어머니 품은 예나 지금이나 변함없이 바다처럼 넓고 평화로웠다.

어머니가 한참 다독거리고 나서야 정율성의 눈에 어머니 옆에 앉아 있는 얼굴이 들어왔다. 바로 큰형의 둘째아들인 정상훈이었다. 정율성의 뒤를 따라 전주 신흥학교에 입학했던 그는 나중에 연희전문을 졸업했다. 그리고 해방 후에는 잠시 수피아여고 교사로 있기도 했다. 그러던 그가 할머니를 모시고 38선을 넘어온 것이다. 십몇 년 만에 만났지만 나이 차이도 얼마 나지 않는 그들은 삼촌 조카 사이를 떠나 이내 예전처럼 마음을 터놓고 얘기를 주고받았다.

이때의 정황에 대해서 정상훈의 맏아들 정준성은 내게 이런 말을 들려주었다. 물론 정준성도 그 이야기는 아버지 정상훈한테서 전해들었다고 했다.

"저에게 막내 할아버지 되시는 그분은 저의 아버지에게 원한다면 평양에 남아 하고 싶은 일을 하든지, 아니면 학교에 들어가 공부를 하든지, 하여튼 원하는 대로 다 해주겠다고 했답니다. 하지만 아버지는 그때 그분의 제의를 거절하고 남으로 내려왔다고 합니다."

자신의 제안을 거절하고 남으로 돌아가는 조카의 뒷모습을 지켜볼 수밖에 없었던 정율성의 심정은 어땠을까? 그러나 정율성과 정상훈의 관계는 그것이 끝이 아니었다. 둘 사이에는 그 뒤로도 긴 세월에 걸쳐 인연이 계속된다.

몇 년 뒤 한국전쟁의 소용돌이 속에 정상훈은 처자식을 버려두고 홀로 월북한다. 북쪽에 도착한 그는 어쩌면 직장이든 대학이든 원하는 대로 갈 수 있도록 도와주겠다는 막내 삼촌 정율성의 말을 떠올리고 자신의 힘이 되어줄 그를 찾았을지도 모른다. 하지만 그때 정율성은 이미 북한을 떠나 중국으로 돌아간 다음이었다.

이후 그곳에서 예술관계 일을 보던 그는 전쟁이 끝난 뒤 북쪽에서 재혼을 하지만 예상하지 못했던 시련을 겪는다. 남로당계의 숙청작업이 벌어지면서 그는 가족과 함께 두만강 부근의 탄광으로 추방된다. 그리고 1958년, 간신히 가족을 데리고 중국으로 탈출한 그는 중국에 있는 유일한 혈육 정율성을 찾았다. 비록 나라는 바뀌었지만 정율성은 평양에서 정상훈에게 했던 약속을 잊지 않고 있었다. 정율성은 조카 부부에게 북한의 손길이 미치기 힘든 하얼빈 근처의 학교에 일자리를 만들어주었다.

한편 당시 정율성과 함께 6·25 전까지 북한에서 생활했던 김학철이 남긴 회고 가운데서 흥미로운 이야기가 하나 있다.

당시 김일성은 연극을 좋아했으며, 특히 공연예술에 관심이 무척 많았다고 한다. 하지만 김일성은 전통민요 가운데서 〈노들강변〉을 비롯한 구시대적인 냄새가 많이 나는 몇몇 민요를 부르지 못하게 했다고 한다. 여기에 불만을 가진 정율성은 김일성을 만난 자리에서 〈노들강변〉이 금지곡이 될 수 없는 이유에 대해서 거의 한 시간 동안이나 설명을 한 끝에 김일성을 설득하여 〈노들강변〉을 금지곡에서 제외하라는 지시를 받아내는 데 성공했다고 한다.

지금으로서는 상상하기 힘든 일이지만 정율성의 성격을 엿볼 수 있는 좋은 사례이다.

한편 건국 초기의 어수선함에서 벗어나 어느 정도 북한체제가 안정되자 정율성에게는 남다른 고민이 하나 생겨나기 시작했다. 그것은 우리말을 모르는 정설송이 북한에서 사업을 계속하기가 그리 간단하지 않다는 사실이었다. 그리고 소제도 점점 자라나 곧 있으면 학교에 갈 나이가 되었다. 그것보다 정율성을 더 어렵게 하는

것은 그의 부인이 중국인이라는 것에 대해 북한 지도부가 못마땅
하게 생각한다는 점이었다.

"조선 남자가 조선 여자를 데리고 살아야지. 어찌 중국 여자를
데리고 살아."

이런 말들을 그의 앞에서 직접 하지는 않더라도 여기 저기 떠돌
고 있다는 것을 정율성도 소문으로 듣고 있었다. 사실 중국 여성와
결혼한 조선 남성들은 해방 후 조선으로 들어올 때 대부분 중국에
처자를 두고 왔다. 그가 존경해 마지않는 무정 장군도 그리고 상해
에서 밀접한 교류가 있었던 두군혜마저 남편 김성숙 선생을 따라
오는 대신 아들들과 함께 중국에 남았다는 것을 알고 있었다. 하지
만 정율성은 세상이 바뀌었다고 해서 가족이라는 인연을 단칼에
끊는 냉정한 사내가 되고 싶지는 않았다.

더군다나 언어문제에서 가장 고통받는 정설송은 중국으로 돌아
가자고 정율성을 졸라댔다. 만약 그녀가 계속 북한에 머문다면 끝
까지 언어가 달라 고통을 받겠지만, 자신은 중국으로 되돌아가더
라도 최소한 언어로 말미암은 생활의 불편함은 없을 것이 아닌가.
그리고 그 당시 중국대륙의 내전은 중국공산당의 승리로 끝나
1949년 10월 중화인민공화국이 정식으로 수립된 다음이었다. 연
안에서 함께 활동했던 중국인 혁명동지들은 이미 중화인민공화국
의 요직을 차지하고 있었다.

4. 다시 중국으로

이런 사정 속에 한반도에 전쟁이 터졌다. 당시《신화사통신》평양분사 책임을 맡고 있던 정설송은 인민군이 점령한 서울로 내려온다. 거기에서 그녀가 정율성의 셋째형 정의은을 자처하는 사람을 만났다는 기록이 있으나, 그것의 진실 여부는 지금으로서는 확인할 길이 없다. 그 뒤 평양으로 돌아간 정설송은 중국의 주은래 총리에게 가족과 함께 돌아가고 싶다는 뜻의 편지를 보낸다. 주은래 총리는 평양에 체류하고 있던 주리치를 통해서 김일성에게 정율성 일가의 중국 귀환을 정식으로 요청한다. 주리치를 만난 자리에서 김일성은 이 요청을 받아들인다. 그때 김일성은 이렇게 말했다고 한다.

"정율성을 중국으로 돌려보내라고. 그것은 문제없다. 중국공산당이 우리의 간부들을 얼마나 많이 키워주었는데, 정율성 한 명을 요청하는 것은 문제될 것이 없다."

일설에는 정설송이 주은래의 양딸이라고 알려져 있으나 그것은 잘못 전해진 것 같다. 원래 주은래와 등영초 사이에는 친자식이 없었다. 항일전쟁 중에 중국의 많은 혁명가들이 숨졌다. 그래서 그들에게는 전사한 동지의 자식을 친자식처럼 아껴주는 풍토가 형성되어 있었다. 그래야만 언제 죽을지 모르는 상태에서 자신이 죽더라도 최소한 자신의 자식들만은 동지들이 책임져 준다는 믿음이 있었기 때문에 서슴치 않고 사지에 뛰어들 수 있었던 것이다.

하지만 정율성의 중국행에 대해서는 다른 시각도 있다. 김학철의 《최후의 분대장》에 나오는 내용을 요약하자면 다음과 같다.

정율성은 인민군 협주단 단장일 때 잠시 소프라노 한정금(韓貞
수)에게 마음을 빼앗긴다. 김학철도 그것을 보다 못해 불 같은 성격
의 정설송에게 들키면 어쩌려고 그러느냐면서 주의를 주었다. 하지
만 정율성은 정설송이 우리말을 모르니까 들키지 않을 것이라고 자
신만만해 하고 있었다. 그러던 어느 날 김학철을 찾아온 정설송은
그런 관계를 알았다면 동지로서 만류하는 게 도리가 아니었겠느냐
면서 따졌다고 한다. 그런 뒤 정설송은 주은래에게 편지를 보냈고,
그로부터 얼마 뒤 정율성 부부는 중국으로 소환되었다고 한다.

시기와 동기가 조금 차이가 나기는 하지만 어쨌든 그가 가족과
함께 무사히 중국으로 되돌아 갈 수 있었던 배경에는 중국 고위층
의 손길이 미친 것만은 분명하다. 그런 점에서 정율성은 뒷날 그의
연안파 동지들이 목숨을 걸고 압록강을 넘어 탈출하거나 아예 그
럴 기회도 없이 숙청된 것에 견주면 행운아라고 할 수 있다.

중국인민해방군이 항미원조(抗美援朝)를 내세우며 한국전선에
투입되자, 정율성은 중국인민해방군을 지원하는 임무를 띠고 전선
에 투입된다. 비록 총을 들고 싸우는 군인은 아니었지만 인민해방
군을 따라 서울까지 내려온 그는 포화가 빗발치는 최전선을 피하
지 않는다. 책상에서 음악을 하는 것이 아니라 현장에서 음악을 작
곡하는 것이 정율성의 체질이었기 때문이었다.

1951년 1월께, 서울에 도착한 그는 폐허가 되다시피 한 거리를
거닐다가 문득 길거리에 버려진 책무더기에서 귀중한 책자를 발견

한다. 그것은 바로 〈조선궁정악보〉였다. 전쟁의 틈바구니 속에서 먹지도 못하고, 돈도 되지 않고, 무겁기만 한 책에 관심을 가지는 사람은 아무도 없었다. 그대로 두면 어느 집 아궁이의 불쏘시개가 될 가능성이 높았다.

정율성은 무거운 악보집을 챙긴다. 그리고 내일이 어떻게 될지도 모르는 전장을 오가는 긴박한 상황에서도 그것을 고이 간직한 채 중국까지 가지고 간다. 언제 포탄이 떨어질지 모르는 전쟁터에서 무겁기만 한 악보집을 손수 챙길 만큼, 그는 어쩔 수 없는 음악가였다. 이때 그가 챙긴 궁정악보집은 그가 세상을 떠난 뒤에 유가족에 의해 다시 한국으로 돌아왔다.

하지만 중국으로 돌아간 정율성의 앞에는 짙은 먹구름이 깔려 있었다. 특히, 연안의 정풍운동 당시 정율성에게 거친 비판을 받았던 주양이 문화부문의 책임자가 되어 있다는 사실은 그의 앞날을 더욱 어둡게 하였다. 하지만 그런 주양마저도 정율성이 죽은 지 20년 뒤에 발간된《중국 현대 당대 음악가와 작품》이라는 책에서 그의 음악을 높이 평가했다.

그는 극히 높은 혁명열정을 간직하고 예술에서 부단히 높은 목표를 추구한 작곡가였다. 그는 이미 명성을 얻은 이후에도 10여 년 동안 심혈을 기울여 모택동 시사(詩詞)에 곡을 붙였는데, 이 작품들은 정율성 음악이 또 하나의 새로운 정상에 올랐음을 증명하는 것이다.

지하에서 정율성은 주양의 이런 찬사를 어떻게 받아들였을까?

1953년 중국음악가협회가 창립되었을 때 정율성은 당연히 가입 대상이었지만 무슨 이유에서인지 그는 가입을 하지 못한다. 그리고 그 뒤로도 오랫동안 정율성은 음악가협회의 회원이 되지 못했다. 나중에 이 사실을 알게 된 진의(陳毅)가 음악가협회원들이 참가한 좌담회에서 크게 화를 냈다.

"도대체 우리 음악가협회는 뭐하는 곳이오. 정율성 같은 작곡가도 회원으로 가입시켜주지 않다니, 도대체 정율성처럼 위대한 작곡가도 이 단체의 회원으로 가입할 자격이 안 된다면 도대체 음악가협회의 자격조건이 무엇인지 내가 이해할 수 있도록 한번 말해보시오."

진의의 호통에 음악가협회 간부들은 단 한마디의 대꾸도 못하고 고개를 숙일 뿐이었다.

"음악을 하는 사람들이 그렇게 속이 좁아서야…… 도대체 음악이 뭐요. 나는 음악이 뭔지, 작곡을 어떻게 하는지는 잘은 모르지만 이것 하나만은 알고 있소. 자고로 좋은 품성을 지니고 있는 사람한테서 좋은 음악도 나오는 법이라는 것을 말입니다."

진의는 그 말 한 마디를 남기고 자리를 떴다. 그 자리에 남은 사람들은 전전긍긍할 수밖에 없었다. 그 사람들 가운데서 음악적으로 정율성보다 뛰어나다고 자신 있게 나설 사람은 별로 없었던 것이다.

얼마 뒤 음악가협회 측에서 정율성을 찾아와 이사로 모신다고 했지만, 그는 사양했다고 한다. 대신 그는 책상 앞에 이런 글을 한글로 적어놓고 좌우명으로 삼았다고 한다.

△ 정율성이 북한에서 가져온 피아노 앞에 외동딸 정소제가 앉아 있다. (ⓒ전남일보 제공)

"모든 정력을 집중하여 돌격적으로 학습하고 창작하자!"

"피아노를 칠 줄 모르는 것은 작곡가로서의 수치이다."

정율성은 피아노를 능숙하게 다루지 못함을 늘 부끄러워했다고 한다. 음악을 배울 시기에 피아노를 접해볼 기회가 거의 없었기 때문이다. 필자가 찾아간 북경 정소제의 집에는 꽤 낡아 보이는 일제 피아노 한대가 놓여 있었다. 그녀는 의아해하는 필자에게 그 피아노의 유래에 대해서 설명을 해주었다.

"지금은 많이 낡아 소리도 예전 같지 않지만, 이 피아노는 아버지가 소중하게 다루시던 악기들 가운데 하나입니다. 아버지가 북한에서 중국으로 돌아오실 때 평양에서 기차로 실어왔다고 하는데……."

피아노 건반을 직접 손가락으로 쳐보이면서 설명하던 그녀는 말을 끝까지 잇지 못했다. 아마 돌아가신 아버지 생각에 마음이 울

컬한 모양이었다. 게다가 그녀의 어머니인 정설송은 외부 손님을
만나지 못할 정도로 건강이 좋지 않는 모양이었다. 중국으로 건너
오기 전 한국에서 접촉했을 때, 그녀는 정설송을 직접 만나서 이야
기를 듣고 싶다는 나에게 어머니와의 회견은 건강문제로 이루어질
수 없다는 점을 밝히면서 미안해했다. 나로서는 아쉬웠지만 어쩔
수 없었다.

　사실 뒤늦게 '정율성의 음악과 삶'을 중국인이 아닌 한국인의 시
각에서 한번 그려보겠다고 나선 이후로 어렵게 수소문한 끝에 그에
대해서 얘기해줄 수 있는 사람을 찾아서 연락을 해보면, 이미 돌아
가셨거나 살아 있더라도 더 이상 대화를 할 수 없는 이들이 태반이
었다. 그때마다 '10년만 일찍 시작했더라도' 라는 생각이 간절했지
만, 그것은 지나간 버스를 향해 손을 드는 것이나 마찬가지였다. 그
리고 '정율성의 음악과 삶'이 무엇인지 찾아 나서보겠다고 호기 있
게 뛰어들기는 했지만, 실마리가 손에 잡히기는커녕 오히려 머리가
복잡해지기만 했다. 그러나 그 상황에서도 포기할 수 없었던 이유들
가운데 하나는, 그래도 늦기는 했지만 지금이 그의 체취를 느낄 수
있는 산 증언을 들어볼 수 있는 마지막 기회라는 생각 때문이었다.

　한편 정율성이 다시 중국으로 건너온 지 몇 년이 지난 1958년,
당에서는 예술가들에게 작품을 만들어내기 전에 직접 생산현장으
로 내려가 체험을 해볼 것을 요구했다. 이때 정율성은 그 대약진
운동의 일환으로 농촌으로 들어가 인민공사와 전국적으로 진행된
강철제련운동에 참가한다. 인민공사와 강철제련운동은 문제가 있

는 실패작이라는 것은 제대로 된 양식을 갖춘 사람이라면 누구나 다 알고 있는 사실이었다. 하지만 알고 있는 것과 그것을 공개적으로 말하는 것에는 차이가 있었다.

다음 해 정율성은 중앙악단에 소속된 당원들이 참석한 회의에서 경험담을 얘기할 것을 요구받자, 자신이 목격한 사실과 느낌을 솔직하게 말했다. 하지만 그는 그것이 꼬투리가 될 줄은 그때는 미처 몰랐다. 나중에 우경기회주의를 척결하자는 운동이 펼쳐질 때 그에게는 '우경(右傾)'이라는 누명이 씌어졌고 끝내는 반당(反黨) 혐의까지 뒤집어썼다. 마흔이 넘은 그는 이때 1년 사이에 갑자기 머리에 흰머리가 생길 정도로 심한 마음고생을 겪었다고 한다.

하지만 거의 넉달 동안 계속된 비판 속에서도 정율성은 반당 혐의만은 끝까지 부인했다. 심지어 자신을 비판하는 사람에게 오히려 '당신도 우경'이라면서 그 사람이 우경인 이유에 대해서 구체적인 사실과 증거를 들어가며 비판하자, 비판하던 사람이 오히려 입을 다물었다고 한다.

이때 정율성이 받은 혐의는 1962년 7차 인민대회가 끝나고 나서야 풀렸다. 그러나 그것으로 끝난 것은 아니었다. 문화대혁명이 시작되면서 정율성은 집중훈련반으로 배치되어 학습을 강요받는다. 이름은 학습이었지만 그것은 감금이나 마찬가지였다. 이 시기 그는 화장실의 휴지통을 머리에 뒤집어쓰는 수모를 겪기도 했다고 한다. 뒷날 누군가 표현했던 것처럼, 제 정신으로는 살아갈 수 없는 미칠 것만 같은 답답한 세월의 연속이었다.

5. 답답한 세월이여

누구에게도 쉽게 마음을 열 수 없었던 시절, 정율성은 틈만 나면 자연에 파묻혔다. 북경 인근의 강으로 천렵을 하러 다니며 답답한 세월을 보낸 것이다. 물론 이때에도 작품 활동을 중단하지 않고 매년 꾸준히 발표했으나, 연안시절 만큼 세상 사람들의 호평을 받지는 못했다.

이 무렵 정율성을 만나 그 이후 평생을 줄곧 그와 함께 했던 유채원(劉彩源). 그는 음악과는 거리가 먼 그저 평범한 공장 노동자였다. 그의 얘기에 따르면, 그는 1959년부터 자기 동네의 강으로 고기잡이를 자주 나온 정율성을 보았다고 한다. 하지만 처음 몇 년 동안은 강에서 마주치면 그저 인사나 할 정도였다고 한다. 그러던 어느 여름날 장마로 불어난 강에서 그물을 치다가 물에 빠진 정율성을 구해주면서 가까워지게 되었다고 한다.

"사실 처음에는 그렇게 유명한 음악가인 줄은 정말 몰랐습니다. 그런데 나중에 진짜 친해지고 나서야 그가 〈연안송〉이나 〈팔로군 행진곡〉 같은 유명한 노래의 작곡가인 줄 알았죠. 처음부터 그렇게 유명한 사람인 줄 알았다면 아마 나 같은 별 볼일 없는 노동자 처지에서는 그분과 허물없이 가족 이상으로 가까이 지내기는 힘들었을 겁니다."

정율성의 목숨을 구해준 것이 계기가 되어 유채원은 정율성의 집에도 거리낌 없이 드나드는 사이가 되었다.

그러던 어느 날 유채원이 정율성의 집에 들렀다가 그의 양아들인 정모(鄭茅)가 아주 낡은 옷을 입고 있는 것을 보고 한마디 했다.

"아니, 선생님의 명성도 있는데 왜 애들한테 저렇게 낡은 옷을 입힙니까?"

"왜 저 옷이 어때서? 어렸을 때부터 이런 습관을 들이지 않으면, 나중에 커서 고급간부의 자식이라고 우쭐대는 못된 버릇부터 배우게 돼. 나는 다른 건 몰라도 내 자식이 그렇게 겉멋만 들어서 자라는 건 못 봐줘."

이처럼 누구보다 자식들을 아끼는 정율성이었지만 그렇다고 해서 무조건 귀하게 키우지는 않았다.

아직도 매년 정율성의 제삿날이 다가오면 모든 일을 제쳐두고 그가 즐겨 찾았던 강에 나와 술 한 잔을 뿌려준다는 유채원. 그가

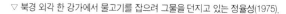
▽ 북경 외각 한 강가에서 물고기를 잡으려 그물을 던지고 있는 정율성(1975).

들려주는 정율성에 관한 이야기를 종합해보면 정율성은 유명한 사람에게서 흔히 엿볼 수 있는 권위의식이나 거만한 모습 대신 이웃 아저씨처럼 소탈한 모습을 더 많이 엿볼 수 있었다.

"그런데 어느 날이던가 둘이 같이 차를 타고 가다가 라디오 뉴스를 들었는데, 그때 마침 북한 김일성이 중국을 방문했다는 뉴스가 나왔습니다. 그래서 내가 농담처럼 마중 안 가냐고 하니까 자기는 별로 좋아하지 않는다고 하더군요. 그리고 어느 날이던가 이런저런 얘기 끝에 자기도 죽기 전에 고향을 꼭 한 번 가보고 싶다고 말을 하면서 그게 과연 이루어질까 했었는데……, 말이 씨가 됐는지 그 뒤 얼마 지나지 않아 그분이 그렇게 허망하게 떠나버렸습니다. 만약 사람에게 혼이 있다면 그분의 혼은 꼭 생전에 가보지 못한 고향으로 돌아갔을 겁니다."

유채원의 증언이 아니더라도 그 무렵 정율성은 친한 사람들에게 지나가는 말처럼 자신의 내밀한 심정을 내비치곤 했다고 한다.

조선은 나를 중국 사람으로 여기고 중국은 나를 조선 사람으로 여긴다. 이런 곳에서 무슨 발전이 있겠는가. 차라리 어디 깊은 산속에 들어가서 사냥이나 하 면서 살고 싶다.

문화혁명이 시작된 이후 불의와 타협하지 않았던 탓에, 작곡자로서 가장 큰 고통인 음악을 창작할 권리도, 어렵게 작곡한 음악을 발표할 기회마저도 빼앗긴 채 그는 살아야만 했다. 하지만 아무리 악독한 4인방이라고 해도 머릿속에 들어있는 악보마저 빼앗아가

△ 정율성의 말년 모습(1976. 9).

지는 못했다.

하지만 그렇게 숨죽이며 지내던 세월 속에서 받았던 상처가 너무나 컸던 탓일까. 정율성은 결코 연안시절의 영광을 재현하지 못했다. 어쩌면 미친 시대가 그의 음악적 재능을 죽여버렸는지도…….

6. 1976년, 땅이 흔들리니 하늘의 별들이 떨어지다

아마 1976년은 중국현대사에서 쉽게 잊혀지지 않는 다사다난한 한 해였을 것이다. 중국혁명사의 한 페이지를 차지했던 인물들이 마치 약속이나 한 듯이 그해에 연달아 떠나갔다. 그리고 그 끝자락에 정율성이 있었다.

그 죽음의 연속은 주은래로부터 시작되었다. 1976년 1월 8일, 중국인들에게 '영원한 총리'라고 불렸던 주은래가 끝내 돌아오지 못하는 길을 떠나고 말았다. 연안에서 만나 평생 따랐던 주은래의 갑작스런 죽음은 정율성에게 커다란 충격이었다.

정율성에게 주은래는 위대한 지도자를 떠나 개인적으로 친분이 두터운 후원자였기 때문이다.

주은래의 죽음은 정율성뿐만 아니라 대부분의 중국인들에게도 충격이었다. 그를 잊지 못한 북경 시민들은 문화대혁명이라는 탄압의 시기임에도 천안문에 모여 주은래를 추모하는 집회를 열었다. 누가 시킨 것이 아니었지만 그들은 스스로 거리로 나와 주은래를 그리워했다. 그들의 울음에는 그에 대한 그리움뿐만 아니라 4

인방에 대한 분노가 담겨져 있었다.

중국 곳곳에서 주은래를 추모하고 4인방을 비판하는 집회와 시위가 끊이지 않고 일어나고 있는 가운데 4월 4일, 북경의 천안문광장에 수많은 시민들이 모여들었다. 그날은 청명절인데다가 일요일이었다. 4인방은 '청명절은 제사를 지내는 날'이라는 구실을 내세워 사람들이 천안문으로 모이는 것을 금지시켰지만 몰려드는 사람을 막을 수는 없었다. 무려 백만 이상의 시민들이 천안문광장으로 모여들었다. 천안문광장은 사람들의 물결과 주은래에게 바치는 화환으로 뒤덮였다. 추도회가 끝난 뒤 군중들은 강제 해산시키려는 공안(公安)과 대치를 한다. 시민들이 공안에 대항한다는 것은 예전에는 미처 상상조차 할 수 없던 일이었다.

지난 10년의 세월이 그들을 분노하게 만들었던 것이다. 단지 그들은 말을 하지 않았을 뿐 세상이 어떻게 돌아가고 있다는 것은 알고 있었다. 집회에 참가한 군중들은 공공연히 4인방을 반대하는 구호를 외치기도 했다.

시위는 그날로 끝난 것이 아니었다. 날이 갈수록 시위군중들의 구호가 격해지고 폭동으로 번질 조짐조차 엿보였다. 사태가 계속 악화되자 결국 4인방은 군대를 동원하여 시위군중에 대한 진압을 시도한다. 이른바 천안문사건이 일어난 것이다. 하지만 4인방도 대세의 흐름을 어찌할 수는 없었다.

그해의 죽음은 그것으로 끝나지 않았다. 팔로군의 전설적인 명장인 주덕이 7월 초 옛 동지 주은래의 뒤를 따랐다.

3주 뒤인 7월 28일 새벽, 중국역사상 가장 큰 지진이 북경 인근

당산(唐山)을 덮쳤다. 공식적으로 발표된 사망자만 24만 명을 넘었고 부상자도 16만 명을 넘는 엄청난 비극이었다.

그러나 그것이 죽음의 끝은 아니었다. 당산 대지진의 여파가 채 가시지도 않은 9월, 한때 중국대륙을 호령했던 모택동마저 그 뒤를 따른다. 그야말로 중국인들에게는 눈물을 닦을 사이조차 없는 해였다. 모택동이 사망한 뒤 그동안 위세를 떨치던 4인방이 체포되면서 10여 년 동안 전 중국을 광기에 휩싸이게 했던 문화대혁명이 비로소 그 끝을 맺었다.

4인방이 몰락한 이후 정율성은 주은래의 생애를 노래하는 모음곡을 구상하는 등 10여 년 만에 다시 본격적인 음악활동을 준비하느라고 바쁘게 움직였다. 그는 4인방이 몰락하자 그가 소속되어 있던 중앙악단의 당서기 자리에 오른다. 상부의 지시가 아닌 중앙악단 소속 단원들의 민주적인 지지에 따라 당서기에 올랐다는 점에서 정율성이 평소 가지고 있었던 품성이 어떠했는가를 엿볼 수 있다. 그는 악단의 당서기로서 당연히 할 수밖에 없는 조직 사업에 몰두하는 한편, 그동안 외부의 압력에 따라 금지되었던 창작곡 공연준비에 몰두했다. 당시 정율성이 주안점을 두고 있었던 것은 가극 〈닥터 노먼 베쑨〉을 비롯한 인민해방군에 관련된 대형 교향극이었다.

하지만 오랫동안 4인방의 탄압을 받으면서 상한 심신이 완전히 회복되지 못한 상태에서 연일 과로를 한 탓으로 지병인 고혈압이 더욱 악화되었다. 그러나 오랜만에 맞는 기회를 놓칠 수 없어 그는 마음 편히 제대로 쉴 수는 없었다.

자신의 창작 이외에도 당서기로서의 공적인 업무를 병행해야

하기 때문에 지방 출장이 잦을 수밖에 없었다. 그러던 어느 날 정율성은 북경 인근의 장가구(張家口)에 내려가 있었다. 그때 북경에서 그에게 급한 연락이 왔다. 당위원회 회의가 열린다는 소식이었다. 지방출장 중이므로 그가 참석하지 않아도 되는 회의였으나 어쩐 일인지 정율성은 북경으로 올라가겠다고 평소의 그답지 않게 고집을 부렸다.

북경으로 돌아온 다음 날 아침 그는 오랜만에 조카 정상훈의 딸인 은주와 외손자를 데리고 북경 인근의 운하로 물고기잡이를 간다. 잠시나마 복잡한 업무에서 벗어나 자연을 벗하며 쉬고 싶었던 것은 아니었을까? 그러나 그는 그곳에서 영원히 자연의 품에 안기고 만다. 힘주어 무거운 그물을 잡아당기던 그가 갑자기 쓰러진 것이다.

비록 그는 갔지만 그의 노래만은 그가 추구하고자 했던 삶의 자세 그대로 영원히 꺼지지 않는 태양처럼 불타오를 것이다.

> 앞으로 앞으로 앞으로
> 태양을 향한 우리의 대오
> 조국의 대지 위에 섰다

그가 목이 터져라고 불렀던 조국은 과연 어디인가?

그렇게 물어본다면 그는 특유의 웃음을 내보이며 이렇게 대답할 것 같다.

"조선의 흙이 나를 만들었다면 중국의 광활한 대지가 나를 키웠노라"고.

1976년 12월 17일, 그의 안타까운 죽음을 기리기 위한 추도식이 팔보산 혁명열사릉에서 열렸다. 추도식에 참석한 사람들의 대부분은 백발이 성성한 노인들이었다. 바로 그와 함께 꽃다운 청춘을 조국에 바쳤던 연안시절의 동료들이자 각 분야에서 당대 중국을 실질적으로 이끌어가고 있던 실력가들이었다.

연안이 없었다면 중화인민공화국도 탄생하지 못했을 거라는 사실을 단적으로 말해주는 좋은 증거였다. 연안은 정율성이라는 한 음악가를 키워낸 도시일 뿐만 아니라 중국을 만들어낸 어머니이자 성지였다.

추도식에 참석한 호요방은 직접 추도사를 낭독했다.

정율성 동지는 훌륭한 분이었습니다. 그는 임표를 비롯한 4인방에 대해서 애증이 분명하게 투쟁했습니다. 특히, 연안시절 그의 노래는 최고봉에 이르렀고 중국인민의 해방사업과 혁명투쟁에 큰 기여를 하였습니다.

비록 짧은 문장이지만 이 속에 정율성의 삶과 음악 그리고 성격이 어땠는지 한눈에 드러나고 있다. 호요방의 추도사를 들으면서 유독 감회에 빠져 있는 한 사람이 있었다. 바로 연안시절 모택동으로부터 막 신예 음악가로 떠오르고 있던 정율성을 각별히 챙겨주라는 지시를 직접 받았던 왕진이었다.

뒷날 부주석을 지냈던 왕진은 〈정율성 동지를 추모하며〉라는 글에서 이런 말을 남겼다.

△ 정율성의 추도회 모습(1976).

정율성 동지는 섭이, 신성해를 이어 당대에 나타난 아주 걸출하고도 우수한 작곡가이며 중국혁명음악을 개척한 사람들 가운데 하나이다. 우리는 수십 년을 하루와 같이 지냈다. 나는 그를 좋아하였다. 그의 혁명에 대한 열정, 그의 인간적인 됨됨이와 그의 작품이 다 나의 마음에 들었다. 특히, 항일전쟁 시기 그의 노래는 적을 타격하고 인민을 단결시키며 전사들의 사기를 높이는 데 중요한 구실을 했으며 당의 항일 민족 통일전선 정책을 힘 있게 선전하였다. 특히 언급해야할 바는, 그는 애증이 분명한 혁명가의 기질을 소유하고 있었다는 점이다. 10년 동안의 문화대혁명 기간 동안 그는 임표와 강청 등 이 두 반혁명 집단에 대해 더없이 증오하였다. 우리와 같은 오랜 동지들의 처지가 어려운 시기에 그는 늘 음악에

술로 낙천적인 정서와 승리에 대한 믿음을 포기하지 않았다.

정율성은 갔지만 그를 알고 지내던 사람들이 쉽게 그를 잊지 못했다는 증거는, 그해가 가기 전에 추도식이 또 한 번 열렸다는 점이다.

추도식이 한 번도 아니고 두 번씩이나 열린 까닭에 관해서, 문화대혁명 당시 정율성과 같은 중앙악단에 소속되어 있으면서 부인인 정설송보다 더 많은 시간을 같이 보냈다는 이서(李序)가 이런 얘기를 들려주었다.

제가 알기로는 고위층에서 직접 지시를 내렸다고 합니다. 사실 우리 중국의 풍습상 한 개인의 추도식을 두 번씩이나 공식적으로 여는 것은 좀처럼 드문 일이거든요. 아마 앞으로도 그런 일은 별로 없을 겁니다.

정율성의 불운했던 말년을 거의 함께 보냈다는 이서. 그는 정율성이 세상을 떠난 지 30여 년이 지났지만 아직도 그를 잊지 못하고 있는 듯했다. 그 역시 지금은 은퇴하여 연금으로 생활하고 있는 노인이지만, 정율성을 알기 위해서 그의 조국 한국에서 찾아온 나를 아주 반갑게 맞아주었다.

점심 무렵부터 시작한 회견은 그날 자정 가까이까지, 무려 열 시간 넘게 쉬지 않고 계속되었다. 환갑을 훨씬 넘긴 노인이 열시간 넘게 수십 년 전의, 이제는 기억도 희미한 옛일을 들추어 얘기한다는 것은 보통 힘든 일이 아니다. 그는 해가 저물어 저녁 시간이 되자, 저녁 먹는 시간마저도 아깝다면서 마침 추석 무렵이라 선물로 들어온 월병으로 저녁을 때워가며 정율성에 대해서 하나라도 더 알려주려는 열의를 보였다. 그 정성 앞에 그저 감동할 수밖에 없었다. 그는 내가 정율성의 흔적을 추적하면서 만났던 여러 사람들 가운데서 가장 인상 깊은 사람이었다. 그는 자신이 왜 정율성에 대해서 그토록 애정을 갖고 있는지에 대해서 이런 말을 들려주었다.

> 나는 동북(중국인들이 만주를 일컫는 지명)을 근거지로 하고 있던 리홍광지대(支隊)에서 전사로 복무했습니다. 전투가 벌어지면 병사들은 죽음에 대한 두려움을 없애기 위하여 〈연안송〉과 〈팔로군 행진곡〉을 목이 터져라 부르며 적을 향해 돌격하던 모습을 아직도 선명하게 기억하고 있습니다. 나는 비록 운 좋게도 살아남을 수 있었지만 나 또한 죽음의 공포를 잊기 위해…….

그는 더 이상 말을 잇지 못하고 탁자 위에 놓인 차를 한 모금 마시고 나서 잠시 창 밖을 바라보았다. 복받치는 마음을 가라앉히려는 기색이 역력했다. 정율성과 함께 작곡가로 일했다는 그에게 그런 과거가 있었다는 것이 뜻밖이었다. 그리고 죽음의 공포를 잊기 위해 〈팔로군 행진곡〉을 부르며 돌격했다는 말이 전혀 과장된 이야기가 아니었다는 사실 앞에 새삼 정율성의 노래가 갖고 있었던 힘을 짐작할 수 있었다.

> 전쟁이 끝난 뒤 나는 음악공부를 할 수 있었습니다. 그리고 운 좋게도

정 선생이 있는 악단에 배치를 받았고 악보집에서 이름만 보았던 그를 가까이에서 모실 수 있는 영광을 가지게 되었습니다. 그때 내 기분이 어땠을 것 같애요? 그런데 선생은 명성과는 달리 생활면에서는 정말 소탈했습니다. 명성과 품성을 함께 하지 못하는 사람들이 태반인 세상에서, 그는 진짜 마음으로 따를 수 있는 몇 안 되는 분들 가운데 하나였습니다. 그런데 그 지옥 같은 문혁이 끝나자마자 그렇게 아깝게 돌아가시고 말았으니…… 사실 말이 나왔으니까 하는 말인데, 문혁 때도 선생이 그렇게 고지식하게 4인방에게 맞서지 말고, 옛날 연안에서 알고 지냈던 사람들 가운데 그때까지 고위층에 남아 있었던 사람들을 찾아가 어려운 지경에 처한 자신의 처지를 설명하고 편리를 좀 봐달라고 했다면, 그렇게 힘들게 문혁기간을 보내지는 않았을 겁니다. 그런데 그걸 하시지 않더군요. 소나기가 쏟아지면 잠시 피해갈 수도 있는데, 선생은 체질적으로 그것을 싫어하시는 분이었습니다. 그래서 더 존경받는지도 모르겠구요.

자신의 기억이 희미해져 정율성에 대해서 더 많은 이야기를 들려주지 못하는 것을 나보다 더 안타까워했던 이서. 정율성의 삶과 음악을 그려보는 일에 겁 없이 뛰어들었다가 방향도 제대로 잡지 못한 채 헤매고 있던 나는, 그를 만나고 나서야 한편으로 안도의 한숨을 내쉴 수가 있었다. 정율성이 떠난 지 30여 년이 지나도록 그를 잊지 못하고 이토록 그리워하는 이가 한 사람만이라도 있다면, 분명 그는 가치 있는 인생을 살다간 인물이라는 생각이 들었다.

정율성은 그렇게 갑자기 이 세상을 떠나갔지만, 그를 잊지 못하는 사람들에 의해 그의 노래는 다시 사람들 곁으로 돌아왔다. 1977

년 12월 7일, 북경 시내의 한 극장에서는 정율성 사망 1주년을 맞이하여 그의 음악을 기리기 위한 정율성 추모 음악회가 열렸던 것이다. 그가 생전에 근무하던 중앙악단을 비롯하여 6개 문예단체가 조직한 음악회였다.

그런데 무대 위의 사오십 명의 합창단원은 다른 음악회와는 달리 모두 머리가 희끗희끗한 노인들이었다. 그들은 연안에서 정율성과 함께 싸웠던 전우들이었다. 그들 가운데 상당수는 문화대혁명의 소용돌이 속에서 말 못할 고충을 겪었다. 그래서 자신들보다 먼저 간 정율성을 잊지 못해 스스로 무대에 서는 모험을 한 것이다. 노인 합창단원들이 부르는 정율성의 노래에는 그들이 함께 걸어온 세월의 무게가 실려 있었다.

보탑산 산봉우리에 노을 불타오르고
연하강 물결 위에 달빛 흐르네

정율성의 대표작인 〈연안송〉이 먼저 터져나왔다. 서정적인 노래인 〈연안송〉이지만 온몸으로 부르는 그들의 노랫소리에는 비장감마저 어려 있었다. 〈연안송〉은 바로 그들이 연안시절, 오직 민족과 조국 그리고 새로운 세상을 열기 위해 바쳤던 그들의 인생 그 자체를 그려낸 노래였다. 삶과 죽음을 같이 했던 옛 노전우들이 부르는 〈연안송〉의 노랫소리를 타고 중국인들에게 한동안 잊혀졌던 연안이 다시 살아나고 있었고 그 가운데로 정율성이 특유의 걸음걸이로 뚜벅뚜벅 걸어왔다.

△ 1977년에 열린 정율성을 기리기 위한 추모음악회.

장벽을 허무는 음악으로…

20 00년 6월 13일. 오전 10시가 갓 지났을 무렵 평양 순안공항 상공에 비행기 한 대가 나타났다. 그 비행기의 정체는 대한민국 대통령 전용기였다. 이내 착륙한 비행기의 문이 열리고 한 사람이 서서히 모습을 드러냈다. 대한민국의 대통령인 김대중이었다. 비행기의 트랩 밑 활주로에는 또 한 사람이 그가 내려오기만을 기다리고 있었다. 바로 국방위원장 김정일이었다.

한때는 서로를 향해 '괴뢰'라고 부르던, 두 개의 국가로 나뉜 지 50여 년의 세월도 더 지난 뒤에 이루어진 남북 정상의 역사적인 만남이었다. 잠시 뒤 활주로 위에 마주선 두 사람은 서로 손을 굳게 잡았다.

이어 공식적인 의전행사가 시작되었다. 김대중 대통령이 천천히 걸음을 옮겼다. 비행기 앞에 도열하고 있던 북한 인민군 의장대는 대한민국 대통령의 사열이 시작되자, 비장하면서도 경쾌한 음악을 토해내기 시작했다. 대한민국 대통령이 그 앞을 지나가는 동안 그들이 연주한 곡들 가운데, 일제 식민지 시기 만주의 독립군들이 불렀던 〈용진가〉를 해방 이후 북한에서 편곡한 〈유격대행진곡〉이 있었다.

바로 그 시간 전주의 신흥고등학교에서는 난리가 났다. TV를 통해서 흘러나오는 북한 의장대가 연주하고 있는 그 음악이 바로 자신들의 교가와 아주 비슷했기 때문이었다.

어떻게 이런 일이 일어날 수 있었을까? 전혀 연관성이 없을 것 같은 이 노래들을 이어주는 연결고리가 하나 있다. 바로 정율성이다.

개교 이후 일제의 식민지화 교육에 비타협적으로 저항하던 미션계 스쿨인 전주 신흥학교는 일제 말 신사참배를 거부하다가 폐교될 만큼 항일정신이 투철하던 학교였다. 그래서 자신들의 교가조차 대표적인 항일가요인 〈용진가〉에서 곡조를 빌려왔다. 정율성도 신흥학교를 다니던 3년 동안 수없이 그 노래를 불렀을 것이다.

▽ 북한의 〈용진가〉와 같은 곡조로 화제가 되었던
  전주신흥고 교가.

그는 일생 동안 360여 곡이 넘는 노래를 남겼지만 무엇보다 군가 작곡에 뛰어난 재능을 보였다. 그런 그가 신흥학교에 다니면서 배웠던 그 노래를 잊어버릴 리가 없었다.

북한에서 불리고 있는 〈용진가〉의 또 다른 이름 〈유격대행진곡〉은 정율성이 해방 후 북한에서 편곡한 것으로 전해지고 있다.

남쪽과 북쪽 그리고 중국을 오가며 살았던 정율성. 그

의 삶과 그가 온몸으로 이루어냈던 음악적인 성과에 대한 평가는 그가 살았던 남과 북 그리고 중국에서 조금씩 다르다. 삶 그 자체가 음악이었고 음악이 곧 그의 삶이나 마찬가지였던 정율성은 둘도 아니고 오직 한 사람인데 말이다.

남과 북 그리고 중국, 어디에서나 자신이 진정으로 추구하고자 했던 음악의 원칙만은 변치 않고 고이 간직하면서 올바르게 살고자 했던 정율성. 그의 삶과 음악은 과거 불행한 역사가 가져다 준 이념이라는 색안경을 벗고 새롭게 재평가 되어야 한다. 바로 그가 태어난 땅, 이 남녘땅에서부터……

참고문헌

1. 단행본

《國際友人在延安》, 丁生壽 주편, 陝西旅遊出版社, 1992.

《광주봉기와 조선용사들》, 김양 복찬웅 김우안 저, 흑룡강조선민족출판사, 1988.

《광주1백년 1》, 박선홍, 금호문화, 1994.

《격정세월－문정일 일대기》, 주필 김형직, 민족출판사, 2004.

《결전》(중국조선민족발자취총서 4), 중국조선족발자취편집위원회 편, 민족출판사, 1991.

《근대조선족녀걸》, 김양 · 최민자 주필, 민족출판사, 1995.

《김산과 님 웨일즈 아리랑 그후》, 이회성 · 미즈노 나오끼 엮음 윤해동 외 옮김, 동녘,
   1993.

《김원봉 연구》, 염인호, 창작과 비평사, 1993.

《교육의 길 신앙의 길》, 이기서, 대광문화사, 1988.

《나의 아버지 김순남》, 김세원, 나남출판, 1995.

《노마만리》, 김사량, 실천문학사, 2002.

《누구와 함께 지난날의 꿈을 이야기하랴》, 김학철, 실천문학사, 1994.

《닥터 노먼 베쑨》, 테드 알렌 · 시드니 고든 지음 천희상 옮김, 실천문학사, 1991.

《독립전쟁이 사라진다 2》, 이원규, 자작나무, 1996.

《동아시아 공산주의자들의 삶과 이상》, 김학준, 동아일보사, 1998.

《루쉰이 길러낸 행동주의 작가 딩링》, 쭝청 지음 김미란 옮김, 다섯수레, 1998.

《무명소졸》, 김학철, 풀빛, 1989.

《미완의 해방노래》, 백선기, 정우사, 1993.

《민족음악론》, 노동은 · 이건용 지음, 한길사 1991.

《발굴 한국현대사 인물 3》, 한겨레신문사, 1992.

《봉화》(중국조선민족발자취총서 3), 중국조선족발자취편집위원회 편, 민족출판사,
   1989.

《붉게 물든 대동강》, 여정, 동아일보사, 1991.

《비록 조선민주주의 인민공화국》, 중앙일보특별취재반, 중앙일보사, 1992.

《비록 조선민주주의 인민공화국 · 하》, 중앙일보특별취재반, 중앙일보사, 1993.

《상하이 올드데이스》, 박규원, 민음사, 2003.

《상해의 조선인 영화황제》, 스즈키 쓰네카쓰 지음 이상 옮김, 실천문학사, 1996.

《수피아 90년사》, 수피아90년사편찬위원회, 광주수피아여자중고등학교, 1998.

《숭일 90년 약사》, 숭일학원, 2002.

《신흥 90년사》, 신흥90년사편찬위원회, 전주신흥고등학교, 1990.

《아리랑》, 님 웨일즈 지음 조우화 옮김 1993.

《아리랑 2》, 님웨일즈 지음, 학민사, 1986.

《20세기 중국조선족 음악문화》, 중국조선족음악연구회, 민족출판사, 2005.

《연안문예강화 외》, 모택동 저 이등연 역, 두레, 1989.

《延安名人辭典, 雷雲峰 주편》, 국제담황문화출판사, 2002.

《延安革命史三百解題》, 연안혁명기념관 편, 陝西人民出版社, 2005.

《잊혀진 혁명가의 초상 김두봉 연구》, 심지연, 인간사랑, 1993.

《장강일기》, 정정화, 학민사, 1998.

《저기에 용감한 조선군인들이 있었소》, 대한매일 특별취재반, 동방미디어, 2001.

《정율성 가곡선》, 정소제 편, 전남대학교 출판부, 2004

《鄭律成論》, 연변인민출판사, 1987.

《조선신민당연구》, 심지연, 동녘, 1988.

《조선의용군의 독립운동》, 염인호, 나남출판, 2001.

《조선의용군 이원대(마덕산)열사 생애와 독립정신》, 석원화 염인호 조인호 편, 고구려,
        2000.

《조선의용군항일전사》, 양소전 · 이보은, 고구려, 1995.

《조선족백년사화 3》, 현룡순 · 리정문 · 허룡구 편저, 거름, 1989.

《주덕해》, 강창록 · 김영순 · 이근전 · 일천, 실천문학사, 1992.

《중국근현대문학운동사》, 임춘성 편역, 한길사, 1997.

《중국현대문학사》, 김시준, 지식산업사, 1996.

《중국공산당과 한국독립운동 관계기사연구》, 석원화 저 최복실 번역 김승일 번역감수, 고구려, 1997.

《중국인민해방군가의 작곡가 정율성 1·2》, 정설송 엮음, 형상사, 1992.

《중국의 광활한 대지우에서》, 조선의용군발자취 집필조, 연변인민출판사, 1987.

《中國第一位女大使 丁雪松 回憶綠》, 정설송 구술 양덕화 정리, 강소인민출판사, 2000.

《중국조선족인물전》, 한준광 주필, 연변인민출판사, 1992.

《중국에 바친 나의 청춘》, 님웨일즈 지음 한기찬 옮김, 지리산, 1994.

《조선의용군 석정 윤세주 열사》, 김승일 엮음, 고구려, 2001.

《중국항일전쟁과 한국독립운동》, 대한민국임시정부 옛청사 관리처 편 김승일 엮음, 시대의 창, 2005.

《중국혁명속의 한국독립운동》, 한상도, 집문당, 2004.

《진광 조선민족전선 조선의용대》, 독립기념관 한국독립운동사연구소, 1988.

《춤추는 최승희》, 정병호, 뿌리깊은나무, 1995.

《최후의 분대장》, 김학철, 문학과 지성사, 1995.

《탈출》, 엄영식, 야스미디어, 2005.

《혁명가들의 항일회상》, 면담 이정식 편집해설 김학준, 민음사, 1988.

《한국근대민족운동과 의열단》, 김영범, 창작과 비평사, 1997.

《한국독립운동과 중국군관학교》, 한상도, 문학과 지성사, 1994.

《한국독립운동증언자료집》, 대담 이현희, 한국정신문화연구원, 1986.

《韓國獨立運動血史新論》, 석원화 주편, 상해인민출판사, 1996

《한 노동자의 수기·외》, 우원두오 외 유중하 옮김, 중앙일보사, 1989.

《한국사회주의운동인명사전》, 강만길 성대경 엮음 창작과비평사 1996.

《韓國反日獨立運動史論》, 석원화, 중국사회과학출판사, 1998.

《항전별곡》, 이정식·한홍구 엮음, 거름, 1986.

《紅色戀人》, 양설연 양문우 편, 중공당사출판사, 2005.

《회상의 황하》, 태윤기, 갑인출판사, 1975.

《延安革命史畵卷》, 장명성 엮음, 민족출판사, 2000.

《한국공산주의운동사》1, 스칼라피노·이정식 공저, 한홍구 옮김, 돌베개, 1986.

2. 연구논문

〈북한의 혁명가요와 일본의 노래〉, 민경찬, 《한국음악사학보》 20, 1998.

〈우리 겨레의 항일가요 연구〉, 김덕균, 《한국음악사학보》 제20집, 1998.

〈약산 김원봉〉, 이원규, 실천문학사, 2005.

〈연안의 한인공산주의자들; 화북조선독립동맹을 중심으로 1.2.3〉, 鐸木昌之, 《공산권연
　　　구》 74·75·76호, 1985.

〈재중 한인독립운동과 중화주의의 그늘〉, 한상도, 《건대사학》 10, 2003.

〈전주신흥학교의 항일민족운동에 관한 연구〉, 조재승, 전주대학교 대학원 사학과 석사
　　　학위 논문, 2004.

〈조선독립동맹의 활동과 조직에 대하여〉, 한홍구, 《국사관논총》 제23집, 1991.

〈조선의열단의 조직과 활동에 관한 연구〉, 이명숙, 《성신사학》 11, 1993.

〈조선의용대의 창설과 활동 補遺〉, 최봉춘, 《한국독립운동사연구》 25, 2005.

〈정율성의 음악활동에 관한 연구〉, 김성준, 명지대학교 대학원 사학과 석사학위논문,
　　　1996.

〈주은래와 조선 항일투사들〉, 최용수, 《한국민족운동사연구》 20집, 1998.

〈조선혁명가들의 항일투쟁〉, 최용수, 《한국민족운동사연구》 16집, 1997.

〈중국근현대음악사연구의 회고와 전망〉. 진영군 저 남인순 역, 《한국음악사학보 제24
　　　집, 2000.

〈중일전쟁시기 해방일보의 한국인식〉, 김지훈, 《사림》 25, 2006.

〈화북독립동맹과 조선의용군〉, 이의명, 경남대학교 행정대학원 북한학과 석사학위논
　　　문, 1994.

〈화북조선독립동맹의 조직과 활동〉, 한홍구, 서울대학교 대학원 사학과 석사학위논문,
　　　1988.

〈회북조선독립동맹과 중국공산당〉, 한상도, 《역사학보》 174집, 2002.

〈항일혁명가 무정장군〉, 임송자, 《근현대사강좌》 10, 1998.

〈해방일보에 보도된 화북조선독립동맹의 활동〉, 장세윤, 《오송 이공범 교수정년기념기
　　　념동양사논총》, 지식산업사, 1993.

〈1940년대 연안체험 형상화연구 ─ 「항전별곡」「연안행」「노마만리」를 중심으로〉, 이해

영, 한신대 대학원 석사학위논문, 2001.

3. 기타

《음악가 정율성 기념 제1회 국제학술대회 발표논문집》, 광주정율성국제음악제조직위
　　원회, 2004.

《음악가 정율성 선생 출생지 고증과 한중 문화교류에 대한 세미나》, 이이화 · 김성준 자
　　료수집, 송정, 2006

〈비운의 혁명가 무정의 일생〉, 박충걸, 《신동아》 1993. 3월호.

〈정율성의 삶과 예술〉, 노동은 편, 광주정율성국제음악제조직위원회, 2005.

〈정율성은 한국인〉 — 1988.8.13, 〈마지막 의열단원 김승곤〉 — 1988.8.15), 《중앙일보》.

〈혁명적 독립운동의 유래〉 — 1923.4.12, 《동아일보》 호외.

〈平北, 京畿, 慶南北에서 軍官校生九名檢擧〉 — 1934.8.15, 《동아일보》.